Dietrich Sonntag

KREUZER NÜRNBERG I, II und III

sowie ADMIRAL MAKAROW
(ex NÜRNBERG)

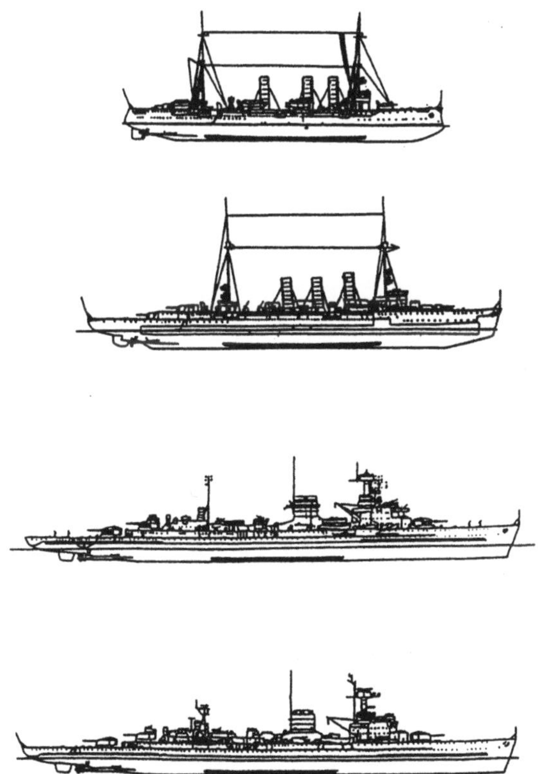

Kurztitel:
KREUZER NÜRNBERG

KREUZER NÜRNBERG I, II und III
sowie ADMIRAL MAKAROW (ex NÜRNBERG)

Dietrich Sonntag

Herstellung und Verlag: Books on Demand GmbH, Norderstedt
2004

ISBN: 3-8334-0995-9

Bestellungen an:

Collectio Navalis, Jens Gnewuch
D – 10623 Berlin, Goethestraße 78
Tel.: ++49 (0) 30 – 3131881
Fax.: ++49 (0) 30 – 31505231
www.collnav.de

oder an:

Buchhandel

Dietrich Sonntag

Kleine Kreuzer S.M.S. NÜRNBERG I und II

Leichter Kreuzer NÜRNBERG III

Sowjetischer Kreuzer ADMIRAL MAKAROW
(ex NÜRNBERG)

Inhaltsverzeichnis

Vorwort

Nach dem Erscheinen des Buches „KREUZER NÜRNBERG Chronik 1933 bis 1946 und sein Schicksal als sowjetischer Kreuzer ADMIRAL MAKAROW von 1946 bis 1959" von Wolfgang Harnack und Dietrich Sonntag, 1998 im Verlag E.S. Mittler & Sohn GmbH Hamburg, 169 Seiten, haben die gleichen Autoren in den letzten drei Jahren weitere Recherchen zu diesem Thema durchgeführt. Es gelang die Beschaffung von neuem Material durch Erhalt von weiteren Kadettenlogbüchern, zahlreichen Fotos, weiteren Dokumenten des BA/MA in Freiburg, durch umfangreiche Literaturauswertung und durch weitere Befragungen von ehemaligen Besatzungsangehörigen des Kreuzers NÜRNBERG und ADMIRAL MAKAROW.
Mit Hilfe der nun vorliegenden neuen Kadettenlogbücher konnte die Chronik des Kreuzers für die Zeitspanne 1942 bis 1944 wesentlich genauer abgefaßt werden. Sie wird aber hier konzentrierter dargestellt. Geklärt werden konnte auch das Originalaussehen der Schiffswappen der Kreuzer NÜRNBERG I bis III. Durch eine exakte Fotoauswertung und die Auswertung anderer Dokumente konnten alle Schiffsskizzen, einschließlich der mit den verschiedenen Tarnanstrichen, korrigiert bzw. neu erstellt werden. Außerdem konnten Spanten und Deckspläne von 1939 und 1942 beschafft werden. Technische Daten der Bordflugzeuge, Torpedobewaffnung und der Minen konnten ermittelt werden. Auch die „Veränderungen von 1935 bis 1945" konnten auf den neuesten Stand gebracht werden. Für die Beiboote liegen auch neuere Skizzen vor. Es konnte weiterhin eine Offiziersliste von 1935 bis 1945 aufgestellt werden. Dabei wurden keine Oberfähnriche und Fähnriche in die Liste aufgenommen, da von 1941 bis 1945 fast keine Angaben erhalten werden konnten. Die Anordnung der Reihenfolge der Offiziere für bestimmte Stichtage ist nach dem Schiffsbuch II für den Zeitraum November 1935 bis Januar 1941 vorgenommen worden. Diese Reihenfolge ist auch für die Zeitspanne von 1941 bis 1945 beibehalten worden. Die Angaben für die Kriegszeit sind den vorliegenden Kadettenlogbüchern entnommen worden. Für diese Zeitspanne konnte leider keine Vollständigkeit erreicht werden. Vor allem liegen für die Zeit vom Oktober 1941 bis Oktober 1942 nur spärliche Angaben vor. Die vorhandenen Kriegstagebücher wurden neu ausgewertet.
Außer neuen Hafenskizzen von Swinemünde, Gotenhafen, Kiel und Wilhelmshaven konnte ein Seekartenausschnitt für die Grundberührung am 15. Juni 1940 in Norwegen beigefügt werden. Die FuMO / FuMB-Tabellen konnten ergänzt werden. Auch für die Zeit, in der der Kreuzer den Namen ADMIRAL MAKAROW trug, liegen einige neue Erkenntnisse vor. Die Bautafel des Kreuzers wurde von Herrn Otto Navara inzwischen aus Rußland zurückgeholt.
Für das Buch von 1998 werden Korrekturlisten beigefügt.

Während der Durchführung dieser Arbeiten konnte ein umfangreiches Kreuzer NÜRNBERG und ADMIRAL MAKAROW – Archiv aufgebaut werden. Es war für den Autor eine wichtige Ausgangsbasis zur Erlangung neuer Erkenntnisse und Daten. Es enthält:
S/W-Fotos von NÜRNBERG I 40 Stück, von NÜRNBERG II 13 Stück, von NÜRNBERG III ca. 820 Stück und von ADMIRAL MAKAROW 37 Stück. Es handelt sich um Gesamtfotos des Kreuzers (davon 65 mit Tarnanstrich), Teilfotos, Fotos vom Bordleben, Fotos der Offiziere und Mannschaften, Fotos von Manövern, Beibooten, Bordflugzeugen und vom Torpedotreffer.
Außerdem gibt es Aufnahmen im Dock, vom Bau, vom Stapellauf und von der Indienststellung, ferner von Auslandsfahrten, Spanien- und Norwegeneinsätzen und von Luftbildern. Eine größere Anzahl wird in einem gesonderten Kapitel gezeigt.
Ferner sind vorhanden Decks- und Seitenpläne vom Werftplan bis zum Modellplan in den Maßstäben 1: 100, 200, 250, 300, 400 und 500.
Außerdem konnten Farbaufnahmen von NÜRNBERG-Modellen im Maßstab 1: 50 im Deutschen Museum München (Archiv, nicht öffentlich zugänglich) und 1: 100 im Garnisonmuseum Nürnberg, Technik-Museum, Speyer, Wissenschaftlichen Institut für Marine- und Schiffahrtsgeschichte Hamburg, Museum in Swakopmund (Namibia) und von einigen Modellen 1: 100 im Privatbesitz gemacht bzw. erhalten werden.

Weiterhin gibt es Modelle von Baukästen HP-Models aus Weser im Maßstab 1: 700 und 1: 400.
Alle erschienenen Modelle im Maßstab 1: 1250: NÜRNBERG I (Navis), NÜRNBERG II (Navis)
und NÜRNBERG III (Wiking, Delphin, Hansa, Superior und Neptun) sind vorhanden.

Für neue Logbücher und Fotos dankt der Autor den Herren Heinz Böhlke, Kiel, Joachim
Herker, Dessau, Hellmut Humpert, Hohenwestedt und Manfred Machnow, Barsinghausen.

Der Autor dankt ferner für die Zurverfügungstellung von NÜRNBERG-Material in alphabetischer
Reihenfolge den Herren: Walter Becker, Worpswede, Gerhard Beckmann (DMB-Archiv), Laboe,
Armin Bornkessel, Bergisch-Gladbach, Siegfried Breyer, Hanau, Ernst Bruelheide, Dortmund,
Robert Buß, Hamburg, Kurt Conradi, Berlin, Georg Dommach, Burg-Magdeburg, Helmut
Döringhoff (BA/MA), Freiburg, Peter Fiedler Deutsche Dienststelle (WAST), Berlin, Jens
Gnewuch, Berlin, Joachim Hölzer, Baden (Österreich), Dr. Dieter Jung, Berlin, Otto Kaie†,
Wernigerode, Werner Klein, Unna, Willi König, Regensburg, Willy Kreitz, Frechen-Bachem,
Erhard Lamontain Deutsche Dienststelle (WAST), Berlin, Alfred Maier, Unkerode, Otto Navara,
Wien, Willi Olbert, Mayen, Falk Pletscher, Pforzheim, Werner Sonntag, Speyer, Dietrich
Trapp†, Berlin und Karl-Heinz Wolfgang, Büdingen.
Ein ganz besonderer Dank gebührt Herrn Rainer Ungänz, Besigheim, von dem der Autor sehr viel
Material erhielt und der auch gleichzeitig die Verbindung zu Modellbauern herstellte.

Die hier vorliegenden Erkenntnisse und Daten sind nicht nur für Marine-Interessierte und Historiker
eine Fundgrube, sondern vor allem auch für die an Anzahl zunehmenden Modellbauer. Diese werden
vor allem die im Buch enthaltenen 145 Fotos und 57 Seiten Skizzen interessieren.

Der Autor, Jahrgang 1927, gehörte 1945 zum letzten Seekadettenlehrgang auf dem Kreuzer
NÜRNBERG III. Nach dem Kriege studierte er Meteorologie, promovierte 1951 und war
hauptsächlich in der Forschung und Lehre tätig. 1989 erfolgte die Ernennung zum Honorarprofessor.
Seit 1992 ist der Autor im Ruhestand.

Anmerkung: In der Literatur wird NÜRNBERG III sowohl als Ersatz des Kleinen Kreuzers
           NYMPHE als auch des Kleinen Kreuzers AMAZONE angegeben.

                                        Dietrich Sonntag,   Berlin

Wappen der Kreuzer NÜRNBERG I, II und III

Bugwappen des
Kleinen Kreuzers NÜRNBERG I und des
Leichten Kreuzers NÜRNBERG III

Im Bugwappen von NÜRNBERG I erkennt man deutlich einen „Jungfrauenadler", während im Bugwappen von NÜRNBERG III ein „Königskopfadler" zu sehen ist.
Der Kleine Kreuzer NÜRNBERG II hätte wahrscheinlich das gleiche Bugwappen wie NÜRNBERG I. Die vorhandenen Fotos belegen aber, daß NÜRNBERG II keine Bugwappen gefahren hat. Während des Ersten Weltkrieges von etwa 1915 bis 1919 trugen die Kriegsschiffe kein Bugwappen. Die Indienststellung von NÜRNBERG II war am 15. Februar 1917.
Die beiden unterschiedlichen Adler in den Bugwappen von NÜRNBERG I und III haben eine geschichtliche Entwicklung. Beide, der „Jungfrauenadler" und der „Königskopfadler" wurden im Siegel und Wappen der Stadt Nürnberg geführt. Seit 1254 war im Hauptsiegel der „Königskopfadler" bekannt. Am 10.04.1440 ging das Siegel verloren und es wurde eine merkliche Änderung beschlossen, um einen Mißbrauch des alten, verlorengegangen Siegels auszuschließen. Obwohl das alte Siegel schon am 15.04.1440 wiedergefunden wurde, wurde es nicht wieder verwendet. Die Änderung des Siegels und des Wappens führten zum „Jungfrauenadler", der sehr lange verwendet wurde, auch noch vor und während des Ersten Weltkrieges. Deshalb trägt NÜRNBERG I diesen „Jungfrauenadler" im Bugwappen.
Durch Erlaß vom 20.09.1935 und durch Entschließung vom 25.11.1936 wurde verfügt, daß die Stadt Nürnberg im großen Stadtwappen auf himmelblauem Grund einen goldenen (gelben) Adler mit naturfarbenem, von einer goldenen Blattkrone bekrönten jugendlichen Königskopf zu führen habe.
Ab Indienststellung von NÜRNBERG III am 02.11.1935 bis zum Beginn des Zweiten Weltkrieges wurde deshalb der „Königskopfadler" im Bugwappen des Kreuzers verwendet (siehe Skizze).
Während des Zweiten Weltkrieges wurde von den Kriegsschiffen kein Bugwappen gefahren.

Wappen an den 15 cm-Drillingstürmen A, B und C von NÜRNBERG III
(siehe Skizze)

Turm A „Ösel":   Wappen des KAdm. Ludwig von Reuter
(Befehlshaber des Ösel-Unternehmens, an dem auch NÜRNBERG II teilnahm)

Turm B „Falkland":   Wappen des Kapt. z.S. Karl von Schönberg
(Kommandant von NÜRNBERG I, gefallen in der Falklandschlacht)

Turm C „Coronel":   Wappen des VAdm. Maximilian Graf von Spee
(Befehlshaber im Gefecht bei Coronel, an dem auch NÜRNBERG I teilnahm)

Wappen des Kreuzers NÜRNBERG I am Bugteil (1908 – 1914)

Wappen des Kreuzers NÜRNBERG I (1908– 1914)

Wappen des Kreuzers NÜRNBERG III am Bug (Aufnahme nach dem Torpedotreffer im Dezember 1939)

Wappen des Kreuzers NÜRNBERG III   (Aufnahme Dezember 1939)

Bugwappen

Turm A: „Ösel"

Turm B: „Falkland"

Turm C: „Coronel"

Rot

Blau

Grün

Gold

Silber

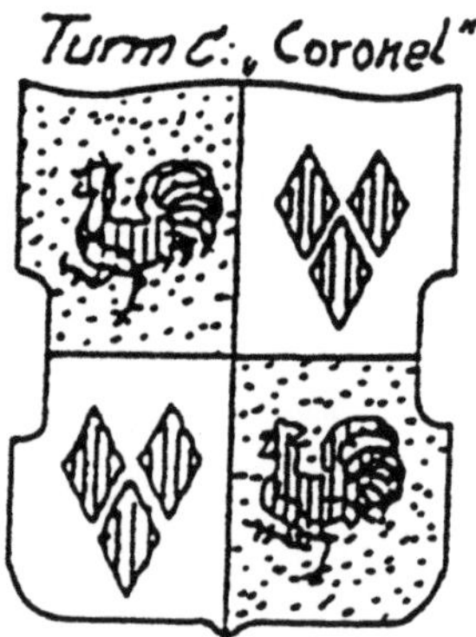

12

Schiffs- und Personaldaten

Kleiner Kreuzer S.M.S. NÜRNBERG I

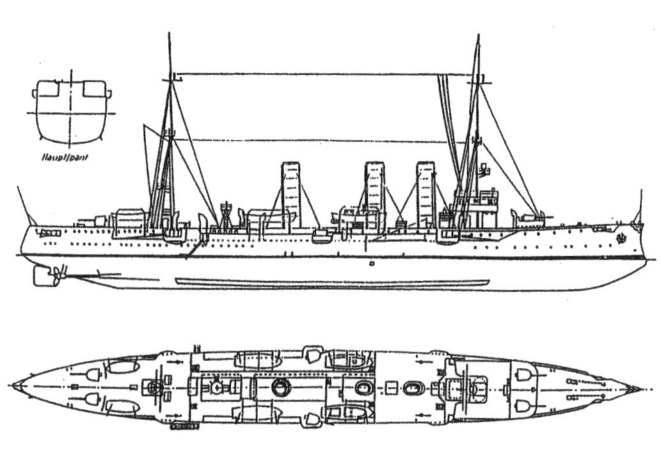

Kleiner Kreuzer

N Ü R N B E R G I

April 1908 – Dezember 1914

Technische Daten

Länge in der Konstruktionswasserlinie:	116,80 m
Länge über alles (mit Rammsteven):	117,40 m
Größte Breite des Schiffskörpers:	13,40 m
Tiefgang:	5,24 m
Konstruktions-Wasserverdrängung:	3469 t
Maximale Wasserverdrängung:	3902 t
Vermessung:	2500 BRT / 1125 NRT
Seitenhöhe:	7,80 m
Trimm-Moment:	6150 – 6440 mt

1 cm Tiefertauchung bei einem Mehrgewicht von 10,06 – 10,38 t

Maschinenanlage mit Leistungen

Art der Anlage:	2 stehende 3-Zyl.-Dreifach-Expansions-Maschinen
Maschinenleistung bei Meilenfahrt:	13154 PSi
Maschinenleistung nach Konstruktion:	13200 PSi
Höchstfahrt in der Meilenstrecke:	23,4 kn bei 139 U/min
Höchstfahrt nach Konstruktion:	23,0 kn bei 145 U/min
Brennstoffvorrat nach Konstruktion:	400 t Kohle
Brennstoffvorrat maximal:	880 t Kohle
Fahrbereich:	4120 sm bei 12 kn Dauerfahrt
Anzahl der Wellen:	2
Durchmesser der Schrauben:	4,00 m
Anzahl der Ruder:	1
Anzahl und Art der Kessel:	11 Marinekessel, 22 Feuer
Betriebsdruck der Kessel:	16 atü
Heizfläche:	rund 3050 m^2
Elektrische Energieversorgung:	3 Turbinen-Dynamos 110 V, 90 bzw. 135 kW

Bewaffnung

10 Schnellade-Kanonen (S.K.) 10,5 cm L / 40 in Einzellafetten, Reichweite 12200 m
 8 Schnellade-Kanonen (S.K.) 5,5 cm L / 55 in Einzellafetten

 2 Torpedo-Einzelrohre 45 cm an den Seiten unter der Wasserlinie

Beiboote

8 Stück

Besatzung

14 Offiziere und 308 Unteroffiziere und Mannschaften

Indiensthaltungen und Kommandanten

10. 04. 1908 bis 11. 07. 1908

April 1908 – Juli 1908   FKapt.   Schur, Georg

01. 02. 1910 bis 08. 12. 1914

Februar 1910 – November 1911   KKapt./FKapt. Tägert, Carl

November 1911 – November 1913 FKapt./Kapt.z.S. Mörsberger, Hermann

November 1913 – Dezember 1914 FKapt./Kapt.z.S. von Schönberg, Karl

Schiffsoffiziere am Tage der Falklandschlacht (08.12.1914). Alle sind gefallen.

Kmdt.	Kapt.z.S.	von Schönberg, Karl
I.O.	KptLt.	von Bülow, Max
N.O.	KptLt.	Schultz, Friedrich Emil
A.O.	KptLt.	Keydell
T.O.	OLt.z.S.	Grödenschütz
	OLt.z.S.	Berendt, Emil
	OLt.z.S.	Eidam
	Lt.z.S.	Siedamgrotzky
Adj.	Lt.z.S.	Graf von Spee, Otto
	Lt.z.S.	Frenken
	Lt.z.S.	Freudenberg
	Lt.z.S.	Heusner
	Lt.z.S.	Berndt, Friedrich
	Lt.z.S.d.Res.	Schack, Ulrich
	M.St.Ing.	Kleedehn
	M.Ing.	Reinecke
	M.St.A.	Dr. Luedtke
	M.U.A.	Dr. Giesel
	M.Ob.ZM..	Pichert

Kleiner Kreuzer S.M.S. NÜRNBERG II

Februar 1917 – Juni 1919

Technische Daten

Länge in der Konstruktionswasserlinie:	145,80 m
Länge über alles:	151,40 m
Größte Breite des Schiffskörpers:	14,20 m
Tiefgang vorn:	5,96 m
Tiefgang achtern:	6,32 m
Konstruktions-Wasserverdrängung:	5440 t
Maximale Wasserverdrängung:	7125 t
Vermessung:	4557 BRT / 2051 NRT
Seitenhöhe:	8,76 m
Trimm-Moment:	10690 mt
1 cm Tiefertauchung bei einem Mehrgewicht von 15,53 t	

Maschinenanlage mit Leistungen

Art der Anlage:	2 Satz Marineturbinen in 2 + 2 Maschinen-räumen mit Rädergetrieben
Maschinenleistung nach Konstruktion:	31000 PSw
Maschinenhöchstleistung in der Meile:	50216 PSw
Höchstfahrt nach Konstruktion:	27,5 kn
Höchstfahrt in der Meilenstrecke:	27,7 kn bei 350 U/min

Brennstoffvorrat:
    Kohle nach Konstruktion: 350 t
    Heizöl nach Konstruktion: 150 t
    Kohle, maximaler Vorrat: 1340 t
    Heizöl, maximaler Vorrat: 500 t
Fahrbereich: 4850 sm bei 12 kn Dauerfahrt
                                    1200 sm bei 27 kn Dauerfahrt

Anzahl der Wellen und Schrauben: 2
Durchmesser der Schrauben: 3,50 m
Art und Anzahl der Ruder: 1 Kreuzer-Normalruder
Anzahl und Art der Kessel: 10 Kohle-Marinekessel
                                  2 Öl-Doppelender-Marinekessel
                                  20 + 4 Feuer
Betriebsdruck der Kessel: 16 atü
Heizfläche der Kessel: rund 5560 m^2
Elektrische Energieversorgung: 2 Turbo- und 1 Dieseldynamo 220 V, 260 kW

Bewaffnung

8 Schnelladekanonen (S.K.) 15 cm L / 45 in Einzellafetten, Reichweite 17600 m
2 Flugabwehrkanonen (Flak) 8,8 cm L / 45 in Einzellafetten

4 Torpedorohre 50 cm, je 2 Einzelrohre schwenkbar auf Deck und starr unter der
                                  Wasserlinie an den Seiten

Minen: maximal 200

Besatzung

17 Offiziere und bis 458 Unteroffiziere und Mannschaften

Indiensthaltung und Kommandanten

15. 02. 1917 bis 21. 06. 1919

Februar 1907 – Januar 1918	FKapt./ Kapt.z.S.	Hildebrand, Walter
Januar 1918 – Juli 1918	FKapt.	Quaet-Faslem, Hans
Juli 1918 – Dezember 1918	FKapt.	Wegener, Wolfgang
Internierungskommandant	KptLt.	Georgii, Günther

Leichter Kreuzer NÜRNBERG III

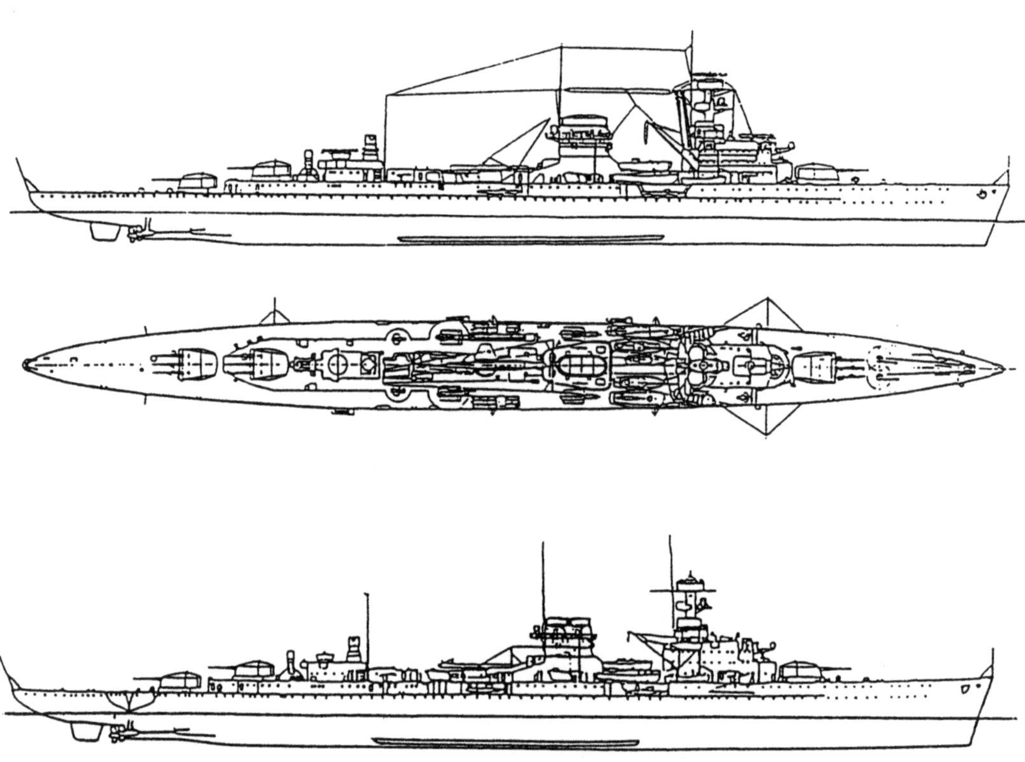

Januar 1936 - April 1938

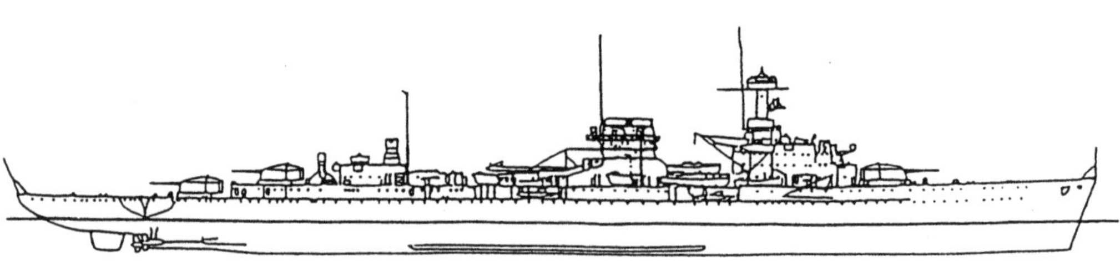

Mai 1938 - Dezember 1939

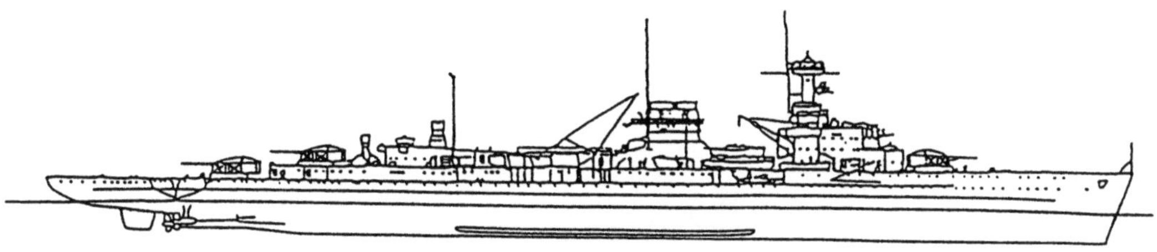

Mai 1940 - Oktober 1940

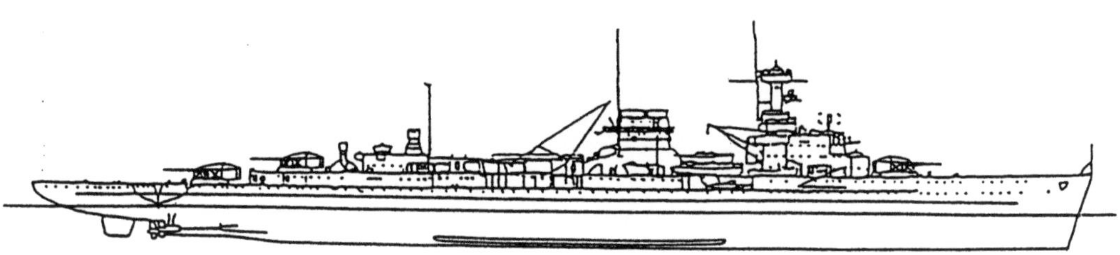

November 1940 - November 1941

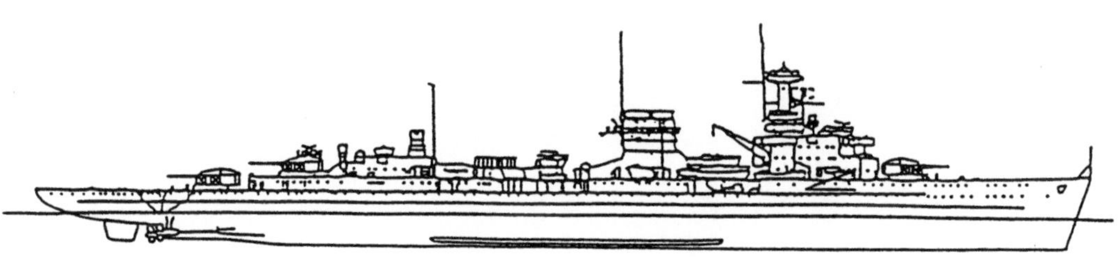

August 1942 - Dezember 1944

Januar 1945 - Januar 1946

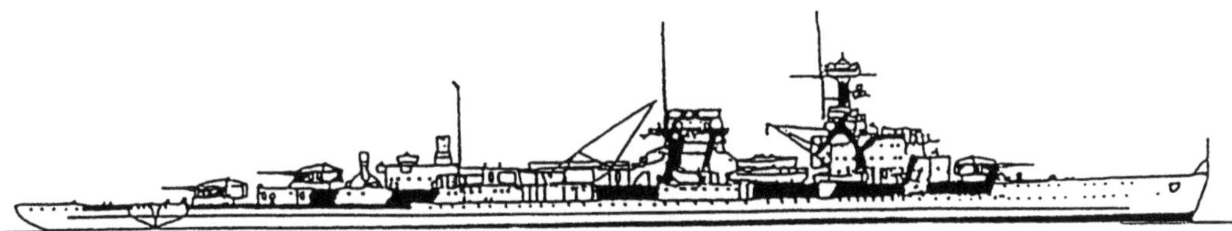

15. Juni 1940 - Oktober 1940

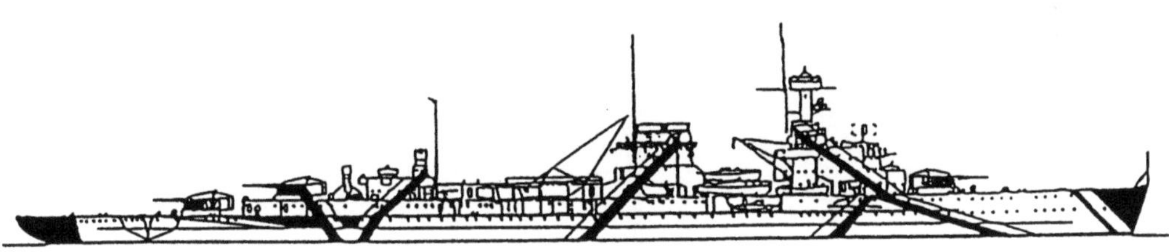

November 1940 - November 1941

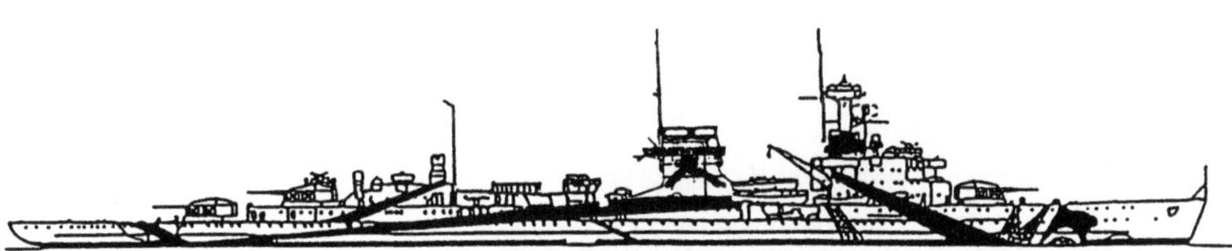

August 1942 - Mai 1943

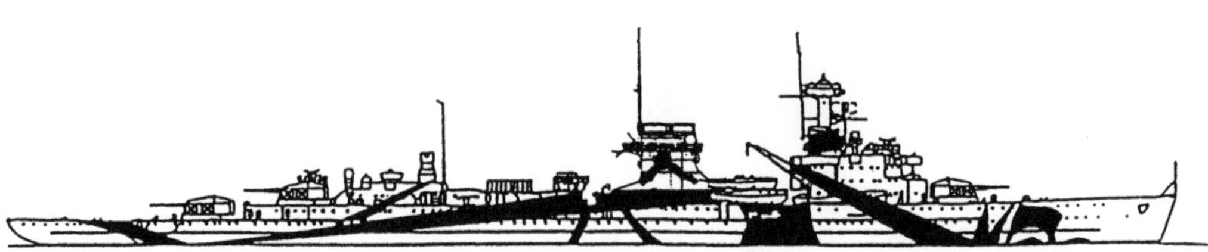

Mai 1943 - 22.April 1944

Taufrede des Oberbürgermeisters von Nürnberg, der Stadt der
Reichsparteitage, Willy Liebel, für den am 8. Dezember 1934 in
Kiel vom Stapel laufenden neuen Kreuzer „F" (Ersatz „Amazone")

...en und Volksgenossinnen!

Der Führer und Reichskanzler hat angeordnet, daß der am 8. Dezember 1934 bei den
Deutschen Werken in Kiel vom Stapel laufende neue Kreuzer „F" (Ersatz „Amazone")
den Namen „Nürnberg" erhalten soll!
Unter Bekanntgabe dieser für Nürnberg, die Stadt der Reichsparteitage, hocherfreu-
lichen Nachricht hat mich der Chef der Marineleitung aufgefordert, die Taufrede für
das neue Kriegsschiff zu halten.
Von freudigem Stolz bewegt über diesen so ehrenvollen Auftrag, verbinde ich mit dem
innigsten Dank für die neuerliche Ehrung und Auszeichnung der Stadt Nürnberg an
den Führer die herzlichsten Glück- und Segenswünsche für das neue Schiff. Durch die
Anordnung des Führers und Reichskanzlers ist unsere alte, ehrwürdige, herrliche Stadt
Nürnberg, die im neuen Deutschland als Stadt der Reichsparteitage in neuem Glanz
und höchstem Ruhm erstrahlt, wiederum besonders ausgezeichnet worden. Möge auch
dieses neue, stolze Kriegsschiff Nürnbergs Ruhm hinaustragen in die Welt, die vor Jahr-
hunderten schon ein Sohn unserer Stadt, der kühne Seefahrer Martin Behaim, als
einer der Ersten umkreist hat! Möge auch der neue Kreuzer „Nürnberg" Künder deutschen Wesens und deutscher Größe sein und die deutsche Ehre ebenso schützen und bewahren,
wie deutsches Recht und deutsche Arbeit. Vor allem aber möge sich der neue Kreuzer in

Zeitdokument

allen Dingen feines ruhmreichen Vorgängers würdig erweifen, des kleinen Kreuzers „Nürnberg", auf deffen Ruhmestaten im Weltkrieg die Stadt Nürnberg und mit ihr das ganze deutfche Volk und Vaterland heute noch mit Stolz zurückblicken. Faft 3 Jahrzehnte find vergangen, feitdem der damalige Oberbürgermeifter von Nürnberg diefen kleinen Kreuzer „Nürnberg", der dann in den folgenden Friedens- und Kriegsjahren Ruhm und Größe des einftigen Deutfchlands fo herrlich verkörperte, hier in Kiel getauft hat. Wiederholt hat der kleine Kreuzer „Nürnberg" fchon vor dem Weltkrieg in aufopferungsvoller Weife den Schutz der Deutfchen im Ausland über- nommen und fich dabei unvergänglichen Lorbeer erworben. — Bei Ausbruch des Krieges finden wir ihn beim Kreuzergefchwader des Grafen Spee, unter dem er, zunächft mit einer Sonderaufgabe betraut, ruhmreich beftand, um fchon wenige Wochen fpäter einen feind- lichen Panzerkreuzer zum Sinken zu bringen. In der Schlacht bei den Falklandinfeln wurde der kleine Kreuzer „Nürnberg" – heute vor 20 Jahren, am 8. Dezember 1914 – in einem von vornherein ausfichtslofen Kampf mit einem weit überlegenen Gegner verwickelt, in dem die gefamte Befatzung heldenhaft kämpfte und ruhmvoll unterging. Ein Keffelrohrbruch hatte die Gefchwindigkeit der „Nürn- berg" fo vermindert, daß es dem Gegner möglich war, das Schiff in Brand zu fchießen und kampfunfähig zu machen. Aber felbft in diefem Augenblick noch hat fich die heldenmütige Befatzung des kleinen Kreuzers „Nürnberg" unter Führung des Kapitäns zur See von Schönberg bei Freund und Feind höchfte Anerkennung und ein ruhmreiches Heldengedenken gefichert. Als die übrigen Flaggen des Schiffes heruntergefchoffen waren, banden die wenigen noch Überlebenden eine neue Bootsflagge an eine Stange, die von den letzten 4 Mann der Befatzung fingend fo lange hochgehalten wurde, bis die Wellen über ihnen und der Flagge zufammenfchlugen! Diefes er- fchütternde Bild ift – von Künftlerhand feftgehalten – zum Symbol des Heldentums der deutfchen Kriegsmarine geworden und haftet als hehre Verfinnbildlichung des Flaggenliedes noch heute feft im Gedächtnis von jung und alt. Für alle Ewigkeit wird es nicht aus dem Gedächtnis deutfcher Menfchen fchwinden, daß als letztes von dem fo ruhmreich untergegangenen Kreuzer „Nürnberg" die deutfche Kriegsflagge zu fehen war, von Männern hochgehalten, denen der Fahneneid felbft mit dem Tod vor den Augen noch als heiliger Schwur galt! Der englifche Admiral Sturdee berichtete damals von diefer Ruhmestat, und der 1. Offizier des englifchen Schlachtkreuzers „Kent" äußerte fpäter darüber: „Ich wollte, meine Leute würden fo heldenhaft zu fterben wiffen, wenn es einmal zum letzten Augenblick käme." – Der Geift, der jene Männer befeelte, die mit Millionen anderen damals für Deutfchland in den Tod gingen, diefer Geift der Opferbereit- fchaft, der Hingabe bis zum Äußerften für Volk und Vaterland ift im Deutfchland Adolf Hitlers aufs neue erwacht! Deffen wollen wir mit dankerfülltem Herzen eingedenk fein, mit dem Gelöbnis, uns immer derer würdig zu erweifen, die, wie jene Helden der „Nürnberg", letzten Endes für diefes neue Deutfchland ftarben.

Für die ftolze Patenftadt des neuen Schiffes, die alte deutfche Stadt Nürnberg, gelobe ich dies in diefer feierlichen Stunde angefichts des neuen Kreuzers freudigen und dankerfüllten Herzens, erfüllt von unerfchütterlichem Glauben an unfer deutfches Volk und Vater- land und feinen Retter, unferen Führer Adolf Hitler!

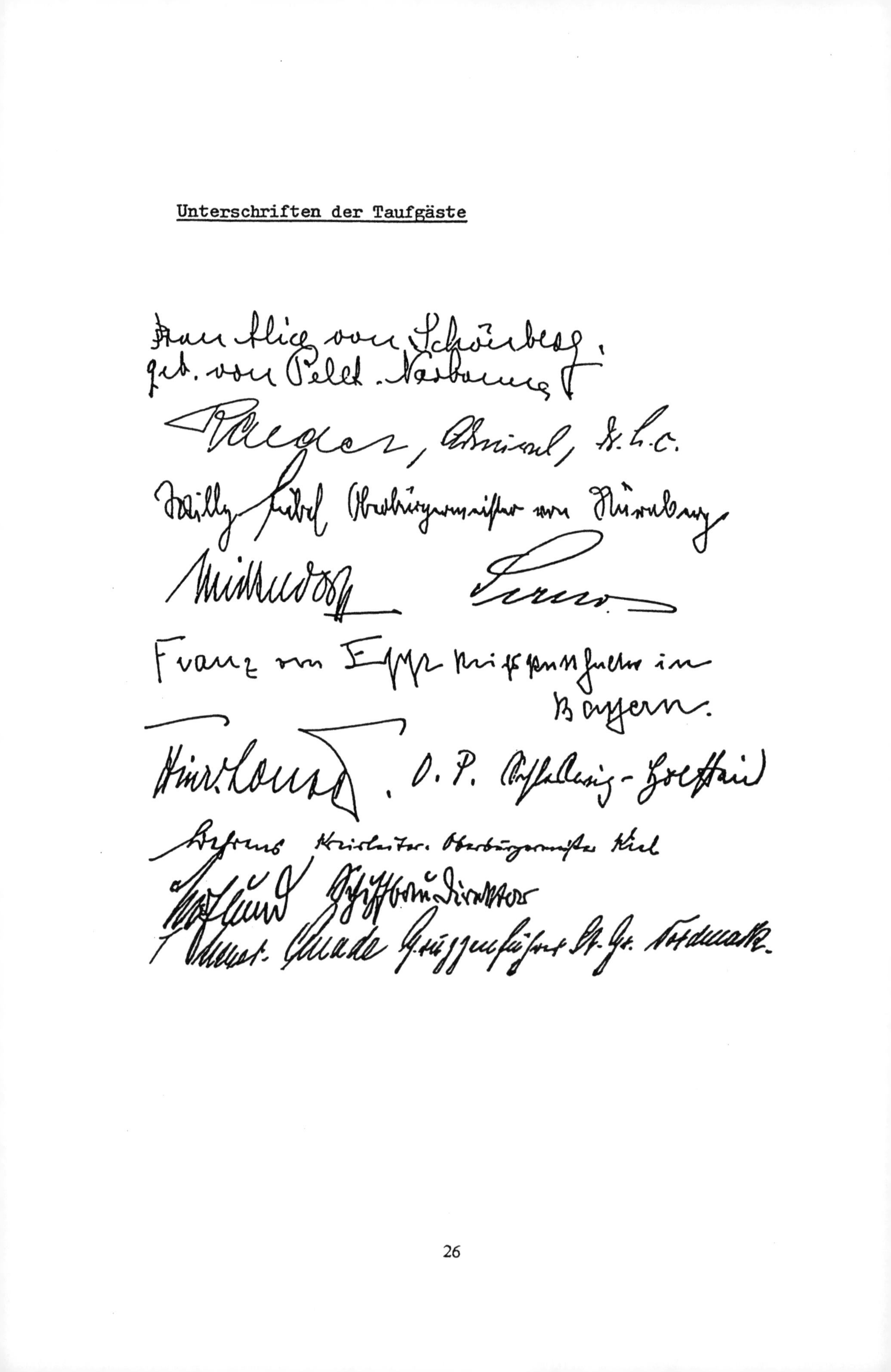

Für Schiffe mit Deck.

Formular A.

Deutsches Reich.

Schiffs-Meßbrief.

Schiffsbeschreibung.

Schiffsgattung:	Namen des Schiffs:	Unterscheidungs-Signal:	Heimathafen:
	„Nürnberg"	T T N Q	Kiel

Erbauer: *[handschriftlich]*

Erbauungsjahr: *1935*
Erbauungsort: *Kiel*
Baumaterial: *Stahl*
Bauart: *Längsspanten, Doppelboden*

Anzahl der Decks: *2*

Beschaffenheit des obersten Decks:

Anzahl der wasserdichten Querschotte unter und über dem Vermessungsdeck: *15*

Anzahl der Wasserballastbehälter mit Ladeluken:

Wegerung:

Form des Bugs: *Überfallend*
Form des Hecks:
Anzahl der Schornsteine: *1*
Anzahl der Masten: *1*
Takelung:

Identitäts-Maße.

1. Die Länge des Schiffes zwischen der hinteren Fläche des Vorderstevens bis zur hinteren Fläche des Hinterstevens (bei Schiffen mit Patentruder bis zur Mitte des Radenhorns) auf dem obersten festen Deck beträgt . . . . . *150,30* m

2. Die größte Breite des Schiffes zwischen den Außenflächen der Außenbordbekleidungen oder der Berghölzer beträgt . . . . . *16,96* m

3. Die Tiefe des Schiffsraumes zwischen der Unterkante des obersten festen Decks und der Oberkante der Bodenwrangen neben dem Kielschwein bzw. der oberen Fläche des inneren eisernen Doppelbodens, wo ein solcher vorhanden ist, in der Mitte der nach 1 ermittelten Länge beträgt . . . . . *8,16* m

4. Die größte Länge des Maschinenraumes einschließlich der etwa vorhandenen festen Kohlenbehälter zwischen den diese Räume begrenzenden, von Bord zu Bord reichenden Schotten beträgt . . . . . *22,75* m

Vermessungs-Ergebnisse.

Brutto-Raumgehalt.	cbm	Abzüge.	cbm
1. Raum unter dem Vermessungsdeck	19363,004	I. Hinsichtlich der Räume für Treibkraft	6752,315
2. Raum zwischen dem Vermessungsdeck und dem darüber befindlichen Deck	—	II. Mannschafts-, Navigierungsräume usw.:	
3. Raum zwischen dem 1. und 2. Deck über dem Vermessungsdeck	—	1. Räume für Seeleute, Heizer, Deckoffiziere, Köche, Aufwärter usw.	1616,242
4. Quarterdeck-Kajüte oder Achterdeck-Hütte (Poop)	—	2. Räume für Offiziere, Maschinisten usw.	593,767
5. Back . . . . . *auf Back*	1122,136	3. Ruderhäuser, Kartenhaus usw. (Schiffsführer)	1425,577
6. Räume unter dem Brückendeck	273,686	4. Segelraum	—
7. Halbdeck	—	5. Bootsmannsvorräte	19,245
8. Sonstige Räume	1186,195	6. Räume für Wasserballast	56,575
9. Der in Anrechnung zu bringende Inhalt der Ladeluken	—	III. Räume für den Schiffsführer	92,954
Brutto-Raumgehalt	17745,021	**Summe der Abzüge . . . .**	12199,927

	cbm	Reg.-Tons		cbm	Reg.-Tons
Brutto-Raumgehalt	17745,021	6269,375	Schlußergebnis der Vermessung:		
Abzüge	12199,927	4306,574	Brutto-Raumgehalt	17745,0	6269,28
Netto-Raumgehalt	5545,094	1957,301	Netto-Raumgehalt	5545,1	1957,70

Über die vorstehende nach der Schiffsvermessungs-Ordnung vom 1ten März 1895 von der Vermessungsbehörde zu *Wilhelmshaven* am *22. Oktober* 19*35* beendete Vermessung nach dem vollständigen Verfahren wird dieser Meßbrief ausgefertigt.

Wilhelmshaven, den *22. Oktober* 19*35*

Leichter Kreuzer NÜRNBERG

Bau- und Schiffsdaten

[Daten nach Gröner, Jung und Maass(1982), Koop und Schmolke
(1994), Schiffsbuch II (Abk.SB II) und kursiv nach Whitley (1988)]

Bauwerft:	Deutsche Werke Kiel AG
Bauauftrag:	16.03.1933
Baunummer:	234
Kiellegung:	04.11.1933 als Kreuzer F (Ersatz NYMPHE)
Stapellauf:	08.12.1934
Indienststellung:	02.11.1935
Baukosten:	40 Millionen Reichsmark
Unterscheidungssignal:	DTNG (Kurzname: NG)
Feldpostnummer ab 1939:	M 21879

Einsatzverdrängung:	9040 t	(8898 ts)	
	9115 t	*(8971 ts)*	
	9200 t	(9055 ts) nach Gießler	
Konstruktionsverdrängung:	8060 t	(7933 ts)	
Typ- oder Standardverdrängung:	7150 t	(7037 ts)	
	7091 t	*(6980 ts)*	
Wasserverdrängung nach SB II:	6096 t	(6000 ts)	
Vermessung nach Schiffs-Meßbrief:	6264,28 BRT / 1957,70 NRT		
Länge über alles:	181,3 m		
Länge in KWL:	170,0 m		
Breite:	16,46 m		
Seitenhöhe:	9,00 m		
Tiefgang:			
bei Einsatzverdrängung:	5,84 m	*6,4 m*	
bei Konstruktionsverdrängung:	5,35 m		
bei Typ- oder Standard-			
verdrängung:	4,90 m	*5,0 m*	
nach SB II:	4,30 m		
Tiefertauchung bei 20 t:	0,01 m		

Panzerung: (siehe Skizze)   Material: Wotan,hart

Völligkeitsgrad:
   der Konstruktionsverdrängung $\delta = 0,523$
   der Länge in der KWL $\alpha = 0,71$
   des Hauptspantes $\beta = 0,85$

Einheitstrimm-Moment   17619 m^4/m

Antriebsleistung [1]:
   Turbinen (2 Wellen):   max. 66075 WPS / Konstruktion 60000 WPS
   Motoren (1 Welle):   max. 12600 PSe / Konstruktion 12400 PSe
Wellendrehzahl nach SB II:
   Turbinen: max. 290,7 U/min / Konstr. 400 U/min
   Motoren: 293,5 U/min
Geschwindigkeit:
   Turbinen + Motoren: max. 32,34 kn / Konstruktion 32,0 kn
   Motoren (allein):   16,5 kn

Fahrbereich:
   Turbinen + Motoren: 6700 sm bei 14 kn
   nur Turbinen: 2800 sm bei 16,5 kn
   nur Motoren: 3900 sm bei 10 kn

Seeausdauer nach Umbe-
nennung Mitte 1940:   *3080 sm bei 15 kn*
                        2260 sm bei 21 kn
                        1700 sm bei 27 kn
                        922 sm bei 29,9 kn

Brennstoffvorrat: max. 1100 t / Konstruktion 875 t Heizöl
                        250 t Treiböl

[1]   Aus historischen Gründen wurde PS beibehalten.
     1 PS = 0,7355 kW.

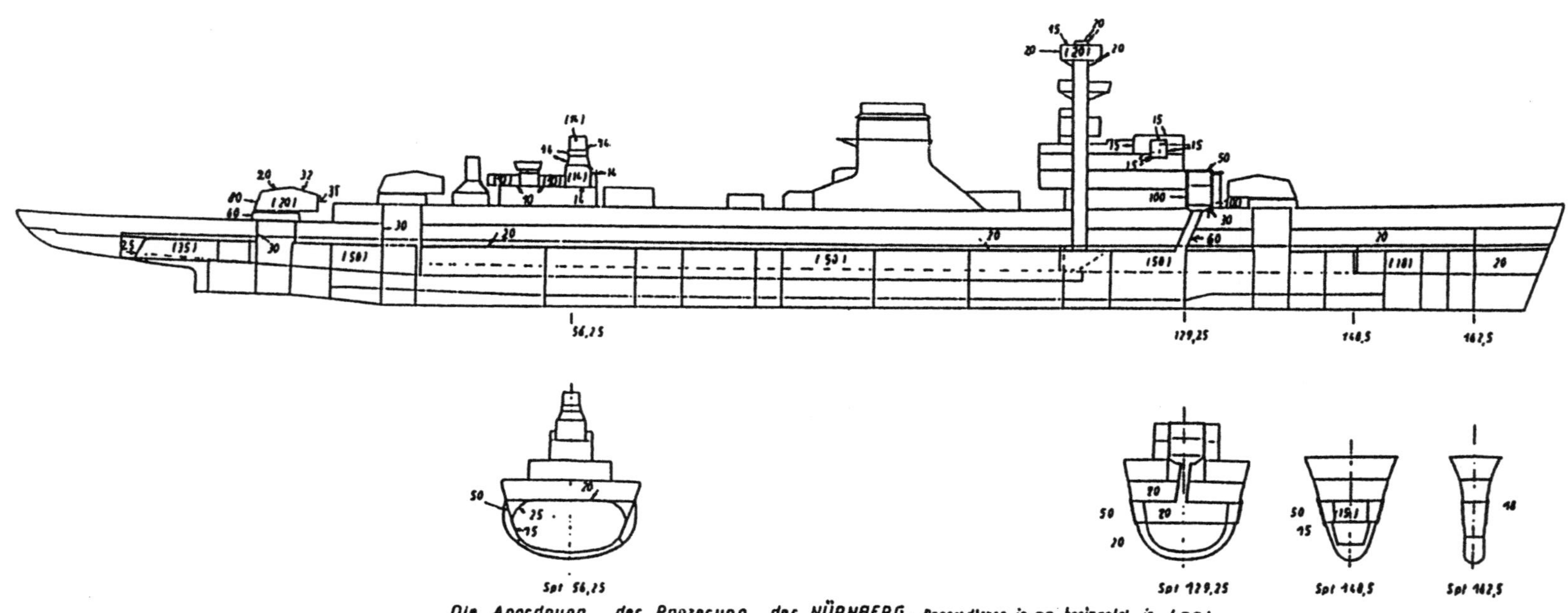

Die Anordnung der Panzerung der NÜRNBERG. Panzerdicken in mm, horizontal in (mm)

Mit freundlicher Genehmigung von G.Koop
Aus Koop und Schmolke (1994a)

30

Leichter Kreuzer NÜRNBERG

Maschinenanlage

Kesselanlage:
: 6 Öl-Marine-Doppelender-Niederdruck-Wasserrohrkessel er-
zeugten Dampf in drei hintereinander liegenden Kesselräumen
(Abt. VIII, IX und X) mit einem Betriebsdruck von 17 atü
und einer Heizfläche von 5510 m^2.

Turbinenanlage:
: Die Hauptmaschine bestand aus 2 Satz Turbinen mit Räderge-
triebe vom Marine-Einheitstyp der Deutschen Werke Kiel AG.
Jeder Satz bestand aus Hochdruck- und Niederdruckturbinen
mit angehängtem Kondensator. 2 Wellen (Stb. und Bb.) mit
Dreiflügelschrauben mit 4,0 m Durchmesser.
Konstruktionsleistung für 1 Satz 30000 WPS bei 2360 Pri-
märumdrehungen/min und 400 Umdrehungen/min der Schraube.
Höchstfahrt 32 kn.

Marschdieselmotorenanlage:
: 4 doppelt wirkende Siebenzylinder-Zweitakt-Umkehr-Dieselmotoren (ohne Kompression) vom Typ MAN M 7 Zu 32/44. D.h.
Zylinderdurchmesser 320 mm, Kolbenhub 440 mm, mittlerer
effektiver Druck 4,9 kg/m^2. Alle befanden sich im Moto-
renraum der Abt. IV. Sie arbeiteten über ein zentrales
Vulcan-Sammelgetriebe auf die Mittelwelle mit einer Drei-
flügelschraube von 3,25 m Durchmesser (Gröner 3,4 m). Ur-
sprünglich war es ein Drehflügel. Die Leistung eines Motors
betrug 3100 PSe bei 600 Primärumdrehungen/min.
Marschgeschwindigkeit mit allen 4 Motoren: 16,5 kn.
Ferner 2 Hilfsmotoren vom Typ MAN M 7 Z 23/34. D.h. Zylinderdurchmesser 230 mm, Kolbenhub 340 mm, Primärdrehzahl
725 U/min, mittlerem effektiven Druck von 4,75 kg/m^2 und
1450 PSe bei 725 Primärumdrehungen/min.

E-Anlage:
: 4 E-Werke mit je 2 Turbogeneratoren je 300 kW und 2 Dieselgeneratoren je 350 kW.
Insgesamt 1300 kW (220 V).

Schiffsbetriebsanlagen:
: 2 Frischwassererzeuger im Hilfsmotorenraum Abt. IV (Stb.und
Bb.) unter dem Panzerdeck. Im darüber befindlichen Zwischendeck stand eine weitere Frischwasseranlage. Für den
Hafenbetrieb und bei Fahrten mit der Marschdieselmotorenanlage gab es eine Hilfskesselanlage für Heiz-, Badezwecke
und für die Kombüse. Es waren Wasserrohrkessel (mit Öl
betrieben und einer Heizfläche von 90 m^2).
Eine Kühlanlage wurde mit Kohlensäure betrieben.

Ruderanlage:
: 1 Schweberuder
2 Rudermaschinen, je eine für Turbinen- und für Motoren-
fahrt.

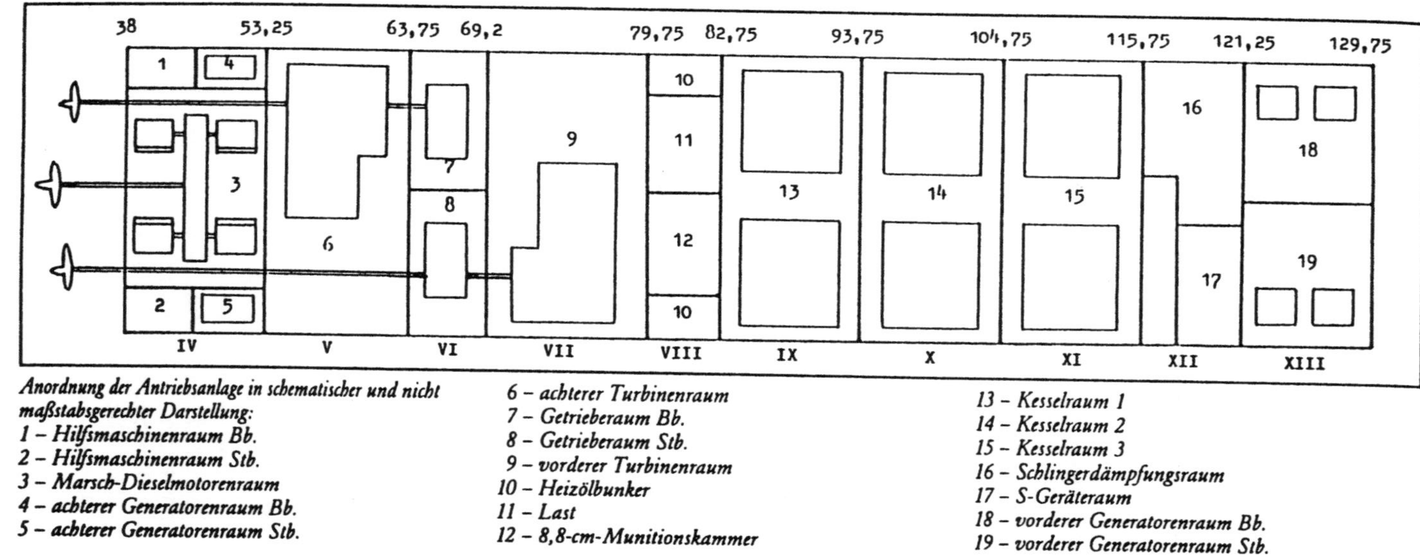

Anordnung der Antriebsanlage in schematischer und nicht maßstabsgerechter Darstellung:
1 – Hilfsmaschinenraum Bb.
2 – Hilfsmaschinenraum Stb.
3 – Marsch-Dieselmotorenraum
4 – achterer Generatorenraum Bb.
5 – achterer Generatorenraum Stb.
6 – achterer Turbinenraum
7 – Getrieberaum Bb.
8 – Getrieberaum Stb.
9 – vorderer Turbinenraum
10 – Heizölbunker
11 – Last
12 – 8,8-cm-Munitionskammer
13 – Kesselraum 1
14 – Kesselraum 2
15 – Kesselraum 3
16 – Schlingerdämpfungsraum
17 – S-Geräteraum
18 – vorderer Generatorenraum Bb.
19 – vorderer Generatorenraum Stb.

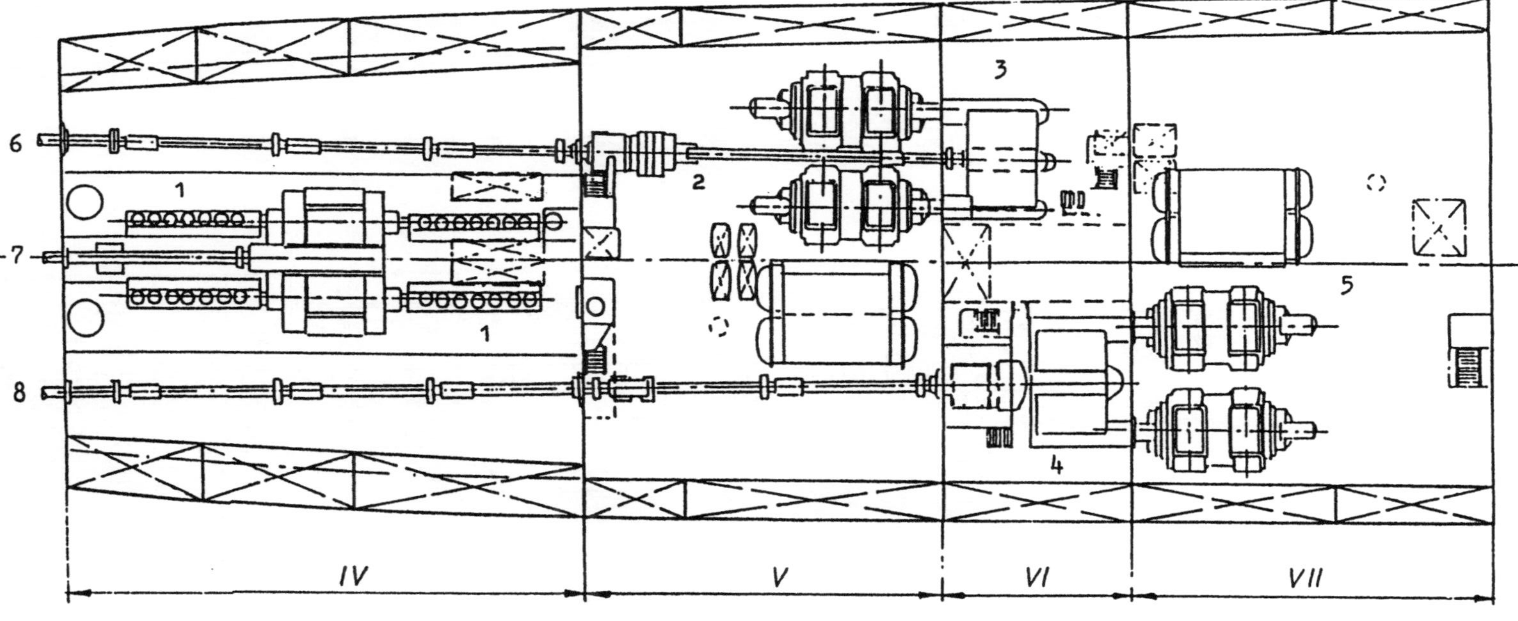

Kreuzer **Nürnberg**

Marschdieselmotoren- und Turbinenanlage

Raumaufteilung

1 – Marschdieselmotorenraum Abt. IV
2 – Bb.-Turbinenraum Abt. V
3 – Bb.-Turbinengetrieberaum Abt. VI
4 – Stb.-Turbinengetrieberaum Abt. VI
5 – Stb.-Turbinenraum Abt. VII
6 – Bb.-Welle
7 – Mittelwelle
8 – Stb.-Welle

Kreuzer

Nürnberg

1935

Längsschnitt und obere
Ansicht

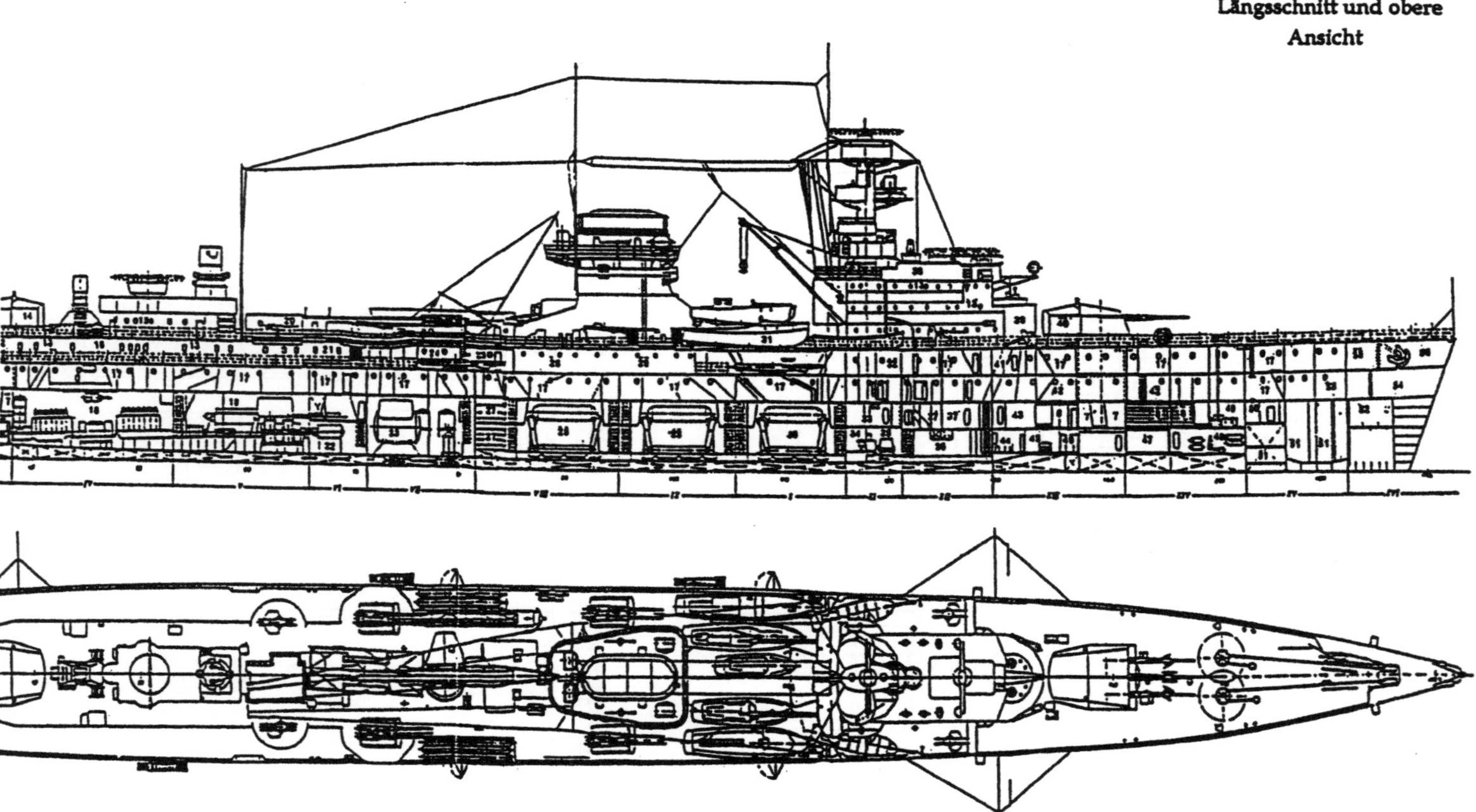

Legende

1 - Nebelkammer mit Nebelkannen
2 - Offizierslast
3 - Wohnräume
4 - Ruderraum
5 - Rudermaschinenraum
6 - 15-cm-Turm C („Cäsar")
7 - Beladeräume Türme A, B, C
8 - 15-cm-Munitionskammer
9 - achtere Artillerieschaltstelle
10 - Kreiselkompaß-/Umformer-
raum
11 - Oberfeldwebeltoiletten
12 - Offizierstoiletten
13 - Offizierswohnräume
14 - 15-cm-Turm B („Bruno")
15 - Wohn- und Büroräume
16 - Offiziersmesse
17 - Mannschaftswohndeck
18 - Dieselmotorenraum
19 - achterer Turbinenraum
20 - Kochsmessedeck

21 - Admirals-, Kommandan-
wohnräume
22 - Getrieberaum
23 - vorderer Turbinenraum
24 - Offizierskombüse
25 - Hilfskesselraum
26 - Mannschaftsduschräume
27 - 8,8-cm-Munitionskammer
28 - Kesselraum 1
29 - Kesselraum 2
30 - Kesselraum 3
31 - Wäscherei (hinter dem
V-Boot)
32 - Mannschaftskombüse
33 - Funkraum
34 - Pumpenraum
35 - Schlingerraum
36 - vord. Generatorraum
(E-Werk)
37 - Kommandozentrale
38 - Kartenhaus
39 - Kommandoturm
40 - 15-cm-Turm A („Anton")

41 - Kantine
42 - seemänn. UO.-Wohndeck
43 - Kammer für Torpedo-
gefechtsköpfe
44 - Drehstrom-Schaltraum
45 - Artillerie-Hauptschaltstelle
46 - Torpedoschalt- und
-Rechenstelle
47 - Kühlraum
48 - Kühlmaschinenraum
49 - Bugspillraum
50 - Bierlast
51 - Heizölbunker
52 - Maschinenwerkstatt
53 - Kleiderlast
54 - Bootsmannshellegat
55 - Gasschutzhellegat
56 - Steuermannslast

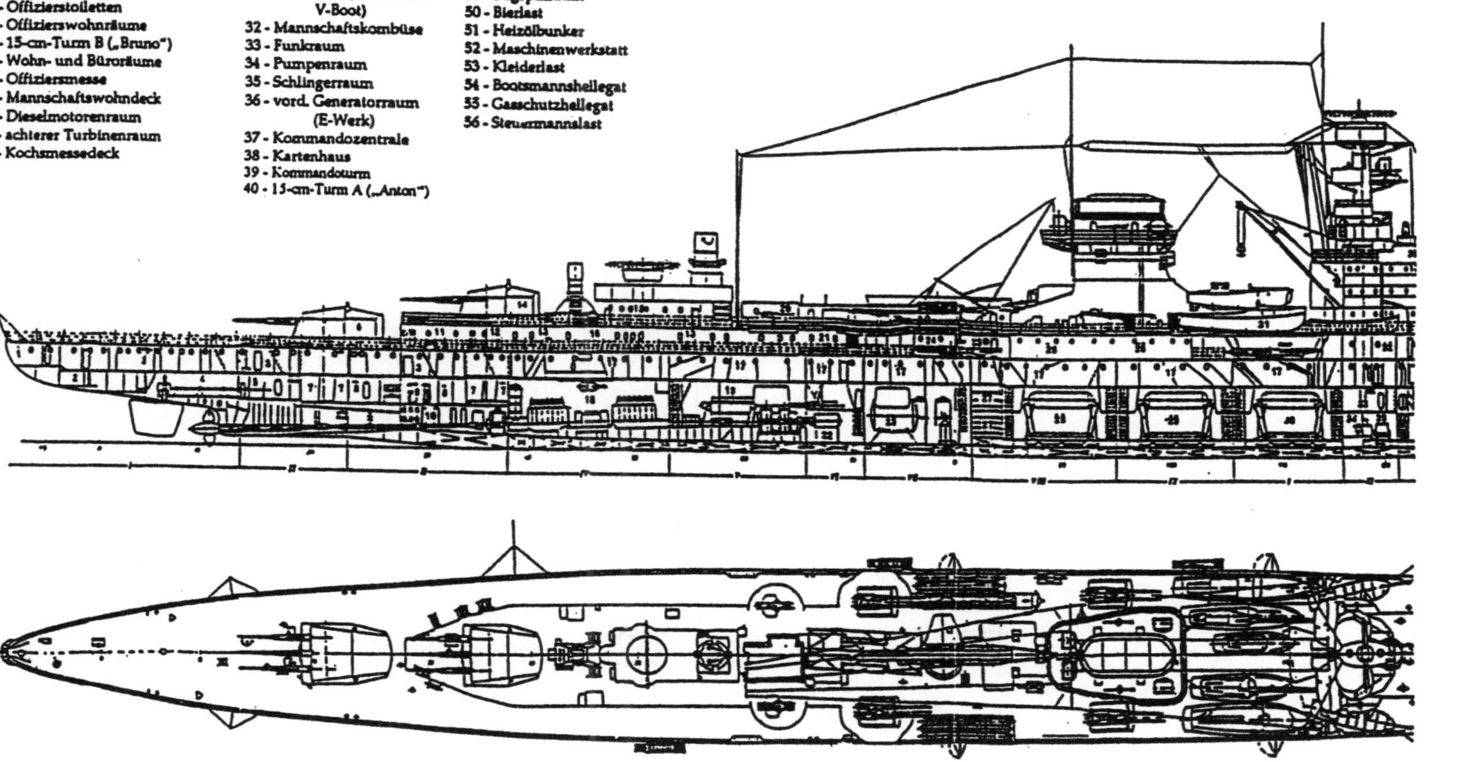

Abteilungs- und Spantenpläne des Kreuzers NÜRNBERG
von 1939

Abkürzungsverzeichnis für die Abteilungs- und Spantenpläne

...b	...bunker
...h	...hellegat
...k	...kammer
...l	...last
...r	...raum
...t	...tunnel
...umf.	...umformer
...wz	...wasserzelle
...z	...zelle
Abt.	Abteilung
Anl.	Anlage
Art, Artl.	Artillerie
Artrechst.	Artillerierechenstelle
Bootsm.	Bootsmann
E	Elektro-, Elektriker, Elektrizitäts-
Fla-Rechst.	Flakrechenstelle
Feuergf. Farb.	Feuergefährliche Farben
F.T.Landgsge.	Funktechnische Landungsgeräte
Gefstd.	Gefechtsstand
Gewmun.	Gewehrmunition
G.V. Raum	Gefechtsverbandsraum
Horchst.	Horchstelle
Kant.	Kantine
Komztr.	Kommandozentrale
La.	Luftabzug
Leckp.	Leckpumpe

Lg.	Leuchtgranaten
Lsp.	Leuchtspurgranaten
Ltstd.	Leitstand
Luftp.	Luftpumpe
Lz.	Luftzufuhr
m.	Meister
mstr.	Meisterei
mun.	Munition
Ndg.	Niedergang
Res.	Reserve
Patr.	Patrone
Postsch.	Postschapp
Pulv.	Pulver
Schaltst.	Schaltstelle
seem.	seemännisch
Sp.	Spant
Schreibst.	Schreibstube
Stabil.	Stabilisator
Std.	Stand
T.	Telefon
Torp.	Torpedo
Torpldg.	Torpedoladung
Torpzdg.	Torpedozündung
Turb.	Turbine
Umf.	Umformer
verschm.	verschmutzt
Werkst.	Werkstatt
Zimm.	Zimmermann

Abt. I Sp. −7½-14

Zwischendeck
Wohnräume
10.10
10.9
Wohnräume
Nebelant.
Sp. 4
Wohnräume
10.10
Offizierslast
9.10
B.B.
St.B.
Sp. 12
Wohnräume
10.10
Fleischlast
9.2
Ruderraum
6.9
Kantinenlast
9.1
B.B.
St.B.
Panzerdeck
Fleischlast
9.2
Kantinenlast
9.1
Stauung
Ruderraum
6.9

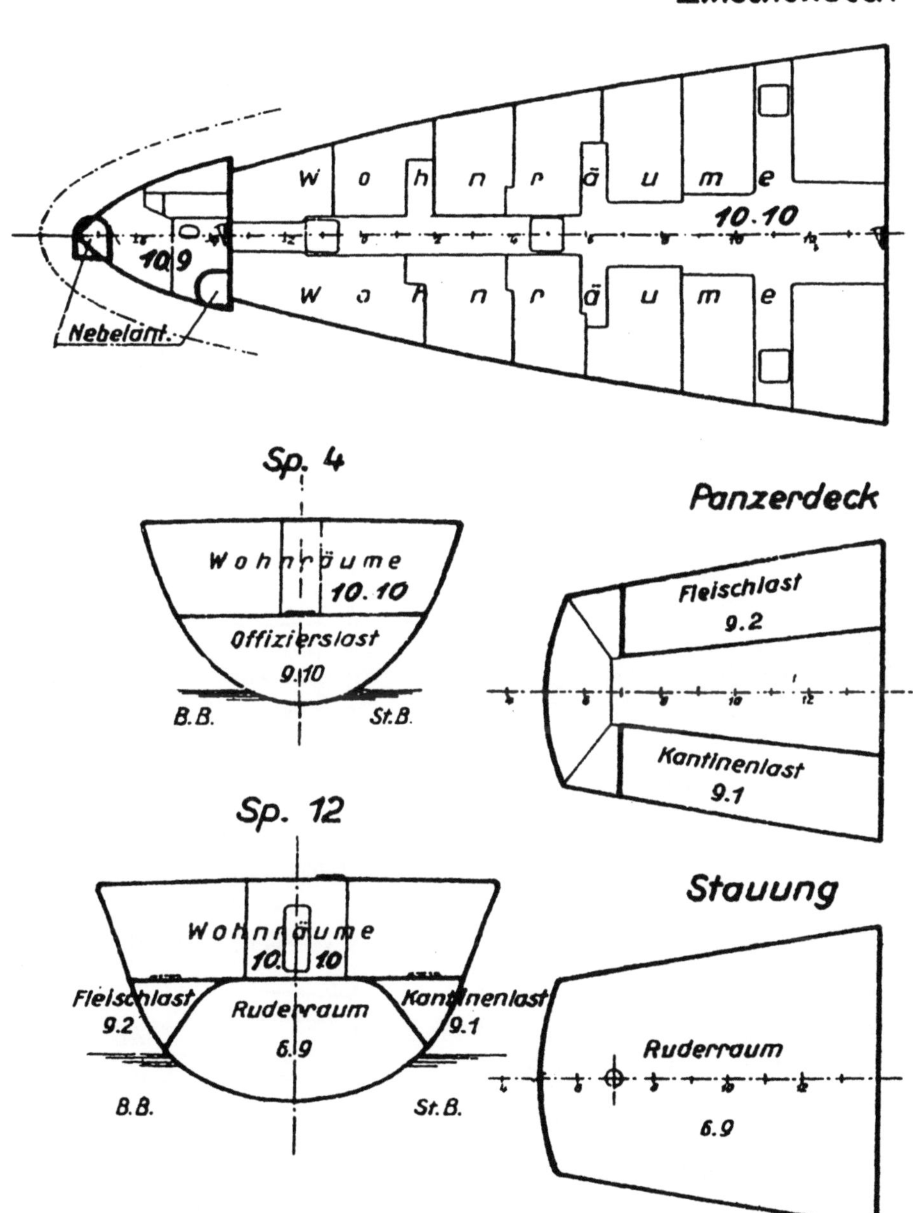

Abt. II Sp. 14-23½

Zwischendeck

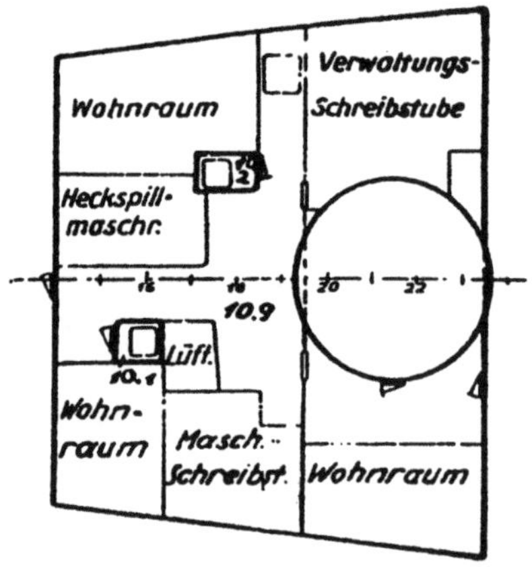

Sp. 15

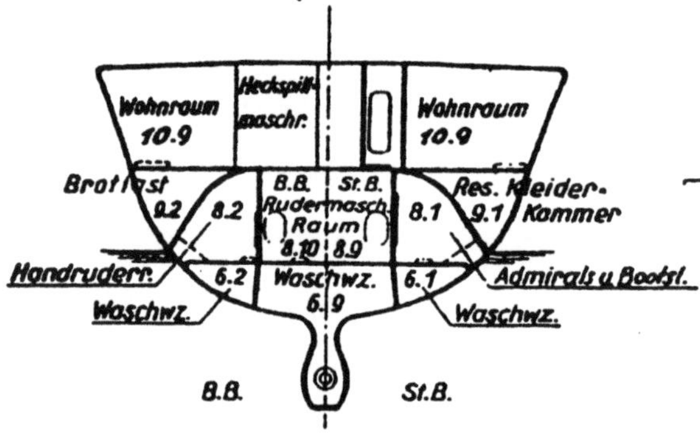

Sp. 22

Plattformdeck u. Panzerdeck

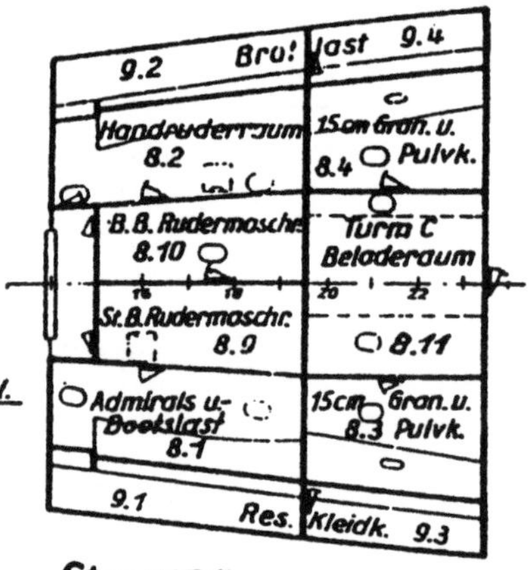

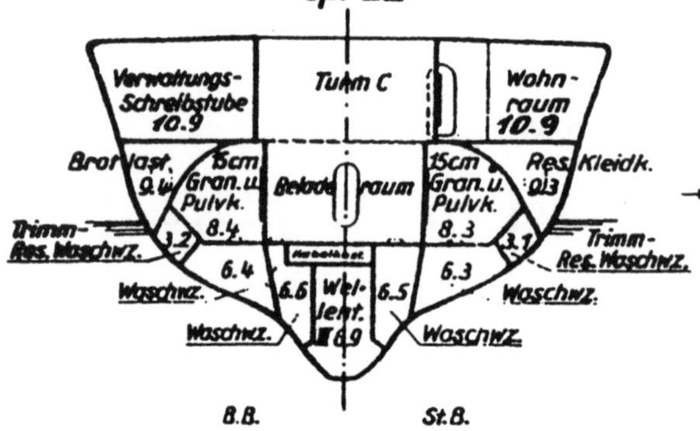

Stauung

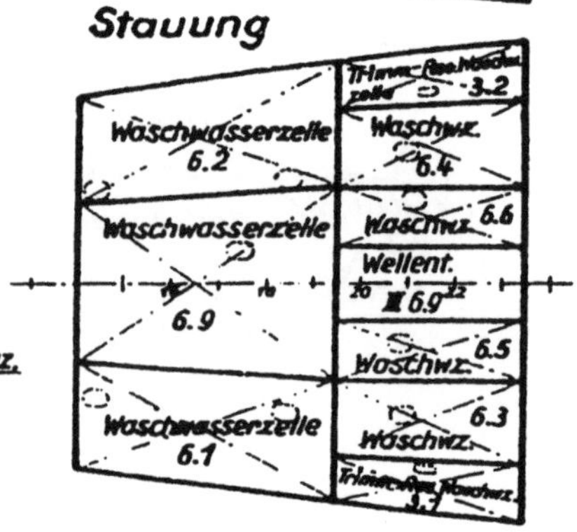

Abt. III Sp. 23½-38

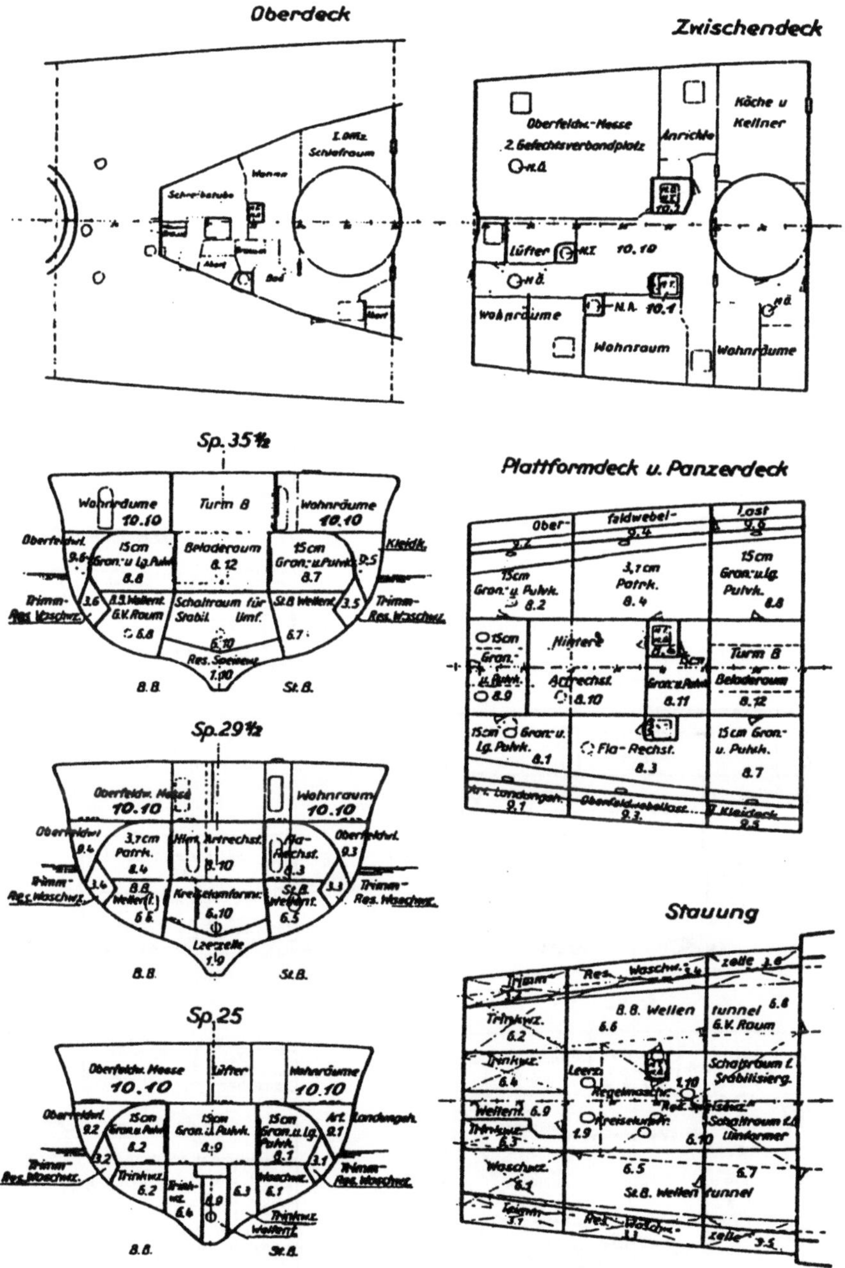

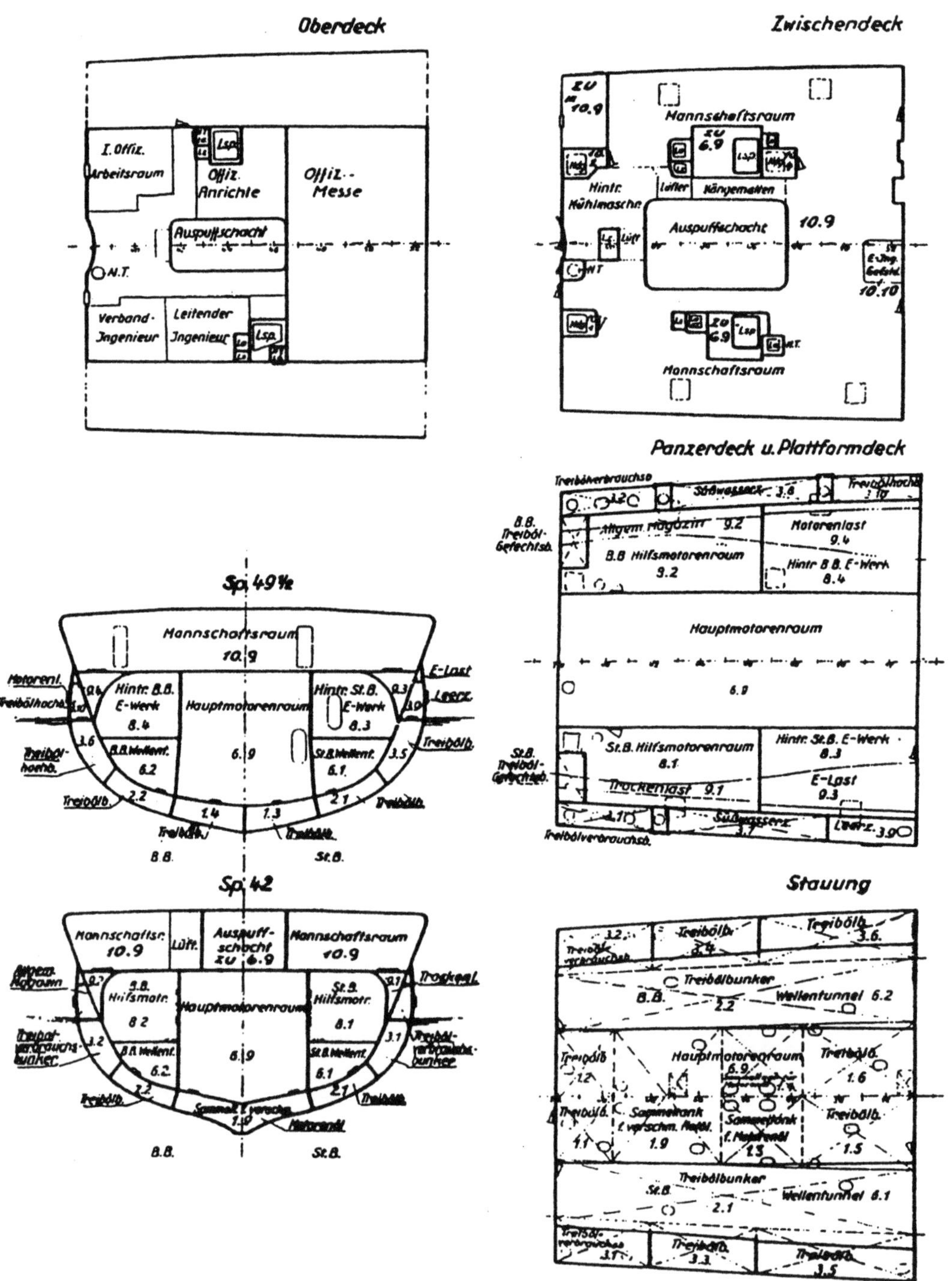

Oberdeck
Zwischendeck
I. Offiz. Arbeitsraum
Offiz. Anrichte
Offiz.-Messe
Auspuffschacht
N.T.
Verband-Ingenieur
Leitender Ingenieur
Lsp.
Mannschaftsraum
Hintr. Kühlmaschine
Lüfter
Hängematten
Auspuffschacht 10.9
E-Ing. Gefechts.
10.10
Mannschaftsraum
Panzerdeck u. Plattformdeck
Treibölverbrauchsb.
Salzwasser 3.8
B.B. Treiböl-Gefechtsb.
Allgem. Magazin 9.2
Motorenlast 9.4
B.B. Hilfsmotorenraum 9.2
Hintr. B.B. E-Werk 8.4
Hauptmotorenraum
6.9
St.B. Treiböl-Gefechtsb.
St.B. Hilfsmotorenraum 8.1
Hintr. St.B. E-Werk 8.3
Trockenlast 9.1
E-Last 9.3
Salzwasser 3.7
Leerr. 3.9
Treibölverbrauchsb.
Sp. 49½
Mannschaftsraum 10.9
Motorenl.
Treibölhochb.
Hintr. B.B. E-Werk 8.4
Hauptmotorenraum
Hintr. St.B. E-Werk 8.3
E-Last
Leerr.
Treibölhochb.
B.B. Wellent. 6.2
6.9
St.B. Wellent. 6.1
Treibölb.
Treibölb.
B.B.
St.B.
Stauung
Treibölverbrauchsb.
Treibölb.
Treibölb.
B.B.
Treibölbunker
Wellentunnel 6.2
Treibölb.
Hauptmotorenraum 6.9
Treibölb.
Treibölb.
Sammeltank l. verschm.
Treibölb.
Sp. 42
Mannschaftsr. 10.9
Lüft.
Auspuffschacht zu 6.9
Mannschaftsraum 10.9
Allgem. Magazin
B.B. Hilfsmotr. 8.2
Hauptmotorenraum
St.B. Hilfsmotr. 8.1
Trockenl.
Treibölverbrauchsbunker
B.B. Wellent. 6.2
6.9
St.B. Wellent. 6.1
Treibölverbrauchsbunker
Sammelt. l. verschm. 1.9
Motorenl.
B.B.
St.B.
St.B. Treibölbunker
Wellentunnel 6.1

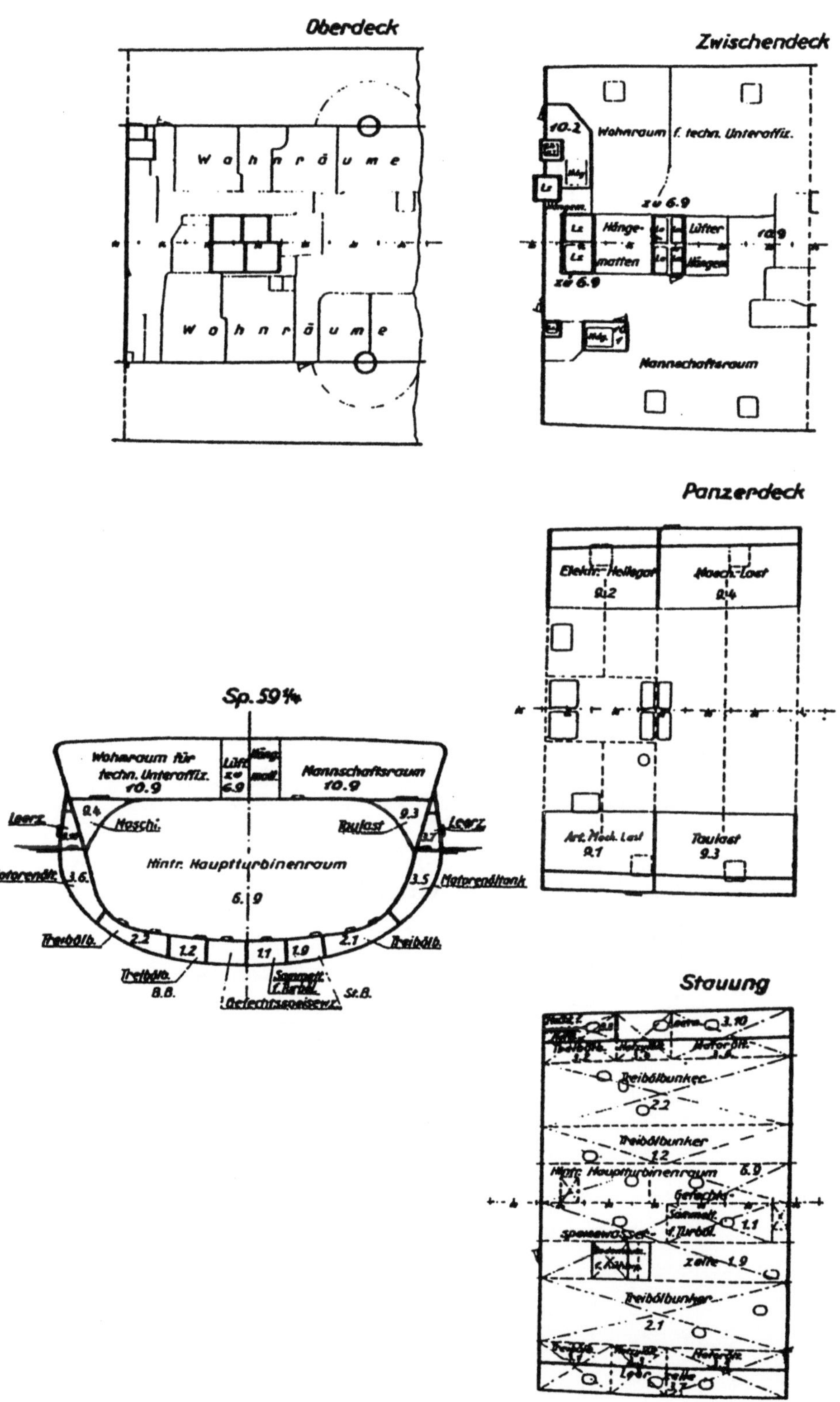
Oberdeck
Wohnräume
Wohnräume
Zwischendeck
Wohnraum f. techn. Unteroffiz.
zu 6.9
Hänge-matten
Lüfter
zu 6.9
Mannschaftsraum
Panzerdeck
Elektr.-Hellegat
9.2
Masch.-Last
9.4
Art. Masch. Last
9.1
Taulast
9.3
Sp. 59¼
Wohnraum für techn. Unteroffiz.
10.9
Lüft. zu 6.9
Mannschaftsraum
10.9
Leerz.
9.4
Maschi.
Taulast
9.3
Leerz.
Motorendtk.
3.6
Hintr. Hauptturbinenraum
6.9
Motorendltank
3.5
Treiböb.
2.2
1.2
1.1
1.9
2.1
Treiböb.
Treiböb.
B.B.
Sammelt. f. Turböl.
St.B.
Gefechtsspeisew.
Stauung
Treiböl
Motoröl.
Motoröl.
3.2
Treiölbunker
2.2
Treibölbunker
1.2
Hintr. Hauptturbinenraum
6.9
Gefechts-
Sammelt. f. Turböl
1.1
speisewasser
zelle 1.9
Treibölbunker
2.1
Lenzzelle

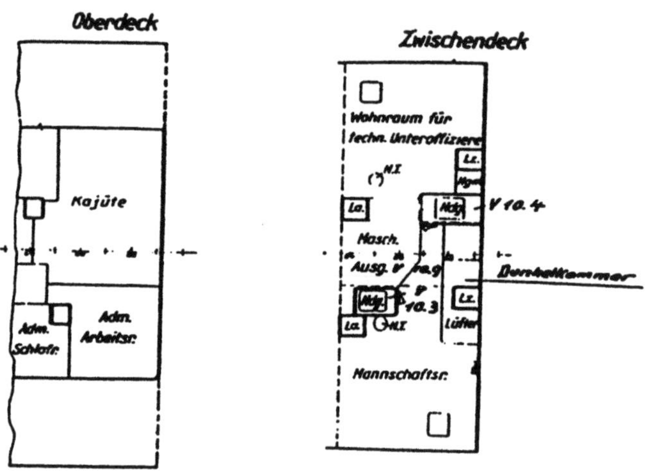
Oberdeck
Kajüte
Adm. Schlafr.
Adm. Arbeitsr.
Zwischendeck
Wohnraum für techn. Unteroffiziere
La.
Lz.
Ldg.
N.I
Ldg.
V 10.4
Masch. Ausg. V 10.9
Durchschlakammer
Ldg. V 10.3
La.
N.I
Lz.
Lüfter
Mannschaftsr.

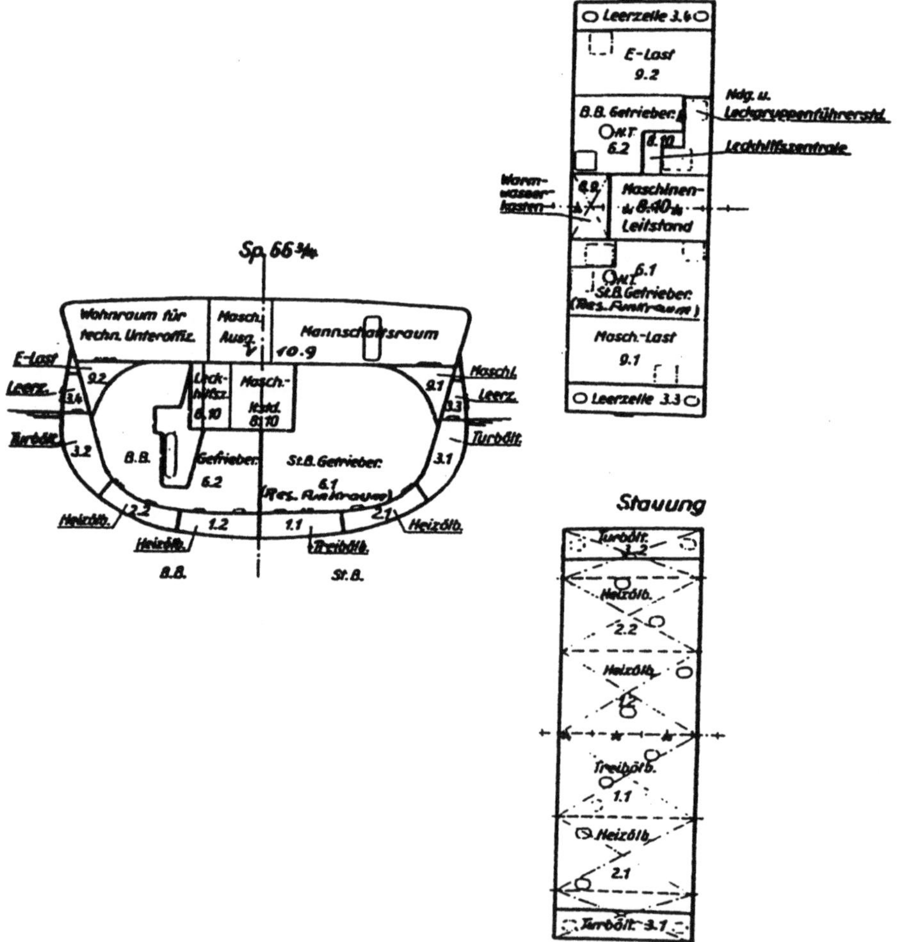
Plattformdeck u. Panzerdeck
Leerzelle 3.4
E-Last 9.2
B.B. Getriebei.
N.T. 6.2
8.10
Ndg. u. Leckgruppenführerstd.
Leckhilfszentrale
Warmwasserkasten
4.9
Maschinen- 8.40 Leitstand
N.T.
6.1
St.B. Getriebei. (Res. Funkraum)
Masch.-Last 9.1
Leerzelle 3.3
Sp. 66¾
Wohnraum für techn. Unteroffiz.
Masch. Ausg. V 10.9
Mannschaftsraum
E-Last
Leerz. 3.4
9.2
Leck- hilfsz. 6.10
Masch.- Kstd. 8.10
9.1
Masch. Leerz. 3.3
Turböl. 3.2
B.B.
Getriebei. 6.2
St.B. Getriebei. 6.1 (Res. Funkraum)
3.1
Turböl.
Heizölb. 2.2
Heizölb.
1.2
1.1
Treiböl.
2.1
Heizölb.
B.B.
St.B.
Stauung
Turböl. 3.2
Heizölb. 2.2
Heizölb. 1.2
Treiböl. 1.1
Heizölb. 2.1
Turböl. 3.1

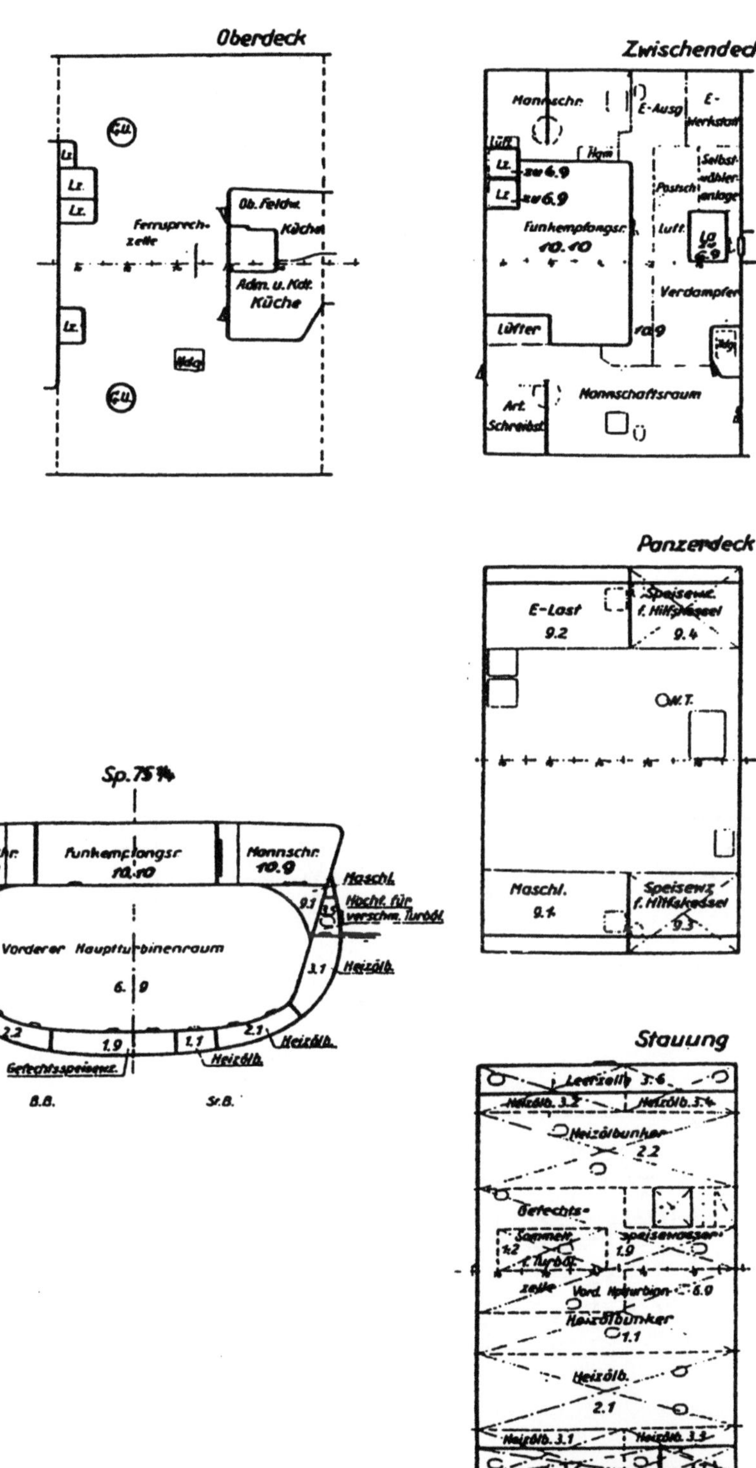
Oberdeck
Zwischendeck
Panzerdeck
Stauung
Sp. 75¾
G.U.
Lz.
Lz.
Lz.
Lz.
Fernsprech-zelle
Ob. Feldw.
Küche
Adm. u. Kdt.
Küche
Wdg.
Mannschr.
E-Ausg.
E-Werkstatt
Lüft.
Hgm.
Lz. zw 6.9
Lz. zw 6.9
Funkempfangsr.
10.10
Selbst-wähler-anlage
Postschr.
Lüft.
V.Z. 6.9
Verdampfer
Lüfter
10.9
Art. Schreibst.
Mannschaftsraum
E-Last
9.2
Speisew. f. Hilfskessel
9.4
W.T.
Maschl.
9.1
Speisewz. f. Hilfskessel
9.3
Mannschr. 10.9
Funkempfangsr. 10.10
Mannschr. 10.9
E-Last
Leere.
9.2
3.6
Heizölb. 3.2
Vorderer Hauptturbinenraum
6.9
Heizölb. 2.2
1.9
1.1
2.1
Heizölb.
Gefechtsspeisewz.
B.B.
Sr.B.
Maschl.
Hocht. für verschm. Turböl.
9.1
3.1
Heizölb.
Leerzelle 3.6
Heizölb. 3.2
Heizölb. 3.4
Heizölbunker 2.2
Gefechts-speisewz.
2.2
Speisewasser 1.9
Turböl
Vord. Hpturbnr. 6.9
Heizölbunker 1.1
Heizölb. 2.1
Heizölb. 3.1
Heizölb. 3.3
Hocht. f. verschm. Turböl.
Hocht. f. verschm. Schmieröl.

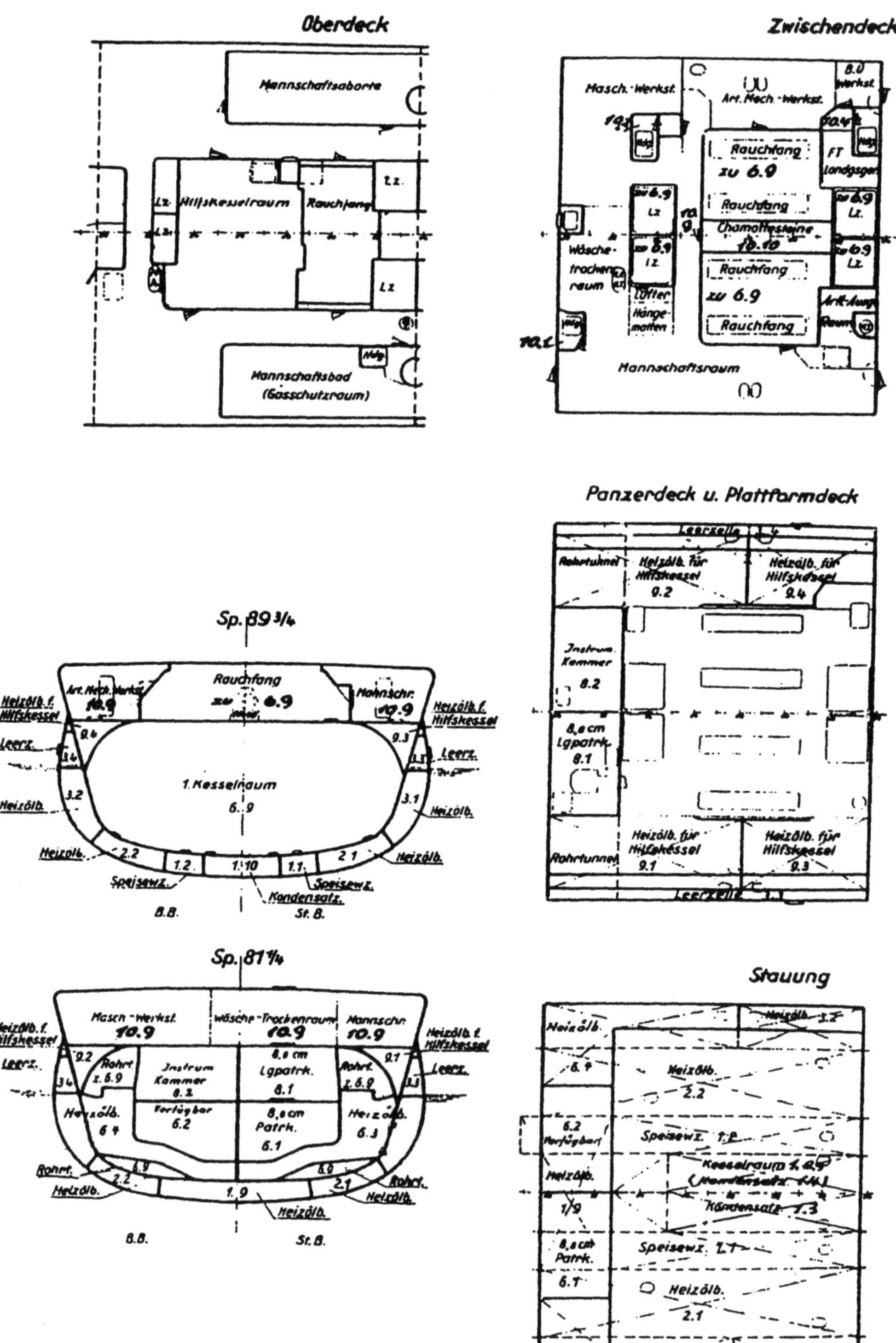
Oberdeck
Mannschaftsaborte
Hilfskesselraum
Rauchfang
Lz.
2.2
Lz.
Mannschaftsbad
(Gasschutzraum)

Zwischendeck
Masch.-Werkst.
Art. Mech.-Werkst.
Werkst.
8.0
Rauchfang zu 6.9
FT Landgspar.
Rauchfang
zu 6.9
Lz.
Chamottesteine
10.10
Rauchfang
zu 6.9
zu 6.9
Lz.
Rauchfang
Wäsche-trockenraum
Lz.
zu 6.9
Lz.
Lüfter
Hänge-matten
Art. Ausg. Raum
Mannschaftsraum
10.1
10.5
10.4

Sp. 89 3/4
Art. Mech. Werkst.
10.9
Rauchfang
zu 6.9
Mahnschr.
10.9
Heizölb. f. Hilfskessel
Heizölb. f. Hilfskessel
Leerz.
9.4
9.3
Leerz.
1. Kesselraum
6..9
3.2
3.1
Heizölb.
Heizölb.
2.2
1.2
1.10
1.1
2.1
Heizölb.
Heizölb.
Speisewz.
Speisewz.
Kondensatz.
B.B.
St.B.

Panzerdeck u. Plattformdeck
Leerzelle
Rohrtunnel
Heizölb. für Hilfskessel
9.2
Heizölb. für Hilfskessel
9.4
Instrum. Kammer
8.2
8,8 cm Lgpatrk.
8.1
Heizölb. für Hilfskessel
9.1
Heizölb. für Hilfskessel
9.3
Rohrtunnel
Leerzelle

Sp. 81 1/4
Heizölb. f. Hilfskessel
Masch.-Werkst.
10.9
Wäsche-Trockenraum
10.9
Mannschr.
10.9
Heizölb. f. Hilfskessel
9.2
Rohrt. z. 6.9
Instrum. Kammer
8.2
8,8 cm Lgpatrk.
8.1
Rohrt. z. 6.9
9.1
Leerz.
Leerz.
Heizölb.
6.4
Verfügbar
6.2
8,8 cm Patrk.
6.1
Heizölb.
6.3
Rohrt.
Heizölb.
2.2
1.9
2.1
Rohrt.
Heizölb.
Heizölb.
B.B.
St.B.

Stauung
Heizölb.
3.2
Heizölb.
6.4
Heizölb.
2.2
6.2 Verfügbar
Speisewz. 1.2
Heizölb.
1.9
Kesselraum 1.9
Kondensatz. 1.1
Kondensatz. 1.3
8,8 cm Patrk.
6.1
Speisewz. 1.1
6.1
Heizölb.
2.1
Heizölb.
6.3
Heizölb. 3.1

Oberdeck

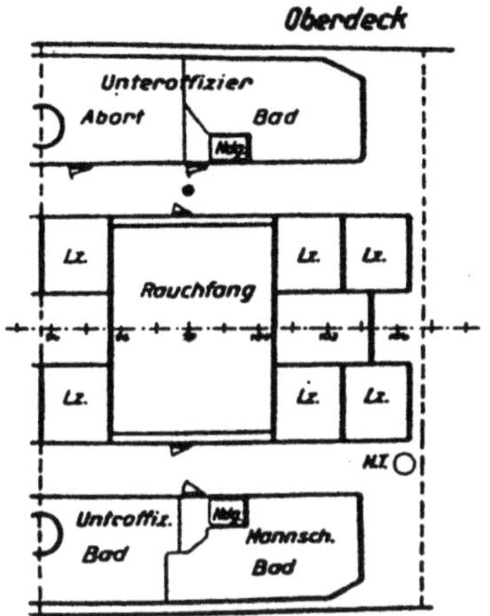

Zwischendeck

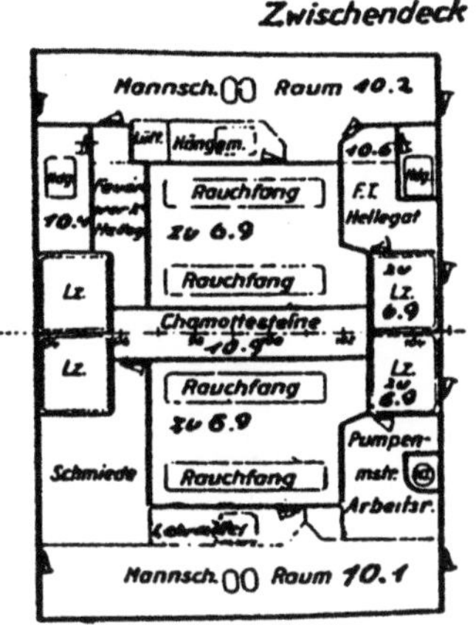

Panzerdeck

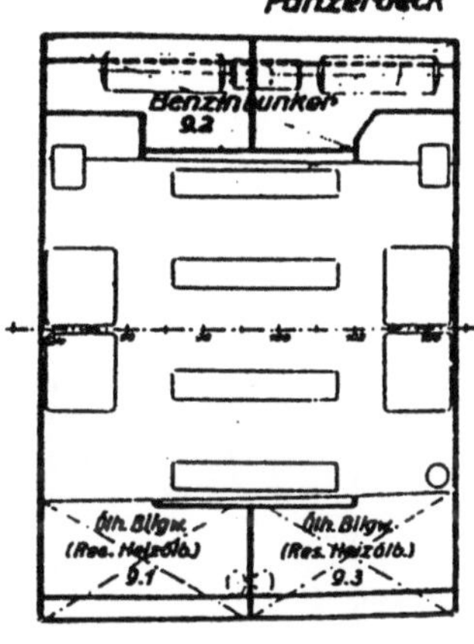

Sp. 100 ¾

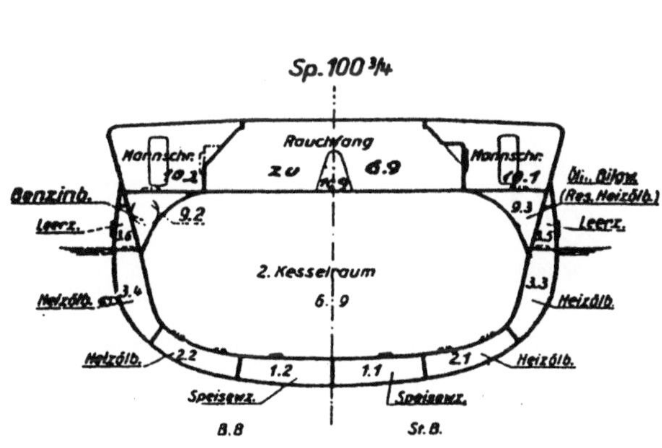

Stauung

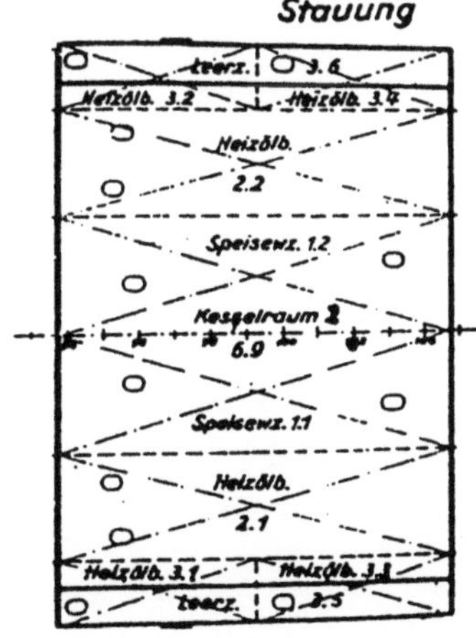

Abt. X Sp. 104³/₄ – 115³/₄

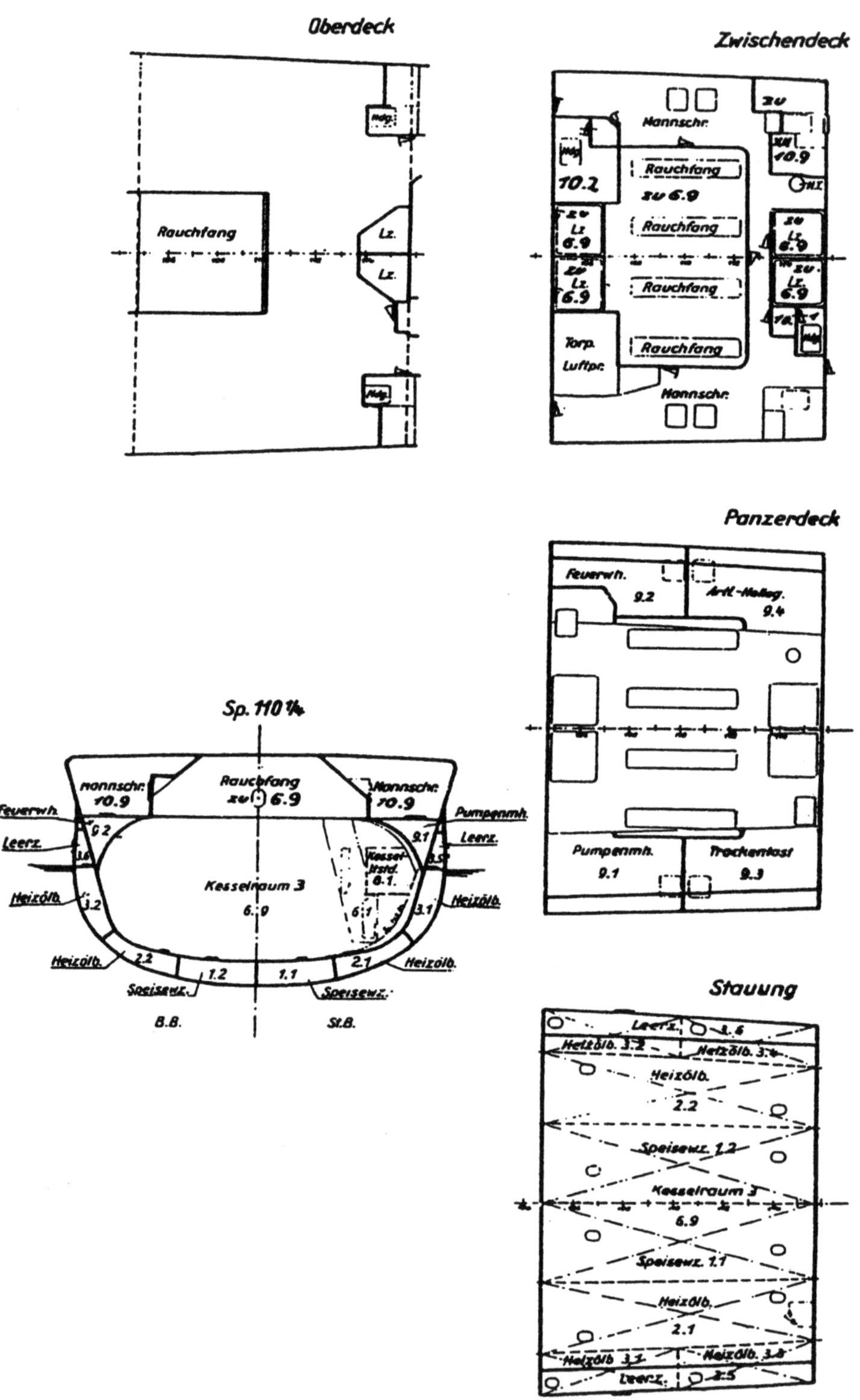

Oberdeck

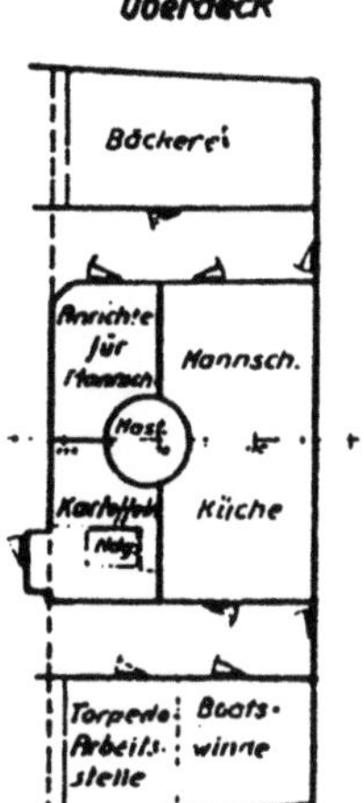

Zwischendeck

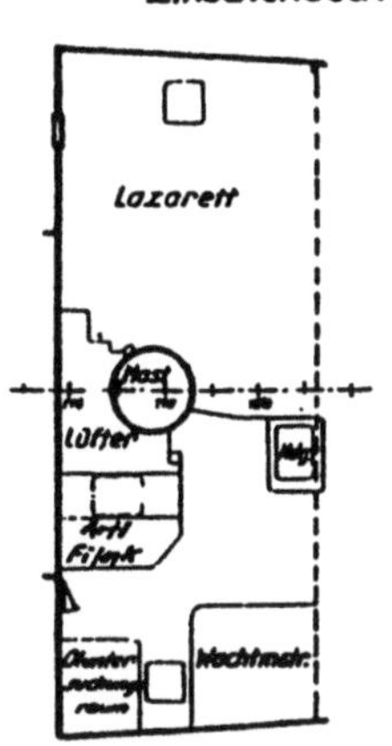

Sp. 120

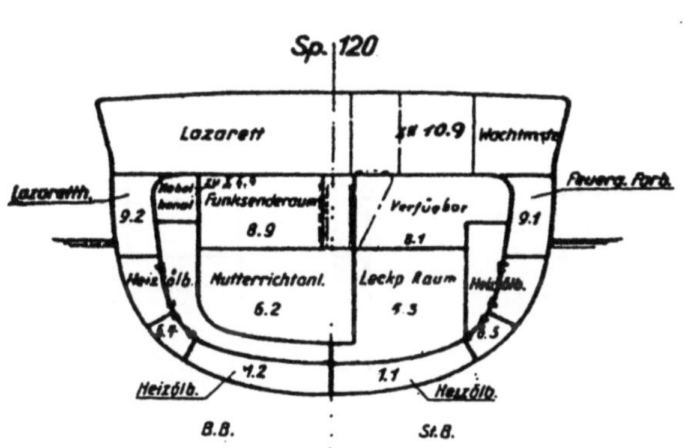

Panzerdeck u. Plattformdeck

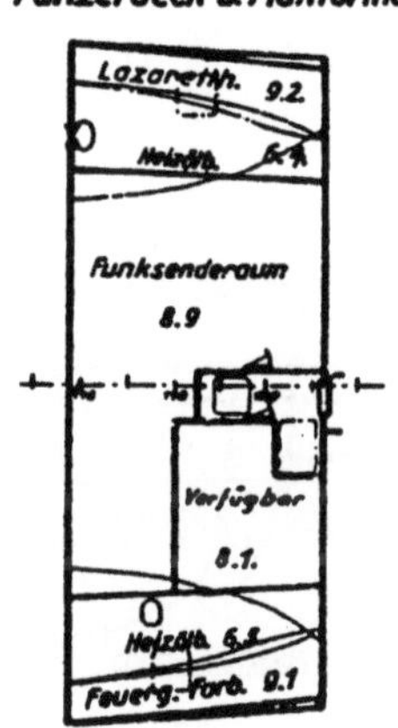

Sp. 117

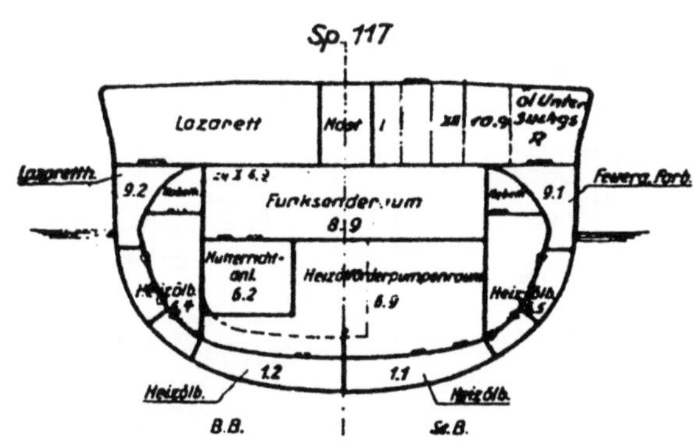

Stauung

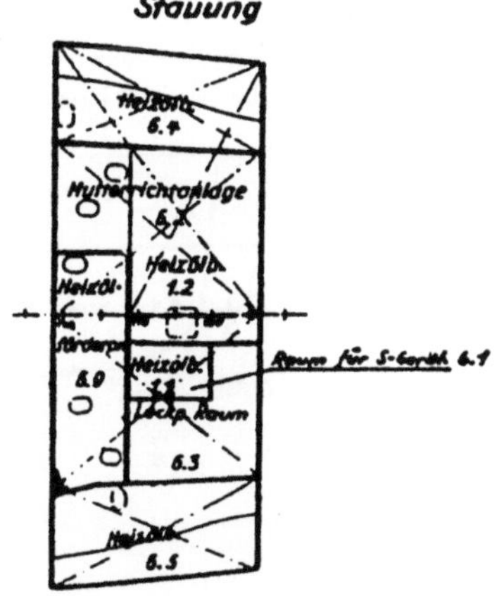

Oberdeck

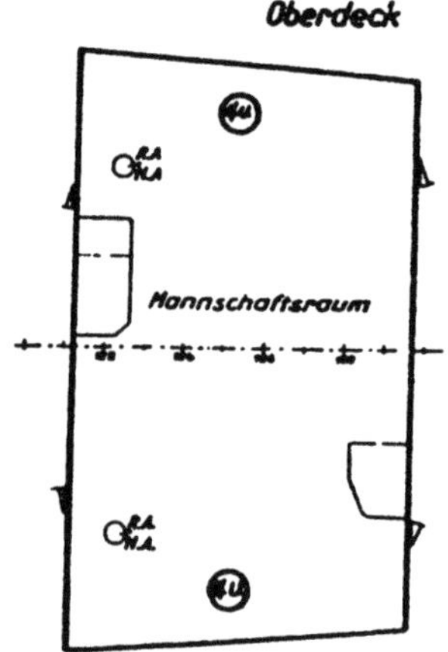

Zwischendeck

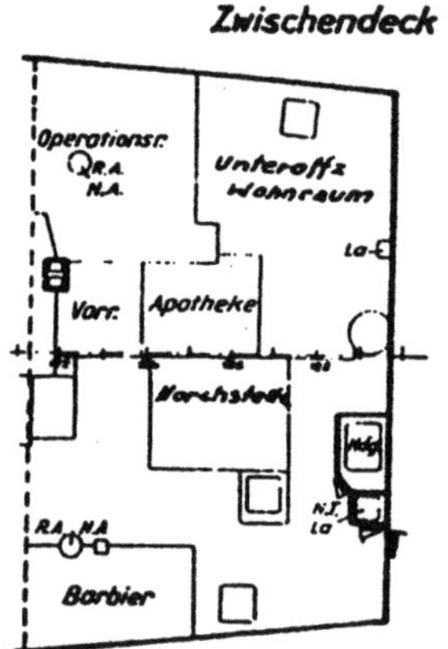

Sp. 128 ¼

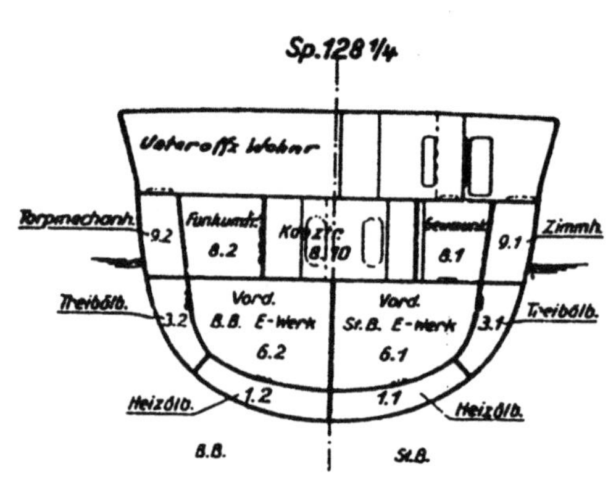

Panzerdeck u. Plattformdeck

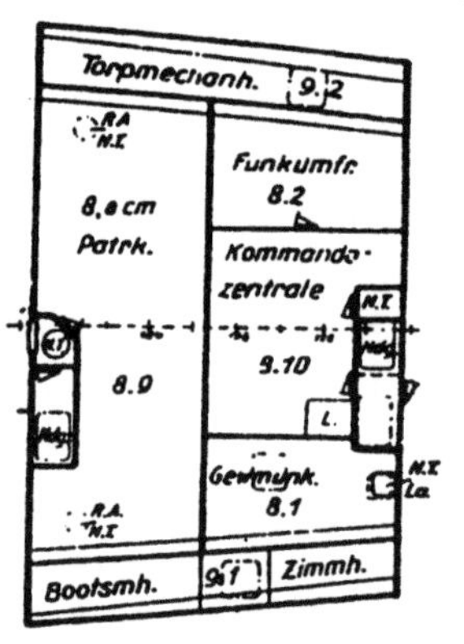

Sp. 124

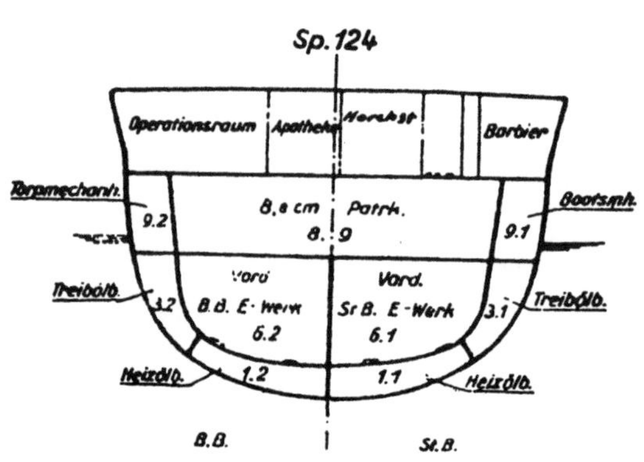

Stauung

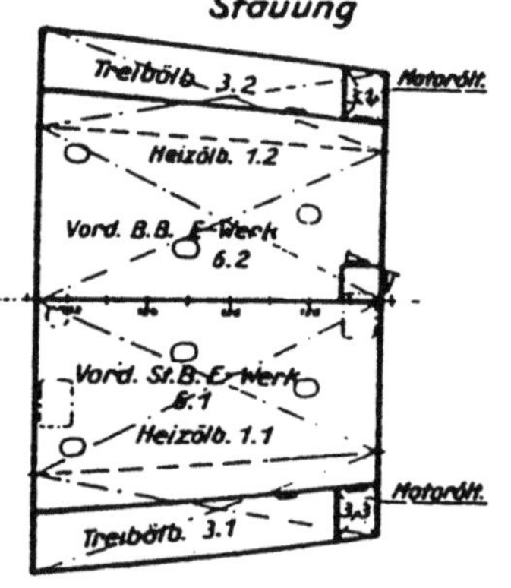

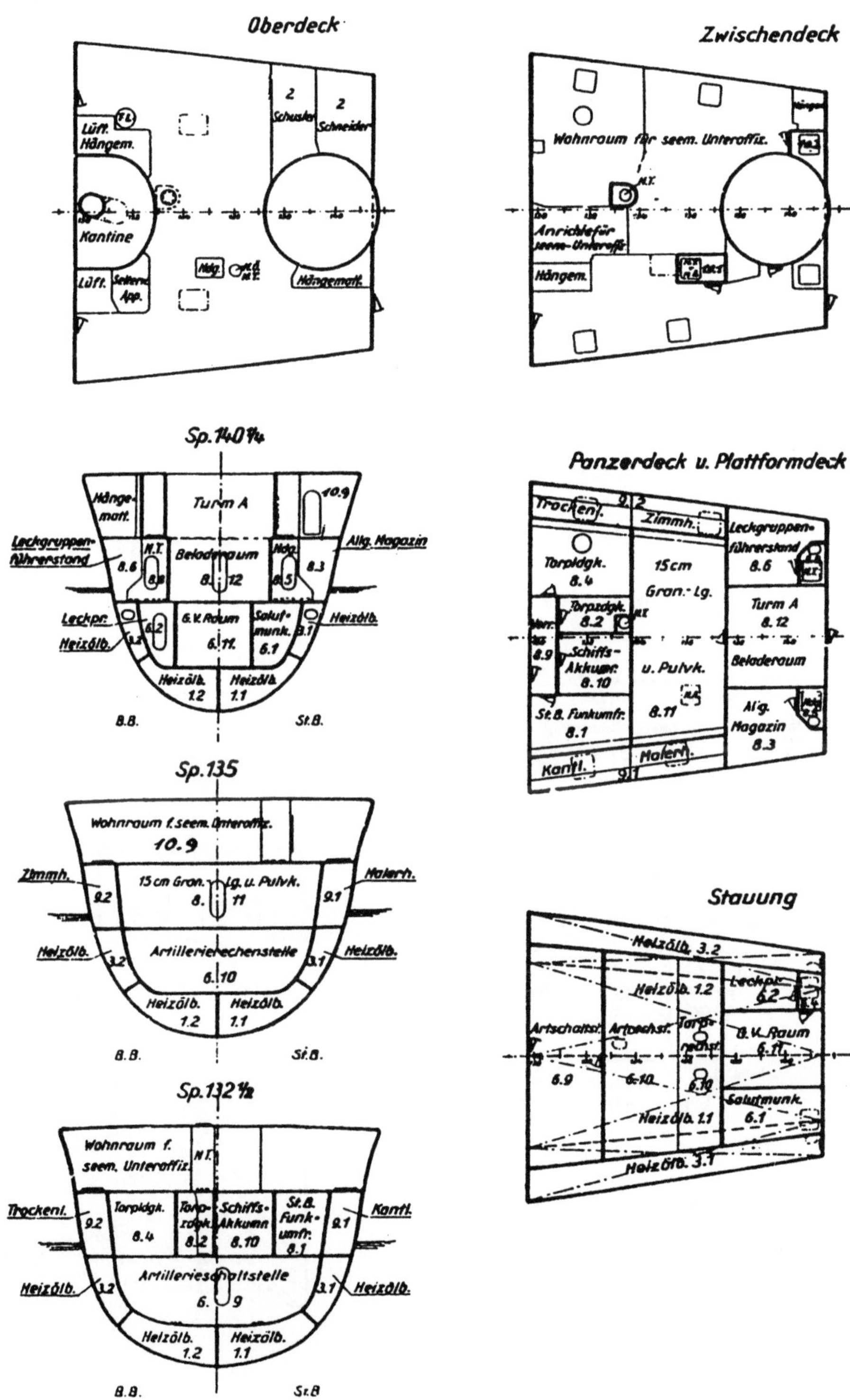

Oberdeck
Zwischendeck
Lüft. Hängem.
Kantine
Lüft. Seitenw. App.
2 Schuster
2 Schneider
Mdg.
Hängematt.
Wohnraum für seem. Unteroffiz.
N.T.
Anrichte für seem. Unteroffiz.
Hängem.
Sp. 140¾
Hängematt.
Turm A
10.9
Leckgruppen-Führerstand
N.T.
Beladeraum
8.12
Mdg.
Allg. Magazin
8.6
8.3
Leckpr.
6. V. Raum
6.11
Salut-munk.
6.1
Heizölb.
Heizölb.
1.2
Heizölb.
1.1
B.B.
St.B.
Panzerdeck u. Plattformdeck
Trocken.
9.2
Zimmh.
Leckgruppen-führerstand
8.6
Torpdgk.
8.4
15 cm Gran.-Lg.
Turm A
8.12
Vorr.
8.9
Torpdgk.
8.2
N.T.
Beladeraum
Schiffs-Akkumn.
8.10
u. Pulvk.
St.B. Funkumfr.
8.1
8.11
Allg. Magazin
8.3
Kantl.
9.1
Malerl.
Sp. 135
Wohnraum f. seem. Unteroffiz.
10.9
Zimmh.
9.2
15 cm Gran.-Lg. u. Pulvk.
8.11
Malerl.
9.1
Heizölb.
3.2
Artillerierechenstelle
6.10
Heizölb.
3.1
Heizölb.
1.2
Heizölb.
1.1
B.B.
St.B.
Stauung
Heizölb. 3.2
Heizölb. 1.2
Leckpr. 9.2
Artschaltst.
8.9
Artrechst.
6.10
Torp-rechst.
8.10
6. V. Raum
6.11
Salutmunk.
6.1
Heizölb. 1.1
Heizölb. 3.1
Sp. 132½
Wohnraum f. seem. Unteroffiz.
N.T.
Trockenl.
9.2
Torpdgk.
8.4
Torp-dgk.
8.2
Schiffs-Akkumn.
8.10
St.B. Funk-umfr.
8.1
Kantl.
9.1
Heizölb. 1.2
Artillerieschaltstelle
6.9
Heizölb. 3.1
Heizölb.
Heizölb.
1.2
Heizölb.
1.1
B.B.
St.B.

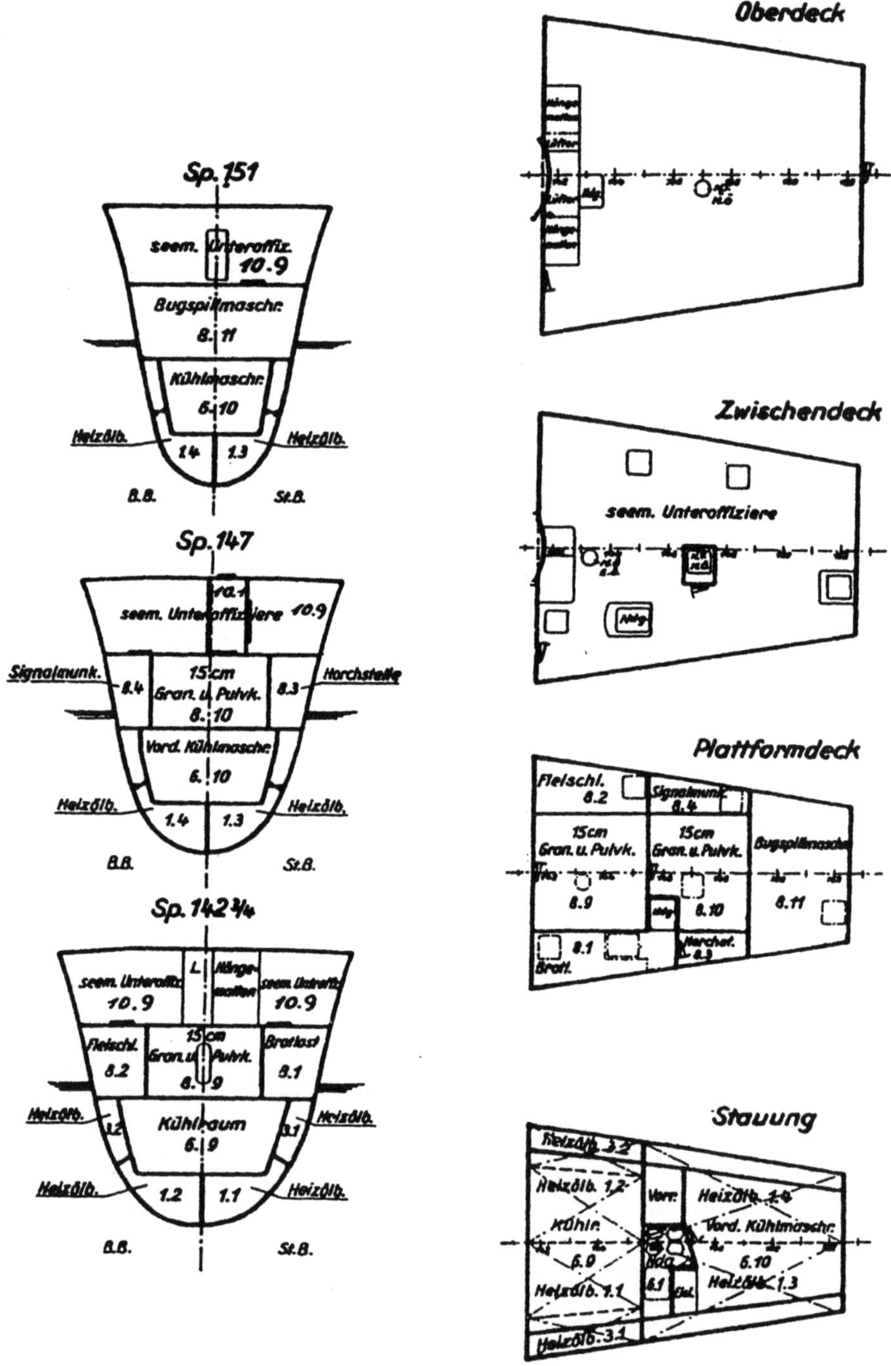
Sp. 151
seem. Unteroffiz.
10.9
Bugspillmaschr.
8.11
Kühlmaschr.
6.10
Heizölb.
1.4
1.3
Heizölb.
B.B.
St.B.
Sp. 147
seem. Unteroffiziere
10.9
Signalpunk.
8.4
15 cm
Gran. u. Pulvk.
8.10
8.3
Horchstelle
Vord. Kühlmaschr.
6.10
Heizölb.
1.4
1.3
Heizölb.
B.B.
St.B.
Sp. 142 ¾
seem. Unteroffz.
10.9
Ringe-
seem. Unteroffz.
10.9
Fleischl.
8.2
15 cm
Gran. u. Pulvk.
8.9
Bratlast
8.1
Heizölb.
Kühlraum
6.9
Heizölb.
Heizölb.
1.2
1.1
Heizölb.
B.B.
St.B.
Oberdeck
Zwischendeck
seem. Unteroffiziere
Plattformdeck
Fleischl.
8.2
Signalpunk.
8.4
15 cm
Gran. u. Pulvk.
8.9
15 cm
Gran. u. Pulvk.
8.10
Bugspillmaschr.
8.11
8.1
Horchst.
8.3
Brot.
Stauung
Heizölb. 3.2
Heizölb. 1.2
Vorr.
Heizölb. 1.4
Kühlr.
6.9
Vord. Kühlmaschr.
6.10
Heizölb. 1.1
Heizölb. 1.3
Heizölb. 3.1

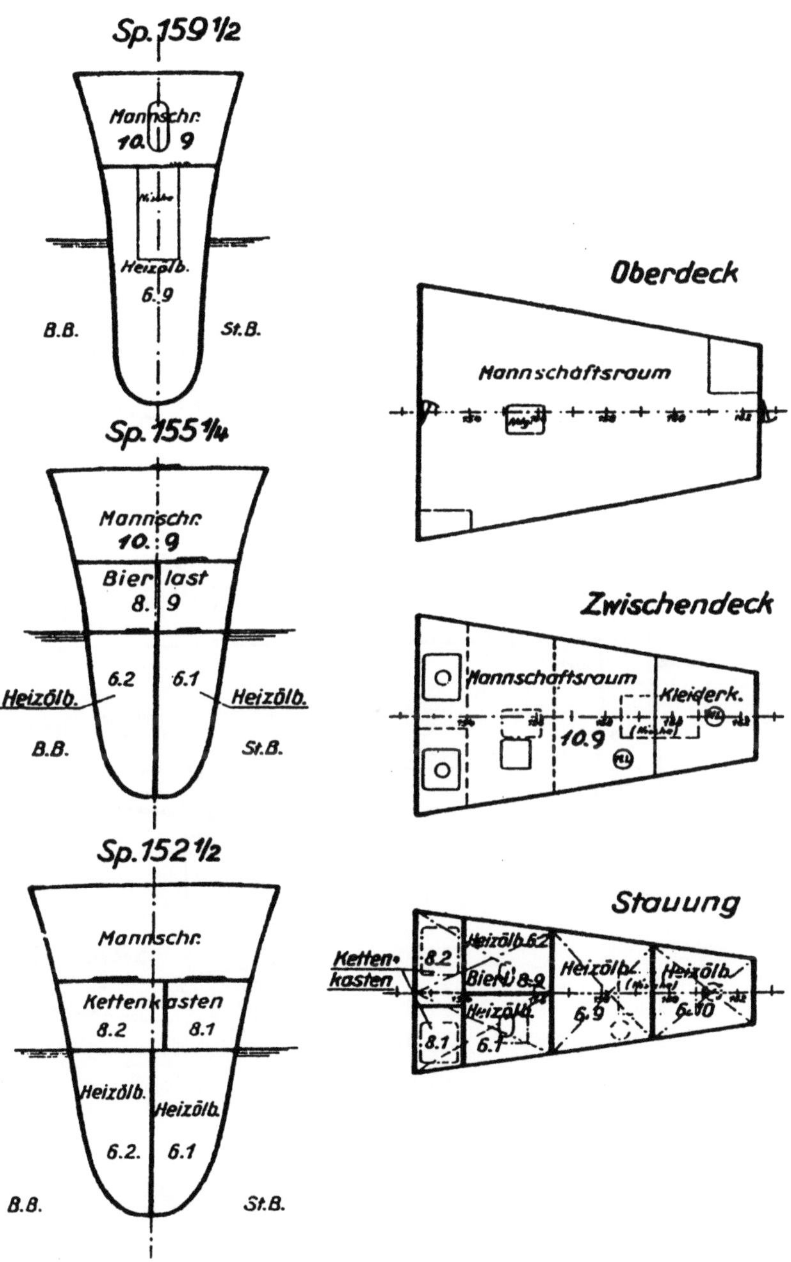
Sp. 159½
Mannschr.
10. 9
Heizölb.
6. 9
B.B.
St.B.
Sp. 155¼
Mannschr.
10. 9
Bier last
8. 9
Heizölb.
6.2
6.1
Heizölb.
B.B.
St.B.
Sp. 152½
Mannschr.
Kettenkasten
8.2
8.1
Heizölb.
Heizölb.
6.2
6.1
B.B.
St.B.
Oberdeck
Mannschaftsraum
Zwischendeck
Mannschaftsraum
Kleiderk.
10.9
Stauung
Ketten-
kasten
8.2
Heizölb. 6.2
Bier 8.9
Heizölb.
Heizölb.
8.1
Heizölb.
6.1
6.9
6.10

Abt. XVI Sp. 162½-Vorst.

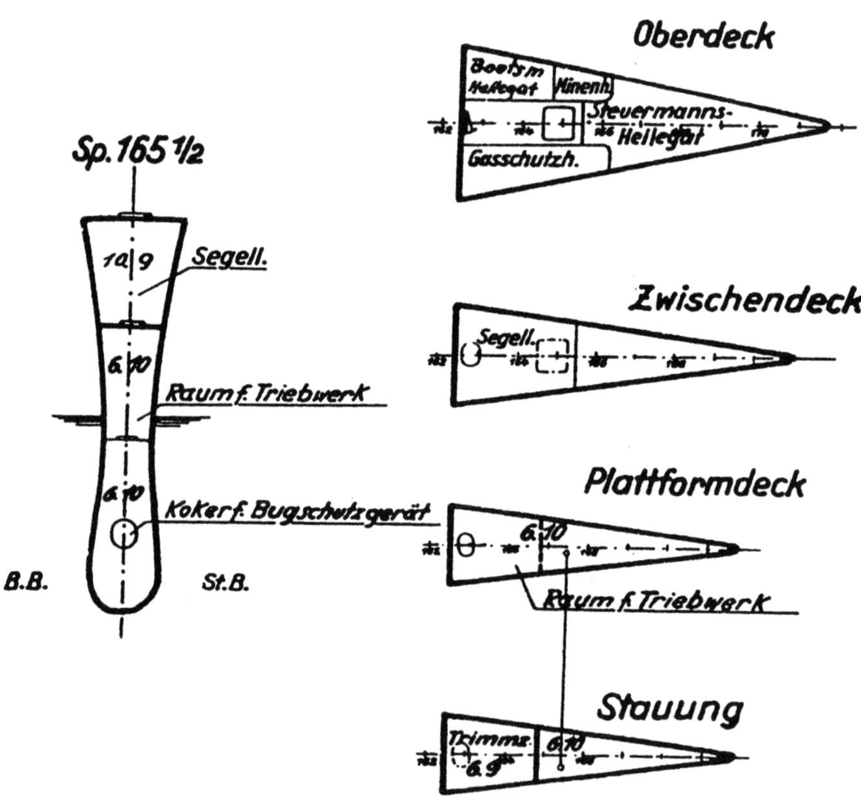

Decksläne des Kreuzers Nürnberg von 1942

Zeichenerklärung

Dz.S. = Dienstzeugspind
N.S. = Nachtschrank
S.T. = Schreibtisch
K.S. = Kleiderschrank
W.S. = Wäscheschrank
W.T. = Waschtisch
H. = Heizkörper
S. = Schrank
A.S. = Antennenschacht
R.G. = Reinigungsgeschirr
La. = Luftabfuhr
T. = Tisch
Rgz. = Regenzeug
Ndg. = Niedergang
Geh. = Geheimspind
S.P. = Schreibpult
Kl.T. = Klapptisch
M.G. = Maschienengewehr
Bü.S. = Bücherschrank
Fl.A. = Flottenatmer
M.S. = Mantelschrank

Oberes Aufbaudeck

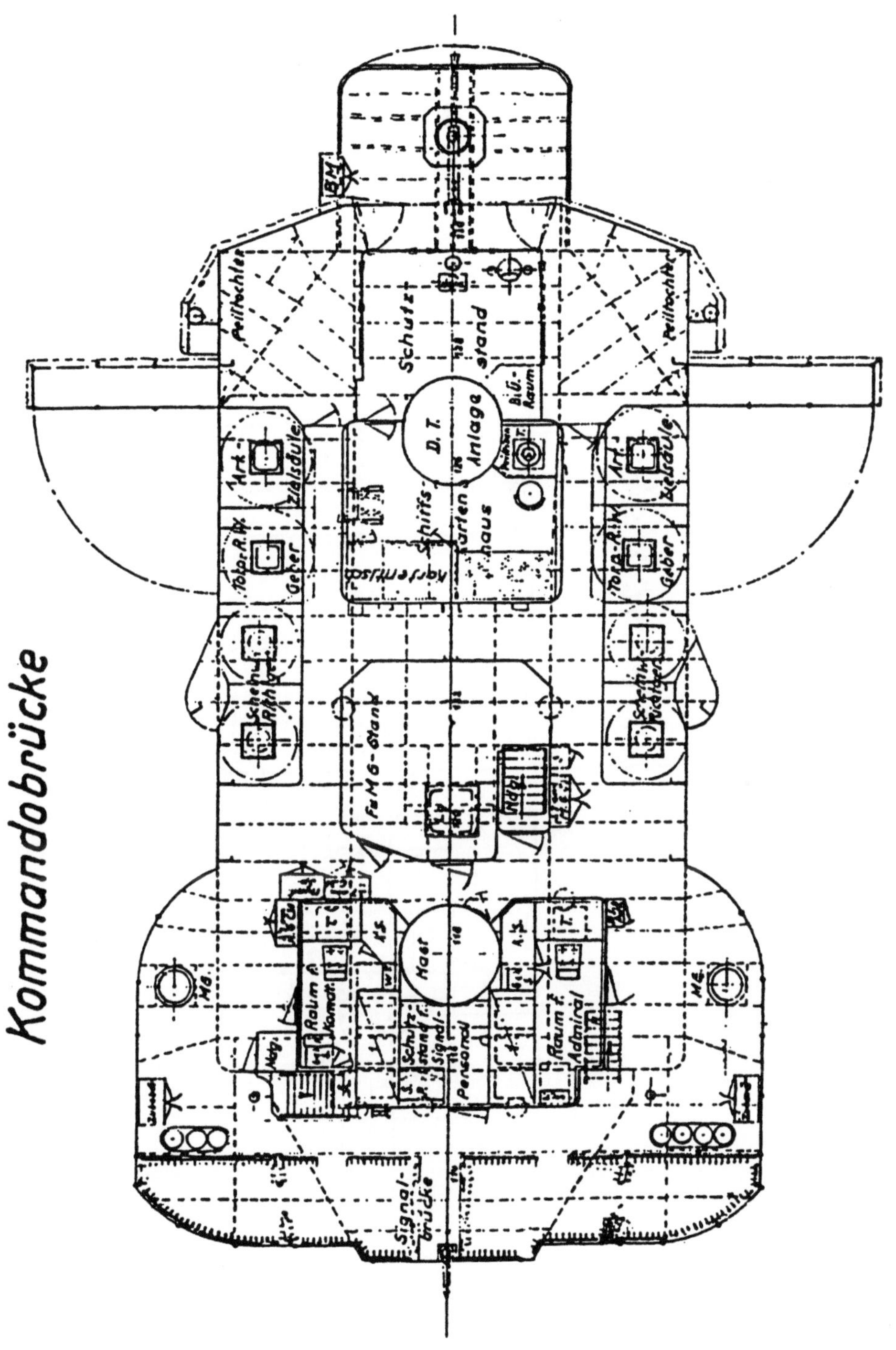
Peiltochter
Peiltochter
Schutz
stand
D.T.
B.U.-Raum
Schiffs-
Karten-
haus
Anlage
Art.
Art.
Topp-R.W.
Topp-R.W.
Geber Azialsäule
Geber Azialsäule
Scheinw.
Scheinw.
FaMG-Stand
Raum f. Kommdt.
Raum f. Admiral
Mast
Schutz f.
Signal-
Personal
MG.
MG.
Signal-
brücke

Scheinwerferrichtstand

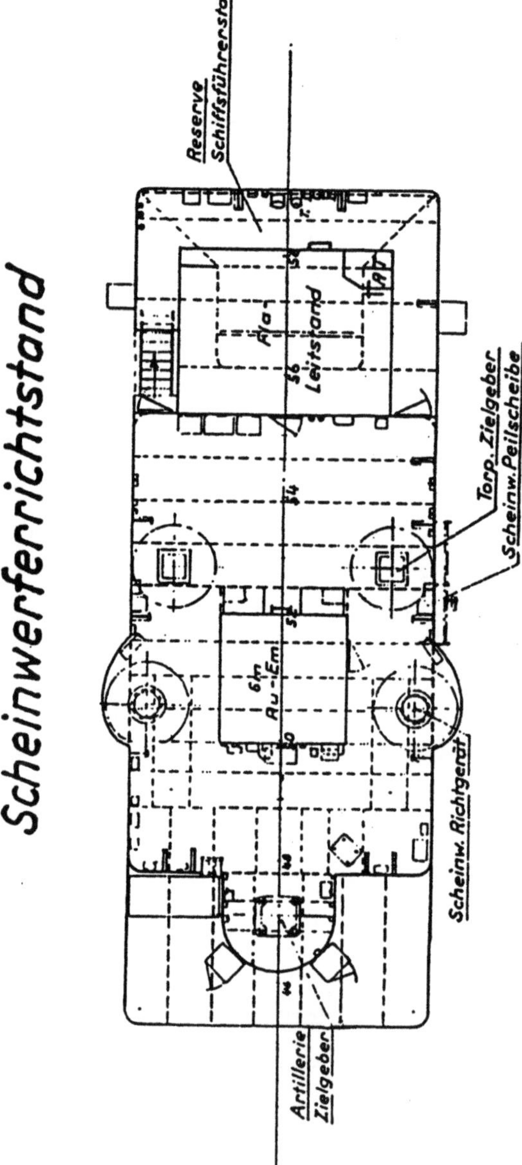

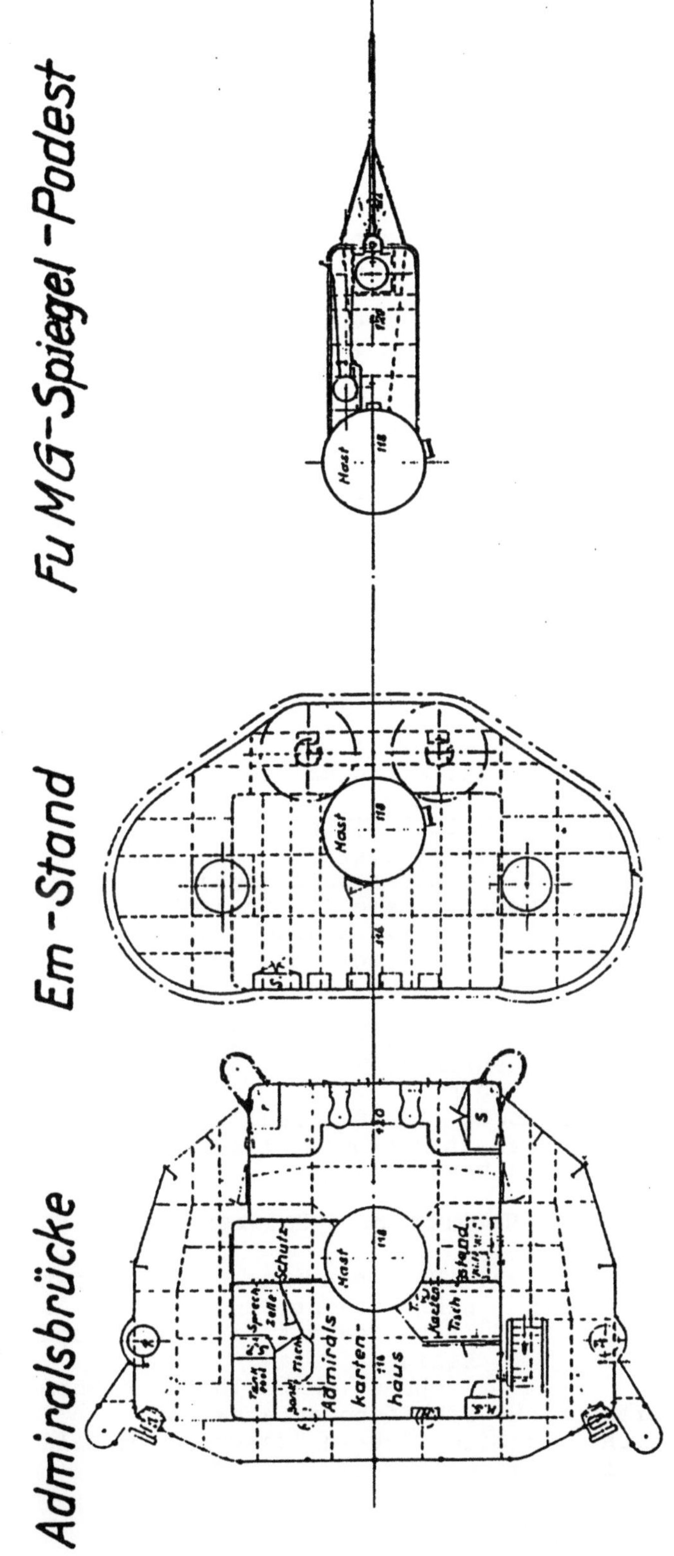

Fu MG-Spiegel-Podest
Em-Stand
Admiralsbrücke
Mast
Mast
Mast
Admirals-
karten-
haus
Sprech-
zelle
Schutz

Leichter Kreuzer NÜRNBERG

Ausrüstungsstand 1935-1936

Bewaffnung (nach SB II):
Mittelartillerie
9   15-cm-SK C/25 L/60 in 3 Drillingstürmen mit Drehscheiben-
                      lafette LC/25
Flak
8   8,8-cm-SK C/32 L/76 in 4 Doppellafetten C/32
8   3,7-cm-SK C/30 L/83 in 4 Doppellafetten C/30
4   2-cm-MG   C/30 L/65 in 4 Einzellafetten C/30
     (2-cm-MG waren im Frieden vielfach überhaupt nicht, oder
     nur in verringerter Zahl an Bord)
6   MG 34 (2 Landlafetten)
Torpedowaffe
12   53,3-cm für Torpedos (G 7a) in 4 Drillingssätzen

Basisgeräte und Scheinwerfer:
 3   6-m-BG
 3   3-m-BG
 5   Scheinwerfer

Beiboote (technische Daten siehe Tabelle aus SB II):
 1   Admiralsboot (war nur an Bord, wenn der B.d.A bzw. B.d.K
                    eingeschifft war und NG als Flaggschiff fuhr)
 1   Kommandantenboot mit Mittelkajüte (Motorbarkasse)
 1   Verkehrsboot ohne Kajüte
 1   Motorpinasse mit Mittelkajüte
 1   Motorjolle mit Mittelkajüte
 1   Jolle (Klasse I), (später abgegeben)
 2   Kutter mit Schwert (Klasse II) in je 2 Davits
 1   Torpedobootsdingi (später abgegeben)
 1   Arbeitsprahm (später abgegeben)

Ferner:
 1   Flugzeugschleuder für 2,2- und 3,5-t-Flugzeuge
 1   Landesegel (nur anfangs)
 2   Seeflugzeuge He 60 C
 2   Ladebäume für Boote (13,50 m lang)
 4   Anker (2 Buganker an Backbord, 1 Buganker an Steuerbord und
     ein Heckanker an Backbord)
 3   Fallreeps
 2   Backspieren, 1 Heckspier, 3 Spieren an den Fallreeps
 2   Schraubenschutz
Minenausrüstung: ca. 120 Minen (Anzahl vom Minentyp abhängig)
Oberwasseranstrich: Schiffsrumpf bis Hauptdeck dunkelgrau
                     Aufbauten mit Geschützen und Schornstein
                     hellgrau
                     Großmast oberhalb des Schornsteines schwarz
Unterwasseranstrich: Schiffsbodenfarbe rot
(Zum Anstrich: Farbbild 1939 in "Seekrieg im Bild 1939-1945"
Seite 82, Bild 5.3)

Kompasse
  1 Steuerkompaß   Modell 09   Magnetkompaß
  1 Handruderkompaß Modell 09   Magnetkompaß
  2 Kreiselmutterkompasse
 13 Kreiseltöchter
  1 Wandtochter
  3 Zählwerktöchter
  1 Funkpeiltochter

Nachrichtentechnische Anlagen
  2 Langwellensender   200 W / 800 W
  5 Kurzwellensender   400 W / 800 W

  4 Langwellenempfänger
 10 Kurzwellenempfänger
  1 Rundfunkempfänger
  1 Allwellenempfänger
  2 Ultrakurzwellengeräte (1 tragbar)

Horchanlagen
  GHG-Anlage: Geräuch-Richtungs-Empfangsanlage mit 64 Empfängern,
              je 32 an Steuerbord- und Backbord-Bug (Spanten 153-
              156 1/2). GHG = Gruppenhorchgerät.
  NHG-Anlage   2 Wasserkästen mit je einem Empfänger bei Spant
              163/164 Steuerbord und Backbord. NHG-Gerät im Kar-
              tenhaus. NHG = Tarnbezeichnung Navigationshorchge-
              rät. Es diente zur Torpedo-Erkennung und -Verfol-
              gung.
  S-Anlage   Horchstelle in Abteilung XI mit einfahrbarem
              Schwert in Abteilung X Plattformdeck. S-Anlage =
              Tarnbezeichnung für Sonderfernsteueranlage.
              Sendete horizontal einen Ton aus, dessen Echo em-
              pfangen wurde. Die Zeit bis zum Eintreffen des
              Echos gab bei bekannter Schallgeschwindigkeit im
              Wasser die Entfernung an. Die Richtung ergab sich
              durch Vergleich der Lautstärken aus den verschiede-
              nen Richtungen.

Lotanlagen
  Flachlote   2 Schwinger Spant 92 1/2 Stb. und Bb. Basis 2,26 m
              2 Schwinger Spant 123-125 Bb.   Basis 2,0 m
  Tiefenlote   3 Tonsender Spant 112 1/2 - 114 1/2 Steuerbord
              3 Tonempfänger Spant 95 1/2 - 97 1/2 Backbord
              3 Tonempfänger Spant 139 - 141 Backbord
  Anzeigegeräte für Flach- und Tiefenlote im Kartenhaus und für
  Flachlot in der Kommandozentrale.

Peiler
  1 Taktischer Peiler im Empfangsraum (Goniometer)
  1 Navigationspeiler im Kartenhaus   (Goniometer)
  2 Richtungssucher Turm A und B

Die Feuerleitsysteme sind ausführlich beschrieben bei M.J.Whitley
(1988) S.70.

Beiboote

Nur Anfangs war die Jolle (Klasse I) an Bord (3. Skizze).
Die beiden ersten Skizzen zeigen das Admiralsboot (A-Boot)
und die Motorbarkasse (Chefboot), welches als Kommandantenboot (K-Boot) benutzt wurde. Beide Boote hatten von 1936 bis
Anfang 1937 einen Schornstein aus Messing. Die 4. und 5. Skizze
zeigt diese Boote ohne Schornstein. Das Admiralsboot war nicht
bei den Spanien-Einsätzen an Bord. Die Motorpinasse war
zeitweise ohne Mittelkajüte. Später war sie manchmal auch dort
aufgestellt, wo früher das Admiralsboot stand. In den letzten
Kriegsjahren war kein Admiralsboot mehr an Bord.
Der Maßstab der Skizzen ist 1:130.
Skizzen mit der Bezeichnung (Mrva) nach Gröner, Jung und Maass (1993).

Leichter Kreuzer NÜRNBERG

Beiboote 1935/36 nach Schiffsbuch II

Anzahl	Boote	Länge	Breite	Höhe	Masse mit Geräten
		m	m	m	kg
1	Admiralsboot	13,0	2,4	1,55	8287
1	Motorbarkasse	11,25	2,42	1,6	6410
1	Verkehrsboot	11,52	3,1	1,815	7620
1	Mororpinasse mit Kajüte	9,2	2,5	1,63	5780
1	Motorjolle neuer Art	7,7	2,1	1,285	3440
1	Jolle (Klasse I)	6,0	1,9	0,74	1002
2	Kutter mit Schwert als Rettungsboot (Klasse II)	8,5	2,1	0,82	1800
1	Torpedobootsdingi	3,84	1,32	0,50	220
1	Scheuerprahm	–	–	–	231

Bemerkung: Anfangs war die Jolle (Klasse I) an Bord. Die Bildfotos bei Breyer (1994) S.34, Koop und Schmolke (1994 b) S.44 und Whitley (1988) S.33 zeigen dies.

Das Admiralsboot war nicht bei den Spanieneinsätzen an Bord. 1936 evtl. noch 1937 hatten das Admiralsboot und die Motorbarkasse (Kommandantenboot) noch einen Schornstein, später nicht mehr. Die Motorpinasse war zeitweise ohne Mittelkajüte. Manchmal war sie auch dort aufgestellt, wo früher das Admiralsboot stand.

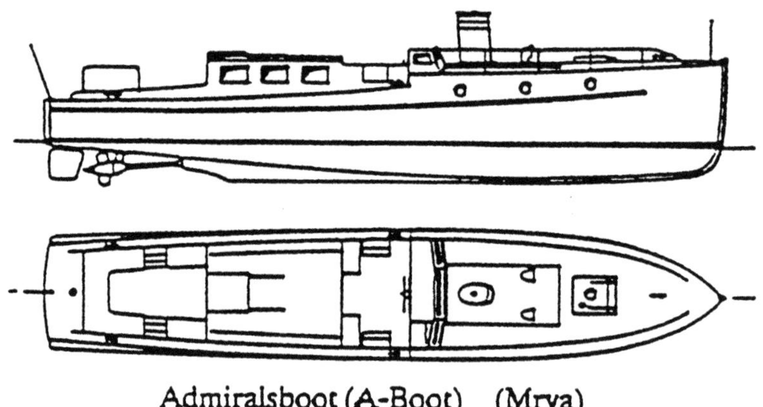

Admiralsboot (A-Boot)   (Mrva)

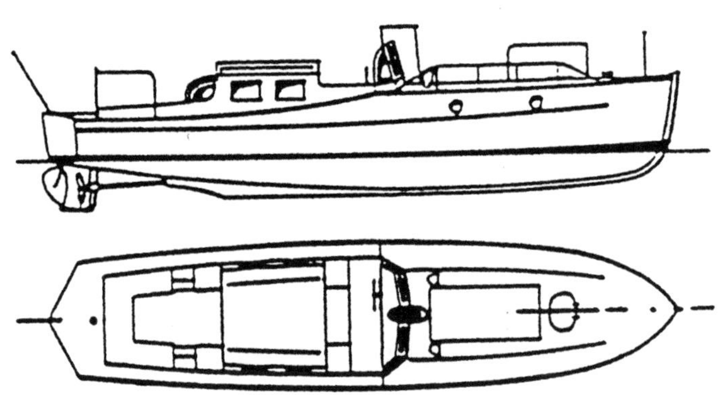

Motorbarkasse (Chefboot), mit Schornstein

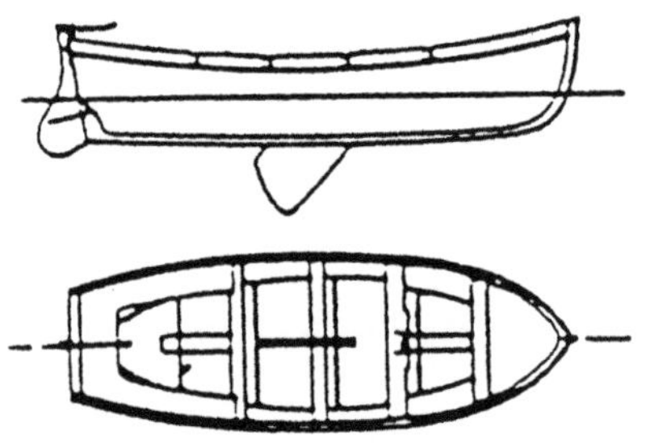

Jolle Kl. I mit Schwert   (Mrva)

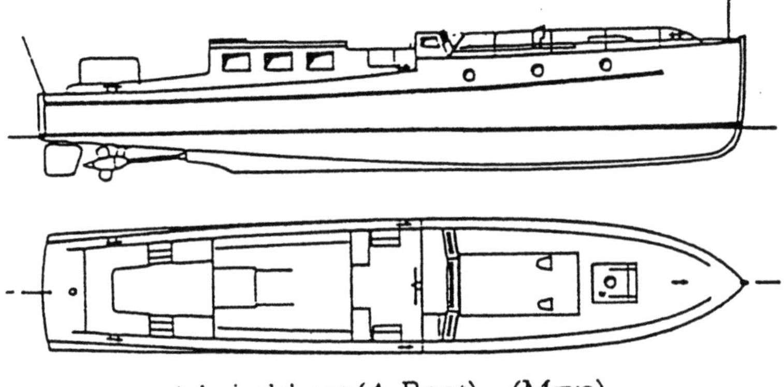

Admiralsboot (A-Boot)   (Mrva)

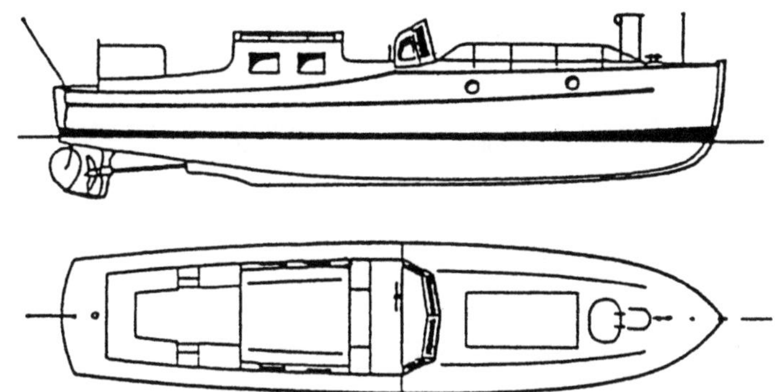

Motorbarkasse (Chefboot), Ausführung 11,25 m LüA   (Mrva)

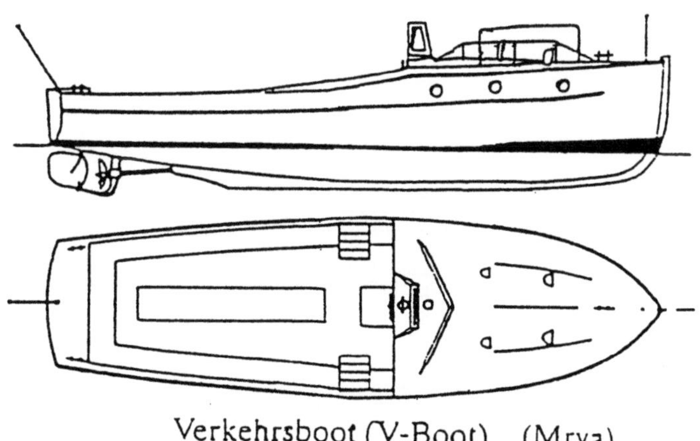

Verkehrsboot (V-Boot)   (Mrva)

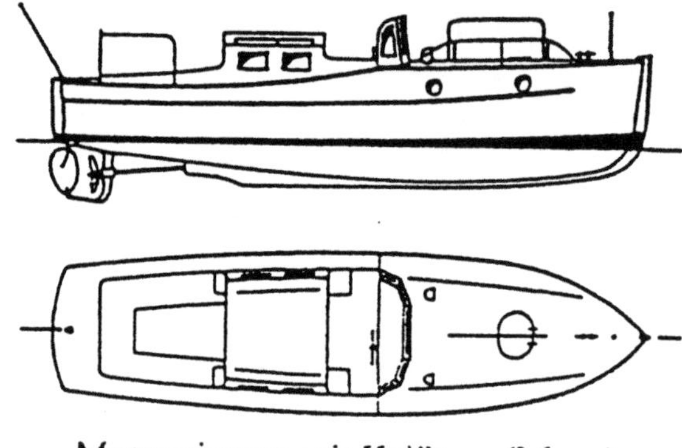

Motorpinasse mit Kajüte   (Mrva)

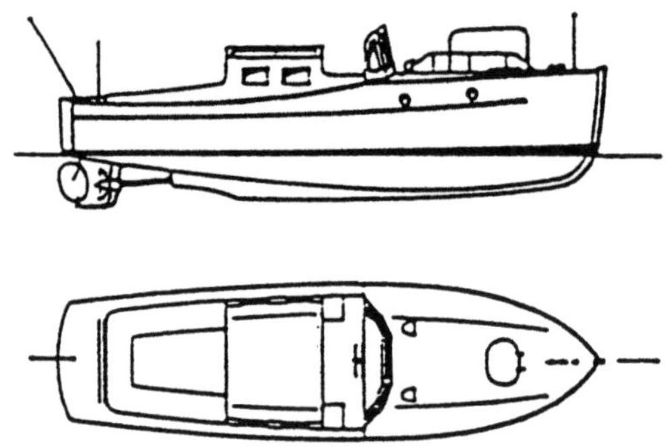

Motorjolle neue Art (nach 1930)   (Mrva)

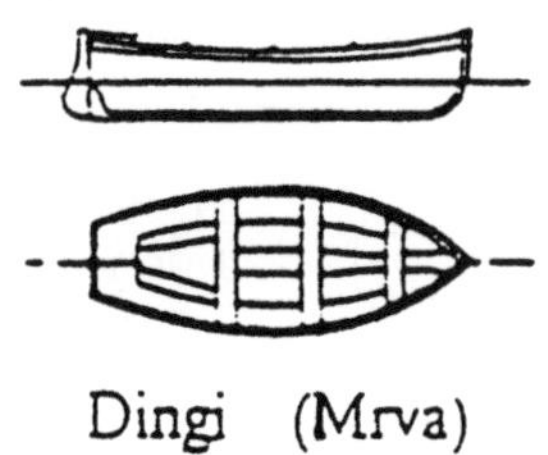

Dingi   (Mrva)

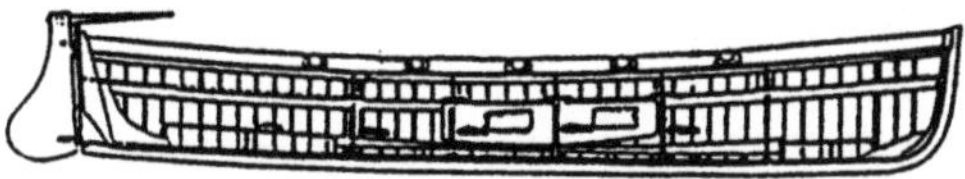

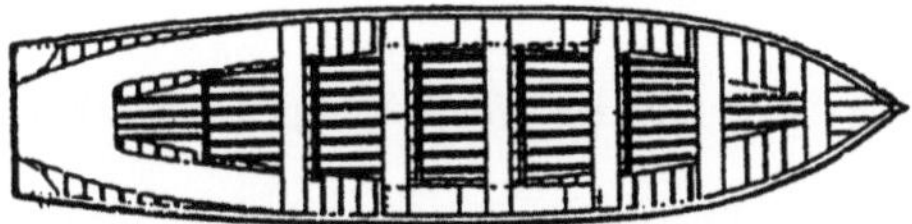

Zwei zehnriemige Kutter (2. Klasse)
mit Schwert und Segeleinrichtung

Veränderungen 1935 – 1945

1935:
Originalzustand ohne geschlossene Admiralsbrücke, ohne achteres 6-m-Basisgerät und ohne Peilantenne auf der Brücke. Im Dezember Einbau von Schlingerkielen.

1936:
7. Januar: Setzen der neuen Kriegsflagge.

1937:
Einbau von Fenstern in die Admiralsbrücke. Einbau einer Hafenaufstellung für 2-cm-MG C/30, und zwar je zwei Stb. und Bb. (Stb. etwas vorlicher als Bb.) auf der Back und auf der Schanz. Einbau von Marks-Rettungsinseln. Ausbau des Landesegels. Einbau einer Luftmeldestelle auf der Laurinplattform.

1938:
Im Mai Entfernung der beiden Plattformen mit geschlossener Reling direkt hinter und unter dem Vormars (Laurinstand mit Luftmeldestelle).

1939:
13.Dezember: 2 Doppeldecker-Seeflugzeuge He 60 C wurden abgegeben.

1940:
1.Quartal: WLZ in Kiel. Einen Anker am Backbordbug entfernt (Reparatur des Vorschiffes wegen eines Torpedotreffers). Entfernung der Wappen, Schiffs- und Drillingsturmnamen. Einbau einer Bugschutzanlage und einer einfachen MES-Kabelschleife. Ausbau der beiden achteren Torpedorohrsätze und Abgabe an das Schlachtschiff SCHARNHORST. Einbau eines Bullauges gleich hinter dem Stb.-Buganker in der untersten Reihe der Bullaugen. Anbringung zweier Rettungsflöße an jeder Drillingsturmseite. Zwei Scheinwerfer wurden am achteren Ende der Schornsteinplattform entfernt und dafür zwei 2-cm-Fla.MK dorthin versetzt.
2.Quartal: 2 Eindecker-Seeflugzeuge Ar 196 A an Bord genommen. 15. Juni bis zum Oktober Tarnanstrich für Norwegen-Unternehmen „Nora".
4.Quartal: Einbau zweier Brückennocken. Einbau zweier Wasserbombengerüste und Halterungen für sechs Wasserbomben (später wieder an Sperrzeugamt abgegeben). Änderung der Ahmings. Das 6-m-Basisgerät auf dem Brückenhausdach wurde entfernt und dort eine FuMO 21-Antenne installiert. Ein Parallelstreifen-Tarnanstrich wurde bis zum November 1941 geführt.

1941:
Bis zum November Tarnanstrich für den Ostsee-Einsatz (Parallelstreifen-Tarnanstrich). Im Oktober Abgabe der beiden Seeflugzeuge Ar 196 A an die Bordfliegerstaffel 1/196. Anfang Dezember Beginn einer WLZ in Kiel.

1942:
Bis Mitte August WLZ in Kiel mit Umbauten: Ausbau der Flugzeug-Katapultanlage und Abgabe der FuMO 21-Antenne. Auf dem Katapultturm wurde eine 3,7-cm-S.K. C/30 in Doppellafette installiert. Zwei 2-cm-Fla.MK C/38 in Vierlingslafette wurden auf dem Brückenhausdach und auf dem Drillingsturm B montiert. Auf dem Scheinwerferausleger am Gefechtsmast über der Admiralsbrücke wurde der Scheinwerfer entfernt und tiefer gesetzt. Auf den Ausleger kam eine FuMO 25-Antenne. Für die passive Ortung wurde ein FuMB 30 mit 5 FuMB Ant.4 » Sumatra « um den Vormars in 0°, 45°, 135°, 225° und 315° installiert. Die Anzahl der 2-cm-Fla.MK in Einzellafette wurde von vier auf fünf erhöht. Die entsprechenden Standorte sind nun: Eine über dem Kommandoturm, zwei auf dem Signaldeck und zwei am achteren Ende auf der Schornsteinplattform. Im Bereich der früheren Katapultanlage wurden Rettungsflöße aufgestellt.

Der Anstrich des Überwasserschiffes war jetzt mittelgrau. Ab August wurde für die Norwegenfahrt ein kombinierter Typ- und Sichttarnanstrich grau/schwarz geführt, wobei die Bordwand unterhalb der Torpedorohrsätze grau war.

1943:
Mai: Der Tarnanstrich wurde leicht geändert (unterhalb der Torpedorohrsätze jetzt schwarz statt grau).
Juli: Die Plattformen der beiden vorderen 8,8-cm-Flak I und III wurden einschließlich der Relings halbkreisförmig über die Bordwand hinaus vergrößert.

1944:
Am 22. April wurde der Tarnanstrich entfernt und von nun an ein mittelgrauer Anstrich oberhalb des Wasserpasses geführt. Der Wasserpass war dunkelgrau und das Unterwasser-Schiff rot gestrichen. Von Anfang August bis Anfang Oktober fand eine WLZ mit Umbauten in Gotenhafen statt: Die 2-cm-Fla.MK C/38 in Vierlingslafette auf dem Brückenhausdach und die 3,7-cm-S.K. C/30 in Doppellafette auf dem Katapultturm wurden durch zwei 4-cm-Flak Bofors 28 in Einzellafette mit Schutzschild ersetzt.
Die 2-cm-Fla.MK C/38 in Vierlingslafette auf dem Drillingsturm B wurde durch eine gleiche in Marineausführung ersetzt. Eine weitere 2-cm-Fla.MK C/38 in Vierlingsmarinelafette wurde auf der Hütte aufgestellt. Nur die 2-cm-Fla.MK C/38 in Einzellafette über dem Kommandoturm blieb. Die anderen wurden durch zehn 2-cm-Fla.MK C/38 in Doppellafette LM 44 mit Schutzschild ersetzt, die bei Platzbedarf abgebaut werden konnten. Die Aufstellung ist nun: Immer je zwei auf der Back und auf der Schanz, auf dem Signaldeck, am achteren Ende auf der Schornstein-Plattform und an Stb. und Bb. neben dem achteren Flakleitstand. Montage von Minen-Schienen. Die Stenge am Gefechtsmast wurde am oberen und unteren Ende gekürzt und die MES-Schleife am Vor- und Achterschiff verdoppelt.
Ende des Jahres wurden die beiden 3,7-cm-S.K. C/30 in Doppellafette an Stb. und Bb. neben dem Kommandoturm durch zwei weitere 4-cm-Flak Bofors 28 in Einzellafette mit Schutzschild ersetzt. Die verbliebenen zwei 3,7-cm-S.K. C/30 in Doppellafette erhielten Schutzschilde.
Über der FuMO 25-Antenne wurde auf einem kleinen Ausleger am Gefechtsmast ein FuMB 31 mit FuMB-Ant.6 » Palau « aufgestellt. Drei FuMB Ant.4 » Sumatra « wurden entfernt. Es blieben zwei , und zwar die in 135° und 225° am achteren Vormars bestehen.

1945:
Am 2. Januar wurde die FuMO 25-Antenne gegen eine FuMO 33-Antenne ausgetauscht und über das FuMB 31 mit FuMB-Ant.6 » Palau « noch ein FuMB 24 » Cuba Ia/Fliege « montiert. Auf den achteren Mast kam eine FuMO 63 » Hohentwiel K « -Antenne.
Zusatz: Zwischen 1940 und 1945 wurde der Heckflaggenstock kaum geführt. Die Kriegsflagge wurde anfangs am Gefechtsmast und später am achteren Mast gefahren.

Bemerkung 1: Laurin war ein Infrarotverfahren zur unbemerkten Beobachtung. Es sollte aus einem Scheinwerfer mit Filter, Beobachtungsgeräten und einer Rechenstelle bestehen (frdl. Mitteilung von S.Breyer). Das Verfahren kam nicht an Bord, da der Entwickler Professor Laurin vorzeitig verstarb.
Bemerkung 2: Es wurden die FuMO- und FuMB-Nummernbezeichnungen nach Trenkle (1982 und 1986, siehe Tabelle) verwendet. Diese Nummern entsprechen den Herstellerangaben, die den Bordkommandos oft am Ende des Krieges nicht mehr vorlagen. Deshalb wurde z.B. beim Wechsel des FuMO 25 mit der Antennengröße (1,9 m x 4,0 m) zum FuMO 33 mit der Antennengröße (1,9 m x 6,4 m) die alte Bezeichnung FuMO 25 beibehalten. Im SB II wird das FuMO 21 noch mit EM 2-Gerät oder auch mit DeTe-Gerät bezeichnet.

Bewaffnung von Kreuzer NÜRNBERG 1935 bis 1946

(EL = Einzellafette,   DL = Doppellafette   und   VL = Vierlingslafette)

Nov. 1935 – Febr. 1940
 9 x 15 cm in Drillingstürmen
 8 x 8,8 cm in DL
 8 x 3,7 cm in DL
 4 x 2 cm in EL
12 x 53,3 cm Torpedorohre in Drillingsrohren

Febr. 1940 – Aug. 1942
 9 x 15 cm in Drillingstürmen
 8 x 8,8 cm in DL
 8 x 3,7 cm in DL
 4 x 2 cm in EL
 6 x 53,3 cm Torpedorohre in Drillingsrohren

Aug. 1942 – Okt. 1944
 9 x 15 cm in Drillingstürmen
 8 x 8,8 cm in DL
10 x 3,7 cm in DL
 5 x 2 cm in EL
 8 x 2 cm in VL (Land-Lafette)
 6 x 53,3 cm Torpedorohre in Drillingsrohren

Okt. 1944 – IV. Quartal 1944
 9 x 15 cm in Drillingstürmen
 8 x 8,8 cm in DL
 2 x 4 cm in EL
 8 x 3,7 cm in DL
 8 x 2 cm in VL (Marine-Lafette)
 1 x 2 cm in EL
20 x 2 cm in DL
 6 x 53,3 cm Torpedorohre in Drillingsrohren

IV. Quartal 1944 – Jan. 1946
 9 x 15 cm in Drillingstürmen
 8 x 8,8 cm in DL
 4 x 4 cm in EL
 4 x 3,7 cm in DL
 8 x 2 cm in VL (Marine-Lafette)
 1 x 2 cm in EL
20 x 2 cm in DL
 6 x 53,3 cm Torpedorohre in Drillingsrohren

Leichter Kreuzer NÜRNBERG

Ausrüstungsstand Ende 1944 und 1945

Bewaffnung:
Mittelartillerie
```
 9   15-cm-SK C/25 L/60 in 3 Drillingstürmen mit Drehscheiben-
                             lafette LC/25
```
Flak mit Schutzschild
```
 8    8,8-cm-SK C/32     L/76 in  4 Doppellafetten C/32
 4    4-cm Bofors 28     L/56 in  4 Einzellafetten
 4    3,7-cm-SK C/30     L/83 in  2 Doppellafetten C/30
 8    2-cm-Fla.MK C/38   L/65 in  2 Vierlingslafetten C/38
20    2-cm-Fla.MK C/38   L/65 in 10 Doppellafetten LM/44
 1    2-cm-Fla.MK C/38   L/65 in  1 Einzellafette MPL C/30
```
Torpedowaffe
```
 6    53,3-cm                    in  2 Drillingsrohrsätzen
```

Funkmeßanlagen:
```
 1  FuMO 33  [oft noch als FuMO 25 bezeichnet, ohne daß dabei die
             Antennengrößen (1,9 m x 4,0 m) und (1,9 m x 6,4 m)
             unterschieden werden. FuMO 33 hat die (1,9 m x 6,4 m)-
             Antenne.]
 1  FuMO 63 "Hohentwiel-K"

 1  FuMB 24 "Cuba Ia/Fliege"

 1  FuMB 30 "Sumatra" mit 2 FuMB Ant.4 in 90° und 270°
 1  FuMB 31 "Palau", FuMB Ant.6
```

Basisgeräte und Scheinwerfer:
```
 2  6-m-BG
 3  3-m-BG
 3  Scheinwerfer
```

Beiboote:
```
 1  Kommandantenboot mit Mittelkajüte
 1  Verkehrsboot ohne Kajüte
 1  Motorpinasse mit Mittelkajüte
 1  Motorjolle mit Mittelkajüte
 2  Bereitschaftskutter (Klasse II) in je 2 Davits
```

Ferner:
```
 2  Ladebäume für Boote (13,50 m lang)
 3  Anker (1 Backbordbug, 1 Steuerbordbug und 1 Backbordheck)
 2  Fallreeps
 2  Backspieren, 1 Heckspier, 3 Spieren an den Fallreeps
 2  Schraubenschutz
```
Mineneigenschutzanlage (MES)
Minenausrüstung: 1945 wurden 180 Minen vom EMC-Typ beim Minen-
unternehmung "Titus" geworfen. Sie waren vorher alle an Bord.
Kein Bordflugzeug
Oberwasseranstrich: Schiffsrumpf und Aufbauten mittelgrau
Unterwasseranstrich: Schiffsbodenfarbe rot

Besatzung:
35 Offiziere (ohne Oberfähnriche und Fähnriche)
ca. 900 Mannschaften (davon etwa 250 Kadetten)

Entbehrlich wurde bei Kreuzer NÜRNBERG

Mai 1938	<u>Laurinstand</u> Wegen FuMO – Entwicklung und Gewichtserleichterung
Anfang 1940	<u>Zwei Scheinwerfer auf achteren Scheinwerferplattform</u> Wegen Einbau von zwei 2-cm-Flak
4.Quartal 1940	<u>Vorderes 6-m-Basisgerät</u> Wegen Einbau FuMO 21
Oktober 1941 August 1942	<u>Bordflugzeuge und</u> <u>Flugzeugkatapult</u> Wegen FuMO-Entwicklung und -Einsatz und wegen Gewichtserleichterung für neue Flakgeschütze (eine 3,7-cm-Doppelflak und zwei 2-cm-Vierlingsflak)
August 1942	<u>FuMO 21</u> Austausch gegen FuMO 25
1944	<u>Zwei 3,7-cm-Doppelflak</u> Wegen Einbau von vier 4-cm-Flak Bofors 28
Ende 1944	<u>Drei Sumatra-Antennen am Vormars</u> Wegen Einbau der drehbaren Palau-Antenne (Es blieben zwei Sumatra-Antennen in 135° und 225°)
	<u>FuMO 25</u> Austausch gegen FuMO 33

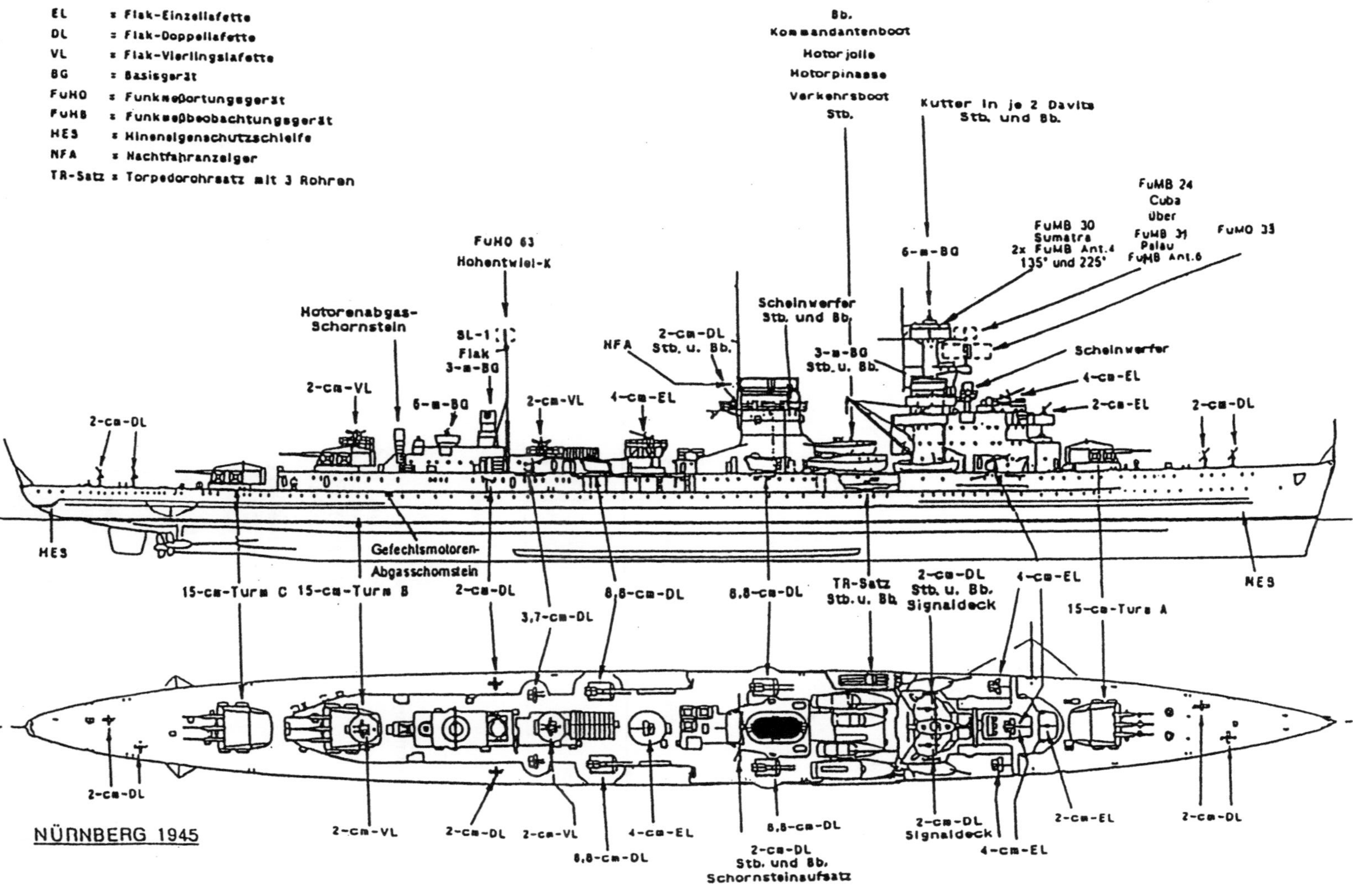

EL = Flak-Einzellafette
DL = Flak-Doppellafette
VL = Flak-Vierlingslafette
BG = Basisgerät
FuMO = Funkmeßortungsgerät
FuMB = Funkmeßbeobachtungsgerät
HES = Mineneigenschutzschleife
NFA = Nachtfahranzeiger
TR-Satz = Torpedorohrsatz mit 3 Rohren
Bb.
Kommandantenboot
Motorjolle
Motorpinasse
Verkehrsboot
Stb.
Kutter in je 2 Davits
Stb. und Bb.
FuMB 24
Cuba
über
FuMB 30
Sumatra
2x FuMB Ant.4
135° und 225°
FuMB 31
Palau
FuMB Ant.6
FuMO 33
6-m-BG
FuMO 63
Hohentwiel-K
Motorenabgas-
Schornstein
Scheinwerfer
Stb. und Bb.
SL-1
Flak
3-m-BG
NFA
2-cm-DL
Stb. u. Bb.
3-m-BG
Stb. u. Bb.
Scheinwerfer
2-cm-VL
6-m-BG
2-cm-VL
4-cm-EL
4-cm-EL
2-cm-EL
2-cm-DL
2-cm-DL
HES
Gefechtsmotoren-
Abgasschornstein
HES
15-cm-Turm C
15-cm-Turm B
2-cm-DL
3,7-cm-DL
8,8-cm-DL
8,8-cm-DL
TR-Satz
Stb. u. Bb.
2-cm-DL
Stb. u. Bb.
Signaldeck
4-cm-EL
15-cm-Turm A
2-cm-DL
NÜRNBERG 1945
2-cm-VL
2-cm-DL
2-cm-VL
4-cm-EL
8,8-cm-DL
8,8-cm-DL
2-cm-DL
Stb. und Bb.
Schornsteinaufsatz
2-cm-DL
Signaldeck
4-cm-EL
2-cm-EL
2-cm-DL

Daten der Funkmeß-Ortungsgeräte (FuMO)
nach Trenkle (1986)

FuMO (Seetakt)	21	25	33	63
Alte Bez. FuMG (Seetakt)	39 G (gL)	40 G (gM)	42 G (gM)	FuG 200
Bauart	KDSp	MDSp	MDSp	AMSp
Deckname	–	–	–	Hohentwiel K
Wellenlänge cm	81,5	81,5	81,5	53 ... 55
Frequenz MHz	368	368	368	545 ... 567
Leistung kW	1	8	125	30
Tastfrequenz Hz	500	500	500	50
Antenne H x B m	1,9 x 4,0	1,9 x 4,0	1,9 x 6,4	2,16 x 2,4
Polarisation	V	V	V	H
Peilverfahren	S: Max	<u>S: Max</u> S: Rad	S: Rad	S: Max
Reichweite km	4 bis 8	12 bis 18	20 bis 40	12 bis 20
Lieferfirma	GEMA	GEMA	GEMA	Lorenz
An Bord von NÜRNBERG	1940/42	1942/45	1945	1945

Erklärungen:

Alte Bezeichnung: G = GEMA, g = Frequenzband 335 ... 430 MHz
L = Drehsäule, aufgesetzt auf Brücke
M = Drehsäule, abgesetzt auf Mastausleger
GEMA = Gesellschaft für Elektroakustische und
Mechanische Apparate, Berlin

Bauart: KDSp = Kabine mit aufgesetztem Drehspiegel
MDSp = Vor dem Mast angebrachter Drehspiegel
AMSp = Auf dem Mast angebrachter Drehspiegel

Antenne: H = Höhe, B = Breite

Polarisation: V = vertikal,   H = horizontal

Peilverfahren: Max = Maximumpeilung,
Rad = Radattelpeilung (Feinpeilverfahren),
S = Seite

76

Daten der Funkmeß-Beobachtungsgeräte (FuMB)
nach Trenkle (1982)

FuMB	4	24	30	31
Baujahr	1942	1943	1942	1943
Hersteller	R & S	NVK/Tel.	NVK/ELAC	NVK/ELAC
Type/Deckname	Samos	Cuba Ia/Fliege	Sumatra	Palau
Wellenlänge cm	64 ... 333	8 ... 23	75 ... 300	225,5 ... 250
Frequenz MHz	90 ... 470	1300 ... 3750	100 ... 400	120 ... 133
Empfänger/ (Verstärker)	RS 1/5 UD 42	(FuMz 6)	FuMB 4	FuMB 4
Antenne	verschieden	Parabol	5x FuMB Ant.4	FuMB Ant.6
H X B m	-	-	-	1,5 x 2,4
	-	Montage auf Palau	feste Montage	Drehspiegel auf Ausleger vor dem Mast
An Bord von NÜRNBERG	1942/45	1945	1942/44	1944/45
Antenne			2x FuMB Ant.4 feste Montage in 135° und 225°	
An Bord von NÜRNBERG			1944/45	
Bemerkung				Schnellpeil- anlage

Erklärungen:

R & S   = Rohde und Schwarz
NVK   = Nachrichten-Versuchs-Kommando, Kiel
ELAC   = Elektroacustic, Kiel
Tel.   = Telefunken
Antenne: H = Höhe, B = Breite

Bordflugzeuge

Heinkel He 60 C

Einmotorisches katapultfähiges Doppeldecker-Wasserflugzeug
Von 1936 bis zum 13. Dezember 1939 waren zeitweilig zwei He 60 C an Bord.
Daten nach Lang.

Technische Daten der He 60 C

Spannweite oben	13,50 m	Steiggeschwindigkeit	327 m/min
Spannweite unten	12,40 m	Steigzeit auf 1000 m Höhe	3,2 min
Länge	11,50 m	Steigzeit auf 2000 m Höhe	8,2 min
Höhe	5,30 m	Gipfelhöhe	5000 m
Schwimmerabstand	3,45 m	Reichweite	720 – 825 km
Leergewicht	2410 kg	Reichweite max.	945 km
Rüstgewicht	2730 kg	Flügelfläche	56,20 m^2
		Flächenbelastung	60,5 kg/m^2
Zuladung		Leistungsbelastung	5,15 kg/PS
Ausrüstung	320 kg	Triebwerk	BMW VI 6,0 ZU mit einer
Besatzung	180 kg		Nennleistung von 660 PS
Kraftstoff	390 kg		(492 KW) bei 1650 U/min
Schmierstoff	35 kg	Tankinhalt	672 Liter
Munition	65 kg	Luftschraube	Zweiblatt-Holzluftschraube
			der Fa. Schwarz mit fester
Fluggewicht	3400 kg		Einstellung und einem
Landegeschwindigkeit	90 km/h		Durchmesser von 3,10 m
Reisegeschwindigkeit		Besatzung	2 Mann
in 0 m Höhe	215 km/h	Bewaffnung	1 MG 15, Kaliber 7,9 mm
in 1000 m Höhe	210 km/h		beweglich mit 825 Schuß
in 2000 m Höhe	195 km/h		1250 Schuß/min
Höchstgeschwindigkeit			1 MG 17, Kaliber 7,9 mm
in 0 m Höhe	240 km/h		starr montiert
in 1000 m Höhe	235 km/h		1180 Schuß/min
in 2000 m Höhe	220 km/h		

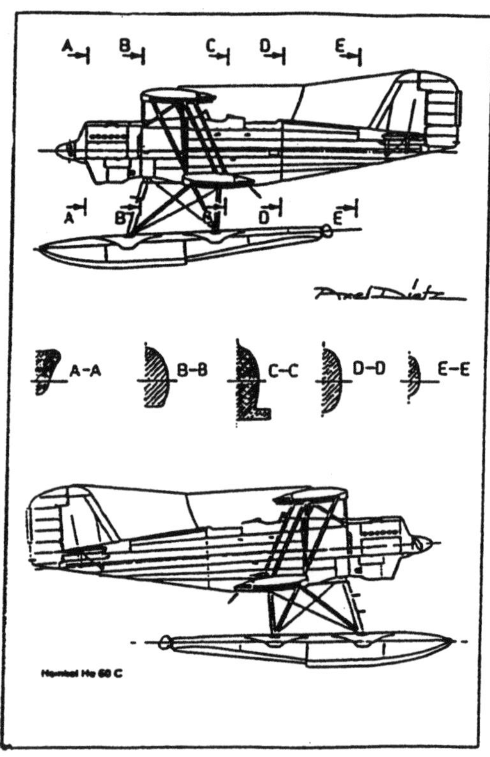

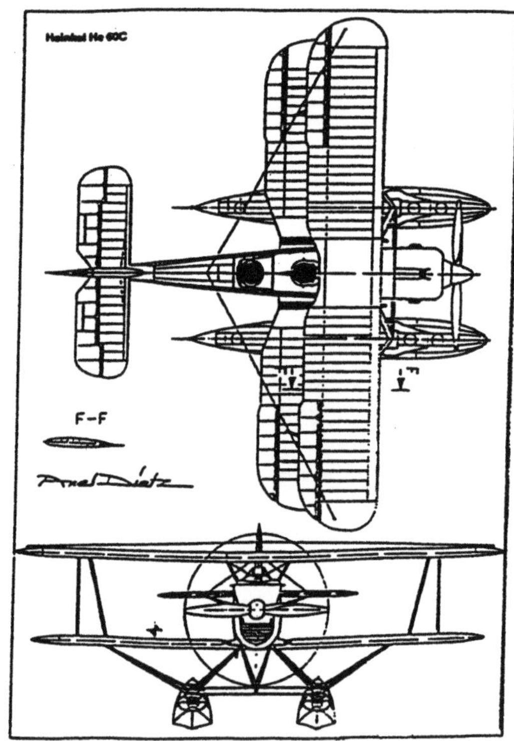

Arado Ar 196 A

Einmotorisches katapultfähiges Eindecker-Wasserflugzeug

Vom II. Quartal 1940 bis zum Oktober 1941 waren zeitweilig zwei Ar 196 A an Bord.
Anfangs war es die Version A-1 und zum Ende wahrscheinlich die Version A-2.
Daten nach Dabrowski und Koos, 1990, Elfrath, 1994 und Whitley, 1988.

Technische Daten der Ar 196 A

Reichweite (normal)	1070 km
Dienstgipfelhöhe	7000 m
Abmessungen	
Spannweite	12,44 m
Länge	11,00 m
Höhe	4,45 m
Tragfläche	28,4 m^2
Rüstgewicht	2990 kg
Fluggewicht	3730 kg
Höchstgeschwindigkeit in 4000 m	310 km/h
Steiggeschwindigkeit	300 m/min
Besatzung	2 Mann

Ar 196 A-1: *Motor*: BMW 132 K, 960 PS
Bewaffnung: 1 bewegliches MG 15,
7,9 mm mit 525 Schuß
FT-Gerät: 1 FuG V AU
Abwurfgerät: 2 ETC 50 VIII See
Luftschraube: 3-flügelige, einstellbare
Holzschraube der Fa. Schwarz

Ar 196 A-2 wie A-1, jedoch zusätzlich 2 MG-FF/M,
20 mm mit je 60 Schuß und ein MG 17,
7,9 mm mit 500 Schuß und teilweise
Verstellschraube

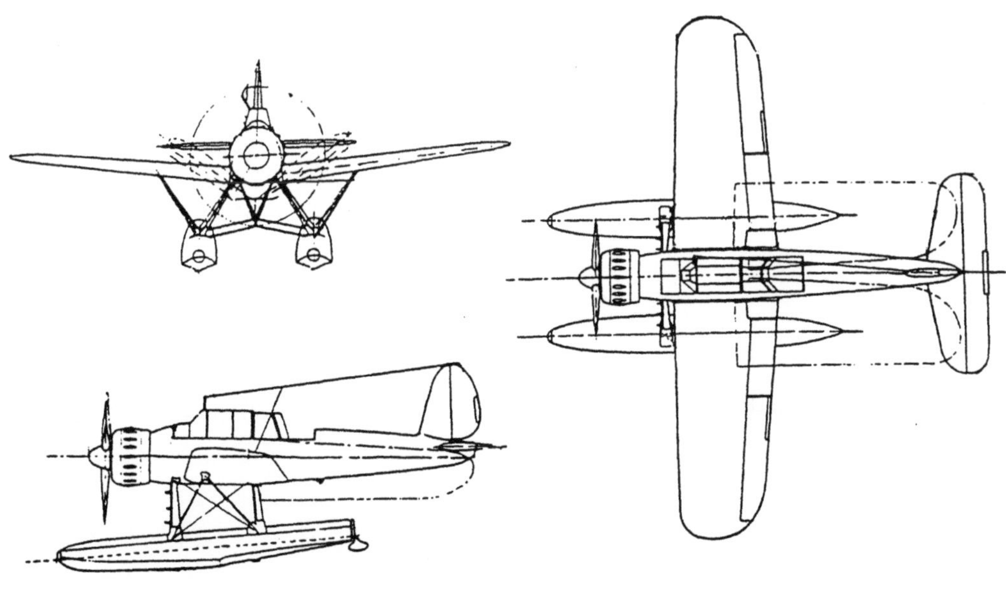

Technische Daten des Torpedos G 7a
[nach Schmalenbach (1978) und Rössler (1984)]

Bauangaben:

Bezeichnung:	T I
Type;	G 7a
Gerät:	12
Durchmesser:	533,4 mm (21 Zoll)
Länge mit Gefechtspistole Pi G 7a:	7179 mm
Länge mit Gefechtspistole Pi 1 (Pi G 7H):	7163 mm (ab 1940)
Masse (schußklar):	1538 kg
Masse Übungstorpedo:	1518 kg
Untertrieb im Seewasser:	21 %
Gefechtsladung:	200 kg TNT
Kesseldruck für Preßluft:	200 kg/cm^2

Zündung:
Pistole Pi G 7a (umschaltbar für Aufschlag- oder magnetische Abstandszündung).
Pistole Pi 1 (Pi G 7H) (nur Aufschlagzündung).

Antrieb:
Durch vier einfach wirkende ventilgesteuerte Zylinder in Sternanordnung, die je einen Kolben bewegen
(Heißdampfmaschine). Zwei hintereinanderliegende, konzentrische, aber gegenläufige vierflügliche Schrauben.

Betriebsstoff:
Preßluft, Petroleum und Wasser.

Steuerung:
In der Horizontalen (Kurssteuerung) durch Geradlaufapparat Ga VIII mit Kreiselsystem, einschließlich
Winkelschußeinstellung (max. ± 9o°).
In der Vertikalen durch Tiefensteuerapparat TA I mit Tiefendruckmembran.

Schußdaten:

SchußArt	Leistung PS	Umdrehungen U/min	Geschwindigkeit kn	Laufstrecke m
Weitschuß	110	1280	30	12000
Nahschuß	245	1470	40	7000
Schnellschuß	350	1620	44	5800

15-cm-S.K. C/25 L/60 in 15-cm-Dreh-Drillingsturm C/25
Geschütz:

Konstruktionsjahr:	1925
Hersteller:	Rheinmetall
Kaliber:	149,1 mm
Rohrlänge:	60,9 Kaliber = 9080 mm
Rohrfutterlänge:	57,5 Kaliber = 8570 mm
Mündungsgeschwindigkeit v_0:	960 m/s
Konstruktionsgasdruck:	3850 kg/cm²
Lebensdauer eines Rohres:	500 Schuß
Rückstoßenergie bei 0° Rohrerhöhung:	52000 kg
Länge der Züge:	7067 mm
Art der Züge:	45/30 Kaliber, Parabelzüge
Anzahl der Züge:	44 Stück
Höchstschußweite:	25700 m
Konstruktionsmerkmale:	Mantelrohr mit losem Seelenrohr, Fallkeilverschluß, Rheinmetall-Gewinde, Handbedienung

Munition:

Art der Munition:	Granate und Kartusche getrennt voneinander
Geschoßmasse:	45,5 kg
Masse der Sprengladung:	
Sprenggranate mit Kopfzünder:	3892 kg
Sprenggranate mit Bodenzünder:	3058 kg
Panzersprenggranate:	0,885 kg
Sprengstoffart:	FP 02
Geschoßlänge:	
Sprenggranate mit Kopfzünder:	L/4,4 = 655 mm
Sprenggranate mit Bodenzünder:	L/4,5 = 680 mm
Panzersprenggranate:	L/3,7 = 555 mm
Kartuschmasse:	33,4 kg
Kartuschlänge:	1192 mm
Treibladung:	C/32 oder C/38
Zünder:	C/27
Dotierung pro Rohr:	150 Schuß

Lafette:
Drehturm C/25 (Drillingsturm)

Höhenrichtbereich:	-10 bis +40°
Schwenkbereich:	+/- 360° = 720°
Richtgeschwindigkeit bei elektr. Erhöhung:	6° bis 8°/s
Richtgeschwindigkeit bei elektr. Schwenkung:	7,6°/s
Panzerung Stirn:	80 mm
Panzerung Seiten:	je 20 mm
Panzerung Decke:	20 bis 35 mm
Panzerung Rückfront:	35 mm
Panzerstahlart:	Wh-n/A

8,8-cm-S.K. C/32 L/76 in Doppellafette C/32
Waffe mit Hand- und elektrischem Antrieb für Seiten-, Höhen- und Kantwinkelrichtung
Geschütz:
Kaliber: 88 mm
Rohrlänge: 76 Kaliber = 6690 mm
Rohrfutterlänge: 72 Kaliber = 6340 mm
Mündungsgeschwindigkeit v_0 :   950 m/s
Konstruktionsgasdruck: 3150 kg/cm^2
Lebensdauer eines Rohres: 3200 Schuß
Rückstoßenergie bei 0° Rohrerhöhung: 7800 kg
Größte Schußweite bei +80° Rohrerhöhung: 12400 m
Größte Schußweite horizontal: 17200 m
Munition:
Art der Munition: Patrone
Geschoßmasse: 9 kg
Masse der Sprengladung: 3,1 kg
Geschoßlänge: 397 mm
Gesamtlänge der Patrone: 932 mm
Gesamtmasse der Patrone: 15 kg
Munitionsdotierung pro Geschütz: 400 Schuß
Lafette:
Doppellafette C/32
Höhenrichtbereich: -10° bis +80°
Seitenschwenkbereich: +/-360° = 720°
Höhenrichtänderung:
    pro Handradumdrehung: 3,6°/s
    elektrisch: 10°/s
Seitenrichtänderung:
    pro Handradumdrehung: 2,5°/s
    elektrisch: -
Panzerung Stirn: 12 mm
Panzerung Seiten: je 10 mm
Panzerung Decke: 10 mm
Panzerstahlart: Wh-n/A

4-cmFlak 28 (Bofors) L/56
Geschütz:
Hersteller ab 1928:   Firma Bofors, Schweden
Kaliber: 40 mm
Rohrlänge: 56,225 Kaliber = 2249 mm
Rohrlänge mit Mündungsfeuerdämpfer
und Bodenstück: 3700 mm
Mündungsgeschwindigkeit v_0 :   854 m/s
Länge des gezogenen Rohrteils: 1910 mm
Länge der Züge: 1932 mm
Anzahl der Züge: 16
Art der Züge: steigender Rechtsdrall
Lebensdauer des Rohres: 10000 Schuß
Größte horizontale Schußweite: 11850 m
Größte Schußhöhe: 6200 m in 11,5 s
Feuergeschwindigkeit, theoretisch: 240 Schuß / min
Feuergeschwindigkeit, praktisch: 120 bis 150 Schuß / min

Besondere Konstruktionsmerkmale: Rückstoßlader, Fallblock-Keilverschluß, Flüßigkeits-
bremse, Vorholfeder, Mündungsfeuerdämpfer,
umschaltbar von Einzelfeuer auf Dauerfeuer

Art des Schießens:

Munition:

Art der Munition: Sprenggranaten-Patronen mit Leuchtspur
Geschoßmasse: 0,955 kg
Masse der Sprengladung: 45 g
Art der Sprengladung: Trotyl
Masse der Treibladung: 0,303 kg
Patronenlänge: 365 mm
Leuchtbeginn des Leuchtsatzes: 300 m nach Verlassen des Rohres
Leuchtende des Leuchtsatzes: nach 10 s Flugzeit; am Ende der Gesamtflugzeit
Zerlegung des Geschosses durch eingebauten Zerleger

Lafette:

Art der Lafette: Einzellafette
Höhenrichtbereich: -5° bis +90°
Schwenkbereich: 360° nach beiden Seiten
Munitionszuführung: Ladestreifen mit 4 Patronen

3,7-cm-S.K. C/30 L/83 Flak in Doppellafette C/30

Geschütz:

Konstruktionsjahr: 1930
Hersteller: Rheinmetall
Kaliber: 37 mm
Rohrlänge: 83 Kaliber = 3074 mm
Seelenlänge: 80 Kaliber = 2960 mm
Mündungsgeschwindigkeit v_0 : 1000 m/s
Konstruktionsgasdruck: 3450 kg/cm^2
Größte horizontale Schußweite: 8500 m
Größte Schußhöhe bei 85° Rohrerhöhung: 6800 m
Lebensdauer eines Rohres: 7500 Schuß
Rückstoßenergie bei 0° Rohrerhöhung: 1000 kg
Art der Züge: kubische Parabelzüge, 50/35 Kaliber
Länge der Züge: 2554 mm
Anzahl der Züge: 16
Feuergeschwindigkeit pro Rohr, theoretisch: 80 Schuß / min
Feuergeschwindigkeit pro Rohr, praktisch: ca. 40 Schuß / min
Konstruktionsmerkmale des Geschützes: handbediente Waffe mit „halbautomatischem Verschluß“,
Einzelblockrohr mit übergeschobenem Verschlußring,
halbautomatischer Fallkeilverschluß, hydraulische Rück-
laufbremse, Vorholfeder

Munition:

Art der Munition: Patronen
Geschoßmasse: 0,742 kg
Geschoßlänge: 162 mm
Masse der Sprengladung: 0,365 kg
Art des Sprengstoffes: FP 02
Patronenmasse: 2,1 kg
Länge der Patrone: 516,5 mm
Hülsenlänge: 381 mm
Masse der Treibladung: 0,97 kg
Art der Treibladung: RP C/32
Art der Zünder: Sprengkopfzünder C/30, Kopfzünder C/34,
Zündsatz C/34 für Leuchtspur

Brenndauer des Leuchtspurzündsatzes: 12 s

Reichweite des Leuchtspurzündsatzes: bis 4800 m
Munitionsdotierung pro Rohr: 2000 Schuß
Lafette:
Art der Lafette: Doppellafette
Konstruktionsjahr: 1930
Höhenrichtbereich: -9° bis 85°
Schwenkbereich: +/-360° = 720°
Verkantungswinkel: +/-19,5°
Höhenrichtwinkeländerung pro Handumdrehung: 3°/s
Schwenkwinkeländerung pro Handumdrehung: 4°/s
Rücklauf bis zum Anschlag: 335 mm
Schutzschild: ab Ende 1944

2-cm-Flak C/30 und C/38 L/65   (abweichende Werte für C/30 in Klammern)

Geschütz:
Konstruktionsjahr: (1930), 1938
Kaliber: 20 mm
Rohrlänge: 65 Kaliber = 1300 mm
Mündungsgeschwindigkeit v_0:   (835 m/s), 900 m/s
Rückstoßenergie bei 0° Rohrerhöhung: (250 kg), 290 kg
Konstruktionsgasdruck: 2800 kg/cm^2
Gebrauchsgasdruck: 2500 kg/cm^2
Lebensdauer eines Rohres: 22000 Schuß
Größte horizontale Schußweite: 4900 m
Größte Schußhöhe bei +85° Rohrerhöhung: 3700 m
Länge der Züge: 720 mm
Anzahl der Züge: 8
Feuergeschwindigkeit pro Rohr, theoretisch: (280), 450 bis 480 Schuß / min
Feuergeschwindigkeit pro Rohr, praktisch: mit Magazinwechsel: (120), 180 bis 220 Schuß / min

Munition
Art der Munition: Patrone
Geschoßmasse: (134 g), 120 bis 148 g
Geschoßlänge: 78,5 mm
Masse der Sprengladung: 39,5 g
Patronenlänge: 203 mm
Patronenmasse: 320 g
Zuführung: in Magazinen zu je 20 Schuß

2-cm-Sockellafette C/30
Art der Lafette: Mittelpivotlafette MPL
Konstruktionsjahr: 1930
Höhenrichtbereich: -11° bis +85°
Schwenkbereich: 360° nach beiden Seiten
Verkantungswinkel: 15° nach beiden Seiten
Rücklauf der Waffe bis zum festen Anschlag: 85 mm
Schutzschild: C/43 ab April 1944

2-cm-Flak C/38 L/65 in Vierlingslafette C/38

Geschütz:

Abweichungen der Daten von der 2-cm-Flak C/38 L/65 in MPL

Feuergeschwindigkeit pro Rohr, theoretisch:	480 Schuß / min
Feuergeschwindigkeit der 4 Rohre, theoretisch:	1800 Schuß / min
Feuergeschwindigkeit, praktisch:	bis 880 Schuß / min

Munition:

Keine Abweichungen von 2-cm-Flak C/30 oder C/38 L/65 bis auf

Masse von 480 Schuß in 12 Magazinen:	240 kg

Vierlingslafette C/38

Art der Lafette:	Vierlingslafette
Konstruktionsjahr:	1938
Höhenrichtbereich:	-12° bis +90°
Schwenkbereich:	360° nach beiden Seiten
Rücklauf der Waffe bis zum Anschlag:	85 mm
Richtgeschwindigkeiten:	
Höhe, elektrisch:	4,55°
Höhe pro Handradumdrehung:	9,1°
Seite, elektrisch:	5,75°
Seite pro Handradumdrehung:	11,5°
Verkantung pro Handradumdrehung:	10,0°
Feuerhöhe des unteren Rohrpaares über Deck:	1173 mm
Feuerhöhe des oberen Rohrpaares über Deck:	1487 mm

Ankertaumine EMC
[Daten nach Hadeler (1968), Schmalenbach (1978) und Lede (2002)]

Ladungsmasse:	250 kg
Gesamtmasse:	1135 kg
Minengefäßdurchmesser:	1120 mm
Länge in Wurfschiene:	1235 mm
Höhe mit Ankertautrommel über Deck:	1940 mm
Wurfschienenweite:	800 mm
Prinzip:	7 Bleikappen
Zähldichte:	1
Verankerung:	Ankertautrommel
Zündung:	Berührung
Schwerpunkt über der Unterkante der 4 Rollräder:	850 mm
Sicherheitsabstand beim Legen:	100 m
Geringste Wassertiefe:	7 m
Größte Wassertiefe:	500 m
Einstellgenauigkeit bei 10 m Tiefe:	0,5 m
Einstellgenauigkeit bei 58 m Tiefe:	1 m

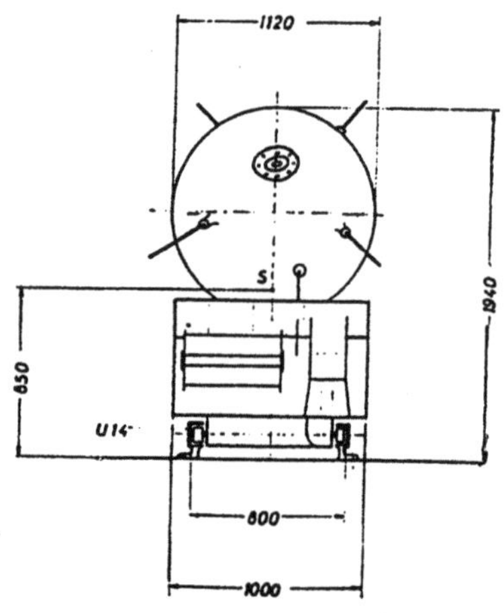

86

Leichter Kreuzer NÜRNBERG

Schäden und Verluste

12.11.1936	In spanischen Gewässern Schaden durch Seegang. In Abt. VII ein Doppel-T-Träger gerissen. Riß in Oberdecksbeplankung.
18.11.1939	Schaden Steuerbord-Maschine wegen Salzeinbruches. Höchstfahrt nur noch 25 kn.
13.12.1939	11.27 Uhr Torpedotreffer vom englischen U-Boot SALMON. 16 Verwundete. Der Vorsteven wurde abgerissen. Auch Längsverbände rissen. Bis zum 29.04.1940 zur Reparatur in den Deutschen Werken Kiel AG.
15.06.1940	Bei Roedsidgrunden, Tyvholmen (Norwegen) Grundberührung und festgekommen wegen falscher Peilung. Durch Minensuchboote freigeschleppt.
14.12.1940	In der Danziger Bucht Ölübernahme in Fahrt mit Tanker WEISSENBURG. Dabei auf NÜRNBERG ein Besatzungsmitglied tödlich verunglückt.
07. und 08.01.1941	Beim Wassern Schäden an zwei Bordflugzeugen des Typs Ar 196 A.
Jan. – März 1941	Kreuzer im Hafen von Gotenhafen vom Eis eingeschlossen. Bewegungsunfähig.
29.09.1941	Öltanker RIGEL rammt den Kreuzer leicht. Bordwand in Höhe des Oberdecks eingedrückt und beschädigt.
12.10.1942	Bei Übungen in der Ostsee ist der See-O.A. Peter Eich bei schwerem Sturm über Bord gegangen und ertrunken. Es war ein Unfall an der Backbord 8,8-cm-Flak II.
27.10.1942	In der Ostsee auf Zwangsweg getauchtes U 339 gerammt. U-Boot hat nur leichte Schäden. Auf dem Kreuzer NÜRNBERG ein Heizölbunker leckgeschlagen. Reparatur in einem Dock nötig.
07.03.1943	In der Bogenbucht bei Narvik (Norwegen) bei schwerem Sturm mit den Schrauben im Netz festgehakt. Kreuzer manövrierunfähig. Freischleppung durch Minensuchboote und Schlepper FRIGGA. Schäden durch Taucher beseitigt.
30.03.1944	Gedenkfeier für einen im Schiffslazarett gestorbenen See-O.A..
19.05.1944	Exekution eines Maschinenobergefreiten wegen Fahnenflucht.

12.06..1944	Kabelbrand in Abt. III im Stabilisierungsraum. Brand nach einer Stunde gelöscht.
15.11.1944	Bei Sturm in Gotenhafen eingelaufen. Beim Anlegen mit dem Bug den Zerstörer PAUL JACOBI an dessen Steuerbordseite gerammt.
21.11.1944	Exekution eines vom Kreuzer desertierten Lothringers.
13.11.1945	11.35 Uhr kommen die Torpedoboote T 19 und T 20 zur Öl-ergänzung längsseits. Beim Anlegen riß T 19 ein etwa 40 x 100 cm großes Loch in die Bordwand des Kreuzers oberhalb der Steuerbord-Backspier. Das Loch konnte mit eigenen Mitteln wieder dicht geschweißt werden.
05.05.1945	Bei der Verteidigung des Kreuzers im Hafen von Kopenhagen gegen dänische Widerstandskämpfer vier Tote an Bord.

Leichter Kreuzer NÜRNBERG

Besatzung nach Schiffsbuch II

Schiffsstab, Offiziere und Beamte, Oberfähnriche und Fähnriche:

Datum	B.d.A.-Stab	Offiziere	Oberfähnriche	Fähnriche
02.11.1935	0	21	5	0
09.04.1936	8	25	8	0
10.10.1936	10	26	0	15
01.04.1937	11	27	2	10
01.10.1937	14	25	15	3
01.04.1938	13	19	14	12
15.11.1938	13	27	0	2
01.04.1939	16	22	0	17
01.09.1939	16	38	0	0
01.04.1940	0	25	0	10
01.10.1940	0	28	17	2
01.01.1941	0	25	13	1
.				
.				
.				
01.02.1945 *)	0	35	?	?

Mannschaften 1935 - 1938   66 Stab, 648 Schiff
Mannschaften 1945 *)   ca. 900 (darunter etwa 250 Kadetten)

*) nach D.Sonntag

Admirale an Bord

Befehlshaber der Aufklärungsstreitkräfte (B.d.A.) an Bord:
Bei Manövern, Verbandsübungen, Auslandsfahrten und
Auslandseinsätzen (z. B. KAdm. H. Boehm – ab 1. April 1937,
VAdm. – bei vier Spanieneinsätzen [Bürgerkrieg]). Dort zeit-
weilig auch gleichzeitig Befehlshaber der Spanienseestreitkräfte
(B.d.Sp.).

9. April 1936 – 28. September 1937
        KAdm. H. Boehm (ab 1.4.1937 VAdm.)

28. September 1937 – 21. Oktober 1939
        KAdm. H. Densch (ab 1.4.1938 VAdm.)

26. Oktober 1939 – 14. Dezember 1939
        KAdm. G. Lütjens

18. April 1940 – 3. Juni 1940
        Stellv. B.d.A. KAdm. H. Schmundt

14. Juni 1940 – 1. August 1940
        KAdm. H. Schmundt (ab 1.9.1940 VAdm.)

1. August 1940 – 18. Februar 1941
        Befehlshaber der Kreuzer (B.d.K.) VAdm. H.
        Schmundt

3. Dezember 1940 – 4. Dezember 1940
        Befehlshaber des Marinegruppenkommandos
        Nord GenAdm. R. Carls mit Stab
        (Minenunternehmung »Frankfurt«)

25. September 1941 – 2. Oktober 1941
        Befehlshaber der »Baltenflotte« VAdm. O.
        Ciliax

14. Juli 1943 – 17. Juli 1943
        Befehlshaber des Ausbildungsverbandes der
        Flotte VAdm. A. Thiele

27. Juli 1944   Scheidender Flottenchef GenAdm. O. Schnie-
        wind und neuer Flottenchef VAdm. W. Meend-
        sen-Bohlken (Verbandsübungen)

8. Januar 1945 – 24. Januar 1945
        Führer der Zerstörer (F.d.Z.) VAdm. L. Kreisch
        mit Stab von 4 Offizieren (Minenunterneh-
        mung »Titus«)

Besatzungsmusterungen und Gefechtsbildbesprechungen durch Admirale

12. September 1940	Oberbefehlshaber der Kriegsmarine GroßAdm. Dr.h.c. Erich Raeder
03. Oktober 1941	Flottenchef Adm. O. Schniewind
15. Oktober 1942	Befehlshaber des Ausbildungsverbandes der Flotte KAdm. J. Lietzmann
24. Oktober 1942	Flottenchef Adm. O. Schniewind
24. Februar 1943	Chef des Stabes der Flotte KAdm. A. Thiele
16. März 1943	B.d.K. Adm. O. Kummetz
Mitte Juni 1943	Befehlshaber des Ausbildungsverbandes der Flotte VAdm. A. Thiele
12. November 1943	Befehlshaber des Ausbildungsverbandes der Flotte VAdm. A. Thiele
27. November 1943	Oberbefehlshaber des MOK Norwegen Adm. O. Ciliax in Oslo an Bord
20. Dezember 1943	Befehlshaber des Ausbildungsverbandes der Flotte VAdm. A. Thiele
13. Januar 1944	Befehlshaber des Ausbildungsverbandes der Flotte VAdm. A. Thiele, Chef der Bildungsinspektion KAdm. B. Rogge und der Chef des Personalamtes VAdm. M. Baltzer
30. März 1944	Flottenchef GenAdm. O. Schniewind
22. Mai 1944	Befehlshaber des Ausbildungsverbandes der Flotte VAdm. A. Thiele
16. Juni 1944	Befehlshaber des Ausbildungsverbandes der Flotte VAdm. A. Thiele mit Offizieren des Heeres und der Luftwaffe
28. Juni 1944	Flottenchef GenAdm. O. Schniewind
11. Juli 1944	Befehlshaber des Ausbildungsverbandes der Flotte VAdm. A. Thiele
27. Juli 1944	Flottenchef GenAdm. O. Schniewind
30. September 1944	Flottenchef VAdm. W. Meendsen-Bohlken und Chef des Stabes der Flotte KAdm. R. Rothe-Roth sowie der Befehlshaber des Ausbildungsverbandes der Flotte KAdm. B. Rogge
29. Dezember 1944	Flottenchef VAdm. W. Meendsen-Bohlken
26. Mai 1945	Seekommandant von Ostfriesland KAdm. K. Weyher (Begrüßung anläßlich der Rückkehr nach Deutschland)

Offiziersstab des Kreuzers NÜRNBERG

Kommandanten:

01. November 1935 – 13. Oktober 1936	Kapt.z.S.	Schmundt, Hubert
14. Oktober 1936 – 08. Oktober 1937	Kapt.z.S.	Riedel, Theodor Heinrich
09. Oktober 1937 – 15. November 1938	Kapt.z.S.	Krastel, Walter
15. November 1938 – 19. November 1938	Kapt.z.S.	Degenhardt, Heinz
11. November 1938 – 19. November 1938	FKapt.	Hennecke, Walter (i.V.)
24. November 1938 – 07. August 1940	Kapt.z.S.	Klüber, Otto
08. August 1940 – 25. März 1941	Kapt.z.S.	Kreisch, Leo
28. März 1941 – 06. Juni 1943	Kapt.z.S.	v.Studnitz, Ernst
07. Juni 1943 – 07. Oktober 1944	Kapt.z.S.	Böhmig, Gerhardt
07. Oktober 1944 – 06. Januar 1946	Kapt.z.S.	Gießler, Helmuth

I.O.:

02. November 1935 – 05. September 1937	KKapt./FKapt.	Machens, Bruno
06. September 1937 – 29. September 1937	nicht besetzt	
30. September 1937 – 08. November 1938	KKapt./FKapt.	Schmidt, Friedrich Traugott
07. November 1938 – 29. Juli 1940	FKapt./Kapt.z.S.	Hennecke, Walter
30. Juli 1940 – 13. August 1941	FKapt.	Schroeter, Hilmar
14. August 1941 – 31. März 1943	FKapt.	Schwoerer, Fritz
31. März 1943 – Oktober 1943	FKapt.	Bürklen, Reinhold
Oktober 1943 – 02. Februar 1945	FKapt.d.Res	Freiherr von der Recke, Karl
02. Februar 1945 – 06. Januar 1946	FKapt.	Güntherschulze, Dietrich

N.O.:

02. November 1935 – 11. Oktober 1936	KKapt.	Stange, Rudolf
12. Oktober 1936 – 04. November 1938	KKapt.	Weyher, Kurt
05. November 1938 – 13. November 1938	?	
14. November 1938 – 06. Dezember 1939	KKapt.	Busch, Hans-Eberhard
07. Dezember 1939 – April 1940	KptLt./KKapt.	Poske, Fritz
April 1940 – 12. Februar 1941	KKapt.	Gerstung, Lutz
13. Februar 1941 – 14. Mai 1941	KKapt.	Bidlingmaier, Gerhard
15. Mai 1941 – 31. Juli 1941	KKapt./FKapt.	Schwoerer, Fritz (m.W.d.G.b.)
31. Juli 1941 – November 1941	KKapt.	Jung, Carl
November 1941 – 30. Juni 1942	nicht besetzt	
01. Juli 1942 – 30. März 1943	KKapt./FKapt.	Bürklen, Reinhold
31. März 1943 – Juli 1943	FKapt.	Teubner, Achim
Juli 1943 – Januar 1944	KKapt.d.Res.	Weychardt, Hermann
Januar 1944 – 19. Dezember 1944	KptLt./KKapt.	Hinckeldeyn, Joachim
20. Dezember 1944 – August 1945	KKapt.	Bredemeier, Heinrich

I. A.O.:

02. November 1935 – 05. Juli 1936	Kkapt.	Kreysing, Max
06.Juli – 11. Oktober 1936	nicht besetzt	
12. Oktober 1936 – 01. Oktober 1937	KKapt.	Kaiser, Heinrich
01. Oktober 1937 – 01. November 1938	KptLt.	Schneider, Adalbert
01. November 1938 – 16. März 1941	KptLt.	Dominik, Hans
17. März 1941 – Mai 1941	KptLt.	Jahn, Willi (m.W.d.G.b.)
Mai 1941 – 14. April 1942	KKapt.	Grupe, Hans-Harald
15. April 1942 – Juni 1942	KptLt.	Kräker, Herbertr
Juni 1942 – 07. Oktober 1943	KptLt.	Krönke, Gunter
08. Oktober 1943 – 06. Januar 1946	KptLt./KKapt.	Starzinsky, Reinhold

92

L.I.:

02. November 1935 – 26. Mai 1937	KKapt.(Ing.)	Dipl.-Ing. Kober, Waldemar
21. Mai 1937 – 19. März 1939	KKapt.(Ing.)	Moritz, Karl Ludwig
20. März 1939 – 29. Juni 1939	KptLt.(Ing.)	Dipl.-Ing. Heintz, Kurt
30. Juni 1939 – 29. März 1941	KKapt.(Ing.)	Dipl.-Ing. Schreiner, Johannes
30. März 1941 – 20. Oktober 1943	KKapt.(Ing.)	Schwanhäuser, Hermann
21. Oktober 1943 – 06. Januar 1946	KKapt.(Ing.)	Mohrenstein, Friedrich

Bordmeteorologen:

September 1937	Reg.Rat	Dr. Hartung, Karl
27. Oktober 1938 – 19. Januar 1939	Reg.Rat	Dr. Schnapauff, Wilhelm
16. April 1939 – 17. Mai 1939	Reg.Rat	Dr. Schnapauff, Wilhelm
03. Juni 1939 – 31. Dezember 1939	Reg.Rat	Dr. Schnapauff, Wilhelm (u.a. Minenunternehmung Nordsee)
Mai 1940 – 27. Oktober 1940	Reg.Rat	Dr. Schnapauff, Wilhelm (u.a. Narvik)
20. Januar 1941 – 11. Mai 1941	Reg.Rat	Dr. Neumann, Hans-Rudolf
31. Oktober 1942 – 15. Mai 1943	M.Studienrat	Daut, Otto
15. Juli 1943 – 26. Januar 1944	M.Studienrat	Daut, Otto
18. Februar 1944 – 20. Februar 1944	M.Studienrat	Daut, Otto
16. April 1944 – 25. Mai 1945	Reg.Rat d.Res.	Dr. Friedrich, Willy

Offiziere des Kreuzers NÜRNBERG

Schiffsoffiziere		**02.11.1935**
Kmdt.	Kapt.z.S.	Schmundt, Hubert
I.O.	KKapt.	Machens, Bruno
N.O.	KKapt.	Stange, Rudolf
I.A.O.	KKapt.	Kreysing, Max
	KptLt.	Marks, Hans
	KptLt.	Ernsting, Alfred
T.O.	KptLt.	Peters, Heinz
	KptLt.	Brandenburg, Karl
	KptLt.	Fischer, Horst
	KptLt.	Bidlingmaier, Gerhard
FT.O.	OLt.z.S.	Schacht, Harro
	Lt.z.S.	Harlinghausen, Harald
	Lt.z.S.	Kemnade, Friedrich
	Lt.z.S.	Richter, Karl-August
L.I.	K.Kapt.(Ing.)	Dipl.Ing. Kober, Waldemar
	KptLt.(Ing.)	Wählich, Ernst
	KptLt.(Ing.)	Lange, Alfred
	OLt.(Ing.)	Avenarius, Fritz
	Lt.(Ing.)	Weseley, Kurt
	Lt.(Ing.)	Habenicht, Hans
S.A.	M.Ob.St.A.	Dr.Staby, Alfred
V.O.	KptLt.(V)	Sieh, Wilhelm
	OLt.(V)	Heck, Walter

B.d.A.-Stab		**09.04.1936**
B.d.A.	KAdm.	Boehm, Hermann
Asto.I	FKapt.	Langsdorff, Hans
Asto.II	KKapt.	Brocksien, Ulrich
Asto.III	KKapt.	Breuning, Erich Alfred
Flglt.	OLt.z.S.	Stein, Alexander
Verb.Ing.	FKapt.(Ing.)	Kühn, Walter
Verb.V.O.	KKapt.(V)	Fleischhauer, Max
	OLt.(V)	Baehr, Hugo

Schiffsoffiziere		
Kmdt.	Kapt.z.S.	Schmundt, Hubert
I.O.	KKapt.	Machens, Bruno
N.O.	KKapt.	Stange, Rudolf
I.A.O.	KptLt.	Marks, Hans
	KptLt.	Ernsting, Alfred
T.O.	KptLt.	Peters, Heinz
	KptLt.	Brandenburg, Karl
	KptLt.	Fischer, Horst
	KptLt.	Bidlingmaier, Gerhard
FT.O.	KptLt.	Schacht, Harro
	Lt.z.S.	Kemnade, Friedrich
	Lt.z.S.	Richter, Karl-August
	Lt.z.S.	Lorentz, Günther

	Lt.z.S.	Rosenbaum, Helmut
	Lt.z.S.	von Gartzen, Wierich
	Lt.z.S.	Könenkamp, Jürgen
	Lt.z.S.	Bredemeier, Heinrich
L.I.	KKapt.(Ing.)	Dipl.Ing. Kober, Waldemar
	KptLt.(Ing.)	Wählich, Ernst
	OLt.(Ing.)	Avenarius, Fritz
	Lt.(Ing.)	Habenicht, Hans
	Lt.(Ing.)	Frh. von Engelhardt, Jürgen
	Lt.(Ing.)	Hertel, Hellmut
S.A.	M.Ob.St.A.	Dr.Klebe, Hermann
V.O.	KKapt.(V)	Sieh, Wilhelm

B.d.A.-Stab   10.10.1936

B.d.A.	KAdm.	Boehm, Hermann
Asto.I	KKapt.	Meendsen-Bohlken, Wilhelm
Asto.II	KKapt.	Brocksien. Ulrich
Asto.III	KptLt.	Beucke, Hans-Ehler
Flglt.	KptLt.	Stein, Alexander
Verb.Sekr.	KptLt.(V)	Baehr, Hugo
Verb.V.O.	FKapt.(V)	Fleischhauer, Max
Verb.Arzt	M.Geschw.A.	Dr.Kraft, Karl
Verb.Richter	M.Kr.Ger.Rat	Krueger, Franz Joachim
Verb.Richter	M.Kr.Richter	Blumenhagen, Otto
Verb.Ing.	FKapt.(Ing.)	Kühn, Walter
Verb.Pfarrer	M.Pfarrer	Werner, Heinz-Leo

Schiffsoffiziere

Kmdt.	Kapt.z.S.	Riedel, Theodor Heinrich
I.O.	KKapt.	Machens, Bruno
I.A.O.	KKapt.	Kaiser, Heinrich
T.O.	KptLt.	Peters, Heinz
	KptLt.	Fischer, Horst
	KptLt.	Bidlingmaier, Gerhard
FT.O.	KptLt.	Schacht, Harro
	KptLt.	Boldemann, Fritz-Günther
	OLt.z.S.	Zeigermann, Heinz
	OLt.z.S.	Troll, Rudolf
	Lt.z.S.	Balser, Karl
	Lt.z.S.	Korte, Alfred
	Lt.z.S.	Klug, Bernd
	Lt.z.S.	Strauch, Günter
	Lt.z.S.	Möhlmann, Helmut
	Lt.z.S.	Spies, Friedrich
L.I.	KKapt.(Ing.)	Dipl.Ing. Kober, Waldemar
	KptLt.(Ing.)	Magdalinski, Günter
	OLt.(Ing.)	Langenhan, Werner
	Lt.(Ing.)	Dipl.Ing. Habenicht, Hans
	Lt.(Ing.)	Frh.von Engelhardt, Jürgen
	Lt.(Ing.)	Hertel, Hellmut
V.O.	KKapt.(Ing.)	Sieh, Wilhelm
	Lt.(V)	Ranck, Walter
S.A.	M.Ob.Ass.A.	Dr.Eckart, Otto

B.d.A.-Stab   **01.04.1937**

B.d.A.	VAdm.	Boehm, Hermann
Asto.I	KKapt.	Meendsen-Bohlken, Wilhelm
Asto.II	KKapt.	Brocksien, Ulrich
Asto.III	KptLt.	Beucke, Heinz-Ehler
	KptLt.	Rost, Paul
Verb.V.O.	KptLt.(V)	Baehr, Hugo
Verb.Arzt	M.Geschw.A.	Dr.Kraft, Karl
Verb.Richter	M.Kr.Ger.Rat	Blumenhagen, Otto
	M.Kr.Ger.Insp.	Klockmann, Friedrich
Verb.Ing.	FKapt.(Ing.)	Kühn, Walter
Verb.Pfarrer	M.Pfarrer	Werner, Heinz-Leo

Schiffsoffiziere

Kmdt.	Kapt.z.S.	Riedel, Theodor Heinrich
I.O.	FKapt.	Machens, Bruno
N.O.	KKapt.	Weyher, Kurt
I.A.O.	KKapt.	Kaiser, Heinrich
T.O.	KptLt.	Behr, Alfred
	KptLt.	Fischer, Horst
FT.O.	KptLt.	Schacht, Harro
	KptLt.	Boldemann, Fritz-Günther
	OLt.z.S.	Zeigermann, Heinz
	OLt.z.S.	Troll, Rudolf
	Lt.z.S.	Klug, Bernd
	Lt.z.S.	Möhlmann, Helmut
	Lt.z.S.	Paulßen, Ottokar
	Lt.z.S.	von Tiesenhausen, Hans-Diedrich
	Lt.z.S.	Meentzen, Wilhelm
	Lt.z.S.	Maus, August
	Lt.z.S.	Wengert, Erhardt
	Lt.z.S.	Borger, Wolfgang
L.I.	KKapt.(Ing.)	Moritz, Karl Ludwig
	KptLt.(Ing.)	Magdalinski, Günter
	OLt.(Ing.)	Langenhan, Werner
	Lt.(Ing.)	von Engelhardt, Jürgen
	Lt.(Ing.)	Hertel, Hellmut
	Lt.(Ing.)	Klaunig, Bernhard
S.A.	M.St.A.	Dr.Eckart, Otto
V.O.	Kpt.Lt.(V)	Oels, Paul
	Lt.(V)	Ranck, Walter

B.d.A.-Stab   **01.10.1937**

B.d.A.	KAdm.	Densch, Hermann
Asto.I	FKapt.	Meendsen-Bohlken, Wilhelm
Asto.II	KKapt.	Kaiser, Heinrich
Asto.III	KptLt.	Beucke, Hans-Ehler
Flgtl.	KptLt.	Wilcke, Hans
Verb.Ing.	FKapt.(Ing.)	Zieb, Paul Willy
Verb.V.O.	KKapt.(V)	Fleischhauer, Max
Verb.Arzt	M.Geschw.A.	Dr.Kraft, Karl
Verb.Sekr.	Lt.(V)	Ranck, Walter
Luftbearbeiter	Hptm.	Bertram

Verb.Richter	M.Kr.Ger.Rat	Meißner, Hans
	M.Justiz Insp.	Köppel, Hermann
Verb.Pfarrer	M.Pfarrer	Vollborn, Werner

Schiffsoffiziere

Kmdt.	Kapt.z.S.	Krastel, Walter
I.O.	KKapt.	Schmidt, Friedrich Traugott
N.O.	KKapt.	Weyher, Kurt
I.A.O.	KptLt.	Schneider, Adalbert
T.O.	KptLt.	Behr, Alfred
FT.O.	OLt.z.S.	Kölzer, Karl
	OLt.z.S.	Troll, Rudolf
	OLt.z.S.	Jeschonnek, Gert
	OLt.z.S.	Frhr. von Forstner, Siegfried
	OLt.z.S.	Dommes, Wilhelm
	OLt.z.S.	Schaaf, Hermann
	Lt.z.S.	Meentzen, Wilhelm
	Lt.z.S.	Maus, August
	Lt.z.S.	Frhr. von Tiesenhausen, Hans-Diedrich
	Lt.z.S.	Wengert, Erhardt
	Lt.z.S.	Herbschleb, Karl-Heinz
	Lt.z.S.	Schulz, Werner
L.I.	KKapt.(Ing.)	Moritz, Karl Ludwig
	KptLt.(Ing.)	Magdalinski, Günter
	KptLt.(Ing.)	Langenhan, Werner
	OLt.(Ing.)	Böhmer, Lorenz
	Lt.(Ing.)	Klaunig, Bernhard
	Lt.(Ing.)	Tietböhl, Klaus
S.A.	M.St.A.	Dr.Eckart, Otto
V.O.	KptLt.(V)	Oels, Paul

B.d.A.-Stab   01.04.1938

B.d.A.	VAdm.	Densch, Hermann
Asto.I	FKapt.	Meendsen-Bohlken, Wilhelm
Asto.II	KKapt.	Kaiser, Heinrich
Asto.III	KptLt.	Beucke, Heinz-Ehler
Verb.Ing.	FKapt.(Ing.)	Zieb, Paul Willy
Verb.V.O.	KKapt.(V)	Pila, Max
Flglt.	OLt.z.S.	Hoepner, August
	Lt.(V)	Ewald, Herbert
Verb.Arzt	M.Geschw.A.	Dr.Kraft, Karl
Luftbearbeiter	Hptm.	Bertram
Verb.Richter	M.Kr.Ger.Rat	Dr.Meißner, Hans
	M.Justiz Insp.	Klöppel, Hermann
Verb.Pfarrer	M.Pfarrer	Vollborn, Werner

Schiffsoffiziere

Kmdt.	Kapt.z.S.	Krastel, Walter
I.O.	KKapt.	Schmidt, Friedrich Traugott
N.O.	KKapt.	Weyher, Kurt
I.A.O.	KptLt.	Schneider, Adalbert
T.O.	KptLt.	Behr, Alfred

FT.O.	OLt.z.S.	Kölzer, Kurt
	OLt.z.S.	Jeschonnek, Gert
	OLt.z.S.	Dommes, Wilhelm
	OLt.z.S.	Frhr. von Forstner, Siegfried
	OLt.z.S.	Schaaf, Hermann
	Lt.z.S.	Herbschleb, Karl-Heinz
L.I.	KKapt.(Ing.)	Moritz, Karl Ludwig
	KptLt.(Ing.)	Magdalinski, Günter
	OLt.(Ing.)	Welsch, Paul
	OLt.(Ing.)	Dipl.Ing.Hahnstein, Fritz
	Lt.(Ing.)	Klaunig, Bernhard
	Lt.(Ing.)	Tietböhl, Klaus
V.O.	KptLt.(V)	Oels, Paul
S.A.	M.St.A.	Dr.Fleischmann, Georg

B.d.A.-Stab 15.11.1938

B.d.A.	VAdm.	Densch, Hermann
Asto.I	FKapt.	Hoffmann, Karl
Asto.II	KKapt.	Kaiser, Heinrich
Asto.III	KptLt.	Morgenstern, Paul
Verb.Ing.	Kapt.z.S.(Ing.)	Dipl.Ing. Adam, Max
Verb.V.O.	KKapt.(V)	Pila, Arnold
Flglt.	OLt.z.S.	Hoepner, August
	Lt.(V)	Ewald, Herbert
Verb.Arzt	M.Geschw.A.	Dr.Marckmann, Friedrich
Luftbearbeiter	Hptm.	Storz
Verb.Richter	M.Kr.Ger.Rat	Hoss, Adolf
	M.Justiz Insp.	Köppel, Hermann
Verb.Pfarrer	M.Pfarrer	Bothe, Helmut

Schiffsoffiziere

Kmdt.	Kapt.z.S.	Degenhardt, Heinz
	Kapt.z.S.	Klüber, Otto
I.O.	FKapt.	Hennecke, Walter
N.O.	KKapt.	Busch, Hans-Eberhard
I.A.O.	KptLt.	Dominik, Hans
II.A.O.	OLt.z.S.	Jeschonnek, Gert
FT.O.	OLt.z.S.	Kölzer, Kurt
A.T.O.	OLt.z.S.	Frhr. von Forstner, Siegfried
Ausbildungs O.	OLt.z.S.	Jahn, Gunter
T.O.	OLt.z.S.	Kleinschmidt, Wilhelm
Flak u.E-Meß O.	OLt.z.S.	Hartmann, Klaus
	Lt.z.S.	Gräf, Ulrich
	Lt.z.S.	Kuntze, Jürgen
	Lt.z.S.	Petersen, Klaus
	Lt.z.S.	Rosenberg, Günther
	Lt.z.S	Bruns, Ernst
	Lt.z.S.	Auffhammer, Leonhard
L.I.	KKapt.(Ing.)	Moritz, Karl Ludwig
	KptLt.(Ing.)	Dipl.Ing. Reintz, Kurt
E.I.	OLt.(Ing.)	Dipl.Ing. Hanstein, Fritz

	OLt.(Ing.)	Götz, Rolf
	OLt.(Ing.)	Klaunig, Bernhard
	Lt.(Ing.)	Tietböhl, Klaus
	Lt.(Ing.)	Asbeck, Karl-Heinz
S.A.	M.St.A.	Dr.Fleischmann, Georg
V.O.	KKapt.(V)	Lendrich, Eduard
	Lt.(V)	Laser, Siegfried
Bord-Met.	Reg.Rat	Dr.Schnapauff, Wilhelm

B.d.A.-Stab   01.04.1939

B.d.A.	VAdm.	Densch, Hermann
Asto.I	FKapt.	Hoffmann, Karl
Asto.III	KKapt.	Kaiser, Heinrich
Asto.III	KptLt.	Morgenstern, Paul
Luftbearbeiter	Hptm.	Wiebel
Verb.Ing.	Kapt.z.S.(Ing.)	Dipl.Ing. Adam, Max
Verb.Arzt	M.Geschw.A.	Dr.Marckmann, Friedrich
Verb.V.O.	KKapt.(V)	Pila, Arnold
Flglt.	OLt.z.S.	Hoepner, August
	Lt.z.S.	Siegmann, Paul
Verb.Adj.	Lt.(V)	Trebesch, Herbert
Verb.Richter	M.Kr.Ger.Rat	Hoss, Adolf
Verb.Richter	M.Kr.Ger.Rat	Hagemann, Karl-Heinrich
Verb.Richter	M.Kr.Ger.Rat	Kannengiesser, Heinz
1.Verb.Pfarrer	M.Pfarrer	Dr.Hölzer, Hugo
2.Verb.Pfarrer	M.Pfarrer	Bothe, Helmut

Schiffsoffiziere

Kmdt.	Kapt.z.S.	Klüber, Otto
I.O.	FKapt.	Hennecke, Walter
N.O.	KKapt.	Busch, Hans-Eberhard
I.A.O.	KptLt.	Dominik, Hans
II.A.O.	OLt.z.S.	Jeschonnek, Gert
	OLt.z.S.	Roesen, Emil
A.T.O.	OLt.z.S.	Frhr. von Forstner, Siegfried
T.O.	OLt.z.S.	Kleinschmidt, Wilhelm
Ausbildungs O.	OLt.z.S.	Jahn, Gunter
Flak u.E-Meß O.	OLt.z.S.	Hartmann, Klaus
	Lt.z.S.	Gräf, Ulrich
	Lt.z.S.	Kuntze, Jürgen
	Lt.z.S.	Petersen, Klaus
	Lt.z.S.	Rosenberg, Günther
	Lt.z.S.	Bruns, Ernst
	Lt.z.S.	Auffhammer, Leonhard
L.I.	KptLt.(Ing.)	Dipl.Ing. Heintz, Kurt
	KptLt.(Ing.)	Schwanhäuser, Hermann
	OLt.(Ing.)	Götz, Rolf
	OLt.(Ing.)	Dipl.Ing Hanstein, Fritz
	Lt.(Ing.)	Asbeck, Karl-Heinz
	Lt.(Ing.)	Höfler, Matthäus
	Lt.(Ing.)	Tietböhl, Klaus
S.A.	M.St.A.	Dr.Fleischmann, Georg
V.O.	KKapt.(V)	Dipl.Kaufm. Molter, Hans

B.d.A.-Stab   01.09.1939

B.d.A.	VAdm.	Densch, Hermann
Asto.I	FKapt.	Hoffmann, Karl
Asto.II	KKapt.	Kaiser, Heinrich
Asto.III	KptLt.	Morgenstern, Paul
Luftbearbeiter	Hptm.	Wiebel
Verb.Ing.	Kapt.z.S.(Ing.)	Dipl.Ing. Adam, Max
Verb.Arzt	M.Geschw.A.	Dr.Marckmann, Friedrich
Verb.V.O.	KKapt.(V)	Pila, Arnold
Verb.Adj.	Lt.(V)	Trebesch, Herbert
Flglt.	OLt.z.S.	Hoepner, August
	Lt.z.S.	Siegmann, Paul
Verb.Richter	M.Kr.Ger.Rat	Hoss, Adolf
Verb.Richter	M.Kr.Ger.Rat	Hagemann, Karl-Heinrich
Verb.Richter	M.Kr.Ger.Rat	Kannengiesser, Heinz
1.Verb.Pfarrer	M.Pfarrer	Dr.Hölzer, Hugo
2.Verb.Pfarrer	M.Pfarrer	Bothe, Helmut

Schiffsoffiziere

Kmdt.	Kapt.z.S.	Klüber, Otto
I.O.	FKapt.	Hennecke, Walter
N.O.	KKapt.	Busch, Hans-Eberhard
I.A.O.	KptLt.	Dominik, Hans
R.O.	KptLt.	Jeschonnek, Gert
T.O.	KptLt.	Kleinschmidt, Wilhelm
A.T.O.	KptLt.	Frhr. von Forstner, Siegfried
I.FT.O.	OLt.z.S.	Roesen, Emil
W.O.	OLt.z.S.	Jahn, Gunter
W.O.	OLt.z.S.	Hartmann, Klaus
II.FT.O.	Lt.z.S.	Gräf, Ulrich
Adj.	Lt.z.S.	Auffhammer, Leonhard
	Lt.z.S.	Kuntze, Jürgen
	Lt.z.S.	Petersen, Klaus
	Lt.z.S.	Rosenberg, Günther
	Lt.z.S.	Bruns, Ernst
L.I.	KKapt.(Ing.)	Dipl.Ing. Schreiner, Johannes
E.I.	KptLt.(Ing.)	Schwanhäuser, Hermann
W.I.	OLt.(Ing.)	Götz, Rolf
W.I.	OLt.(Ing.)	Dipl.Ing. Hanstein, Fritz
W.I.	Lt.(Ing.)	Asbeck, Karl-Heinz
W.I.	Lt.(Ing.)	Höfler, Matthäus
	OLt.(Ing.)	Schmidt, Hans-Heinrich
	OLt.(Ing.)	Ahlfeld, Peter
	Lt.(Ing.)	Ullrich, Heinrich
S.A.	M.St.A.	Dr.Fleischmann, Georg
V.O.	KKapt.(V)	Dipl.Kaufm. Molter, Hans
	Lt.(V)	Laser, Siegfried
	Lt.z.S.	Hering, Robert
	Lt.z.S.	Thiemann, Hartwig
	Lt.z.S.	Thimme, Jürgen
	Lt.z.S.	Valentiner, Hans Guido
	Lt.z.S.	Leilich, Hans
	Lt.z.S.	Brunecke
	Lt.(Ing.)	Bohlken, Georg
	Lt.(Ing.)	Meyer, Hans

	Lt.(V)	Seyffert, Hanns-Helmut
	Lt.(V)	Behnke, Ernst-Georg
Bord-Met.	Reg.Rat	Dr.Schnapauff, Wilhelm

Schiffsoffiziere   01.04.1940

Kmdt.	Kapt.z.S.	Klüber, Otto
I.O.	FKapt.	Hennecke, Walter
N.O.	KKapt.	Poske, Fritz
I.A.O.	KKapt.	Dominik, Hans
R.O.	KptLt.	Jeschonnek, Gert
T.O.	KptLt.	Kleinschmidt, Wilhelm
A.T.O.	KptLt.	Frhr. von Forstner, Siegfried
I.FT.O.	KptLt.	Roesen, Emil
W.O.	KptLt.	Jahn, Gunter
W.O.	OLt.z.S.	Hartmann, Klaus
II.FT.O.	Lt.z.S.	Ottenberger, Albert
Adj.	Lt.z.S.	Auffhammer, Leonhard
	OLt.z.S.	Gräf, Ulrich
	Lt.z.S.	Kuntze, Jürgen
	Lt.z.S.	Petersen, Klaus
	Lt.z.S.	Bruns, Ernst
	Lt.z.S.	Nonn, Victor-Wilhelm
L.I.	KKapt.(Ing.)	Dipl.Ing. Schreiner, Johann
E.I.	KptLt.(Ing.)	Schwanhäuser, Hermann
W.I.	KptLt.(Ing.)	Götz, Rolf
W.I.	OLt.(Ing.)	Ahlfeld, Peter
	Lt.(Ing.)	Wippich, Hans
	KptLt.(Ing.) d.Res.	Vogelsang, Werner
S.A.	M.St.A.	Dr.Scheuch, Christian
V.O.	KKapt.(V)	Dipl.Kaufm. Molter, Hans
	Lt.(V)	Seyffert, Hanns-Helmut

B.d.K.-Stab   01.10.1940

B.d.K.	VAdm.	Schmundt, Hubert

Schiffsoffiziere

Kmdt.	Kapt.z.S.	Kreisch, Leo
I.O.	FKapt.	Schroeter, Hilmar
N.O.	KKapt.	Gerstung, Lutz
I.A.O.	KKapt.	Dominik, Hans
R.O.	KKapt.	Schwoerer, Fritz
II.A.O.	KptLt.	Jeschonnek, Gert
B.N.O.u.FT.O.	KptLt.	Roesen, Emil
D.O.II	KptLt.	Jahn, Gunter
III.A.O.	KptLt.	Dr.Kandeler, Hermann
I.T.O.	KptLt.	Hinckeldeyn, Joachim
D.O.IV	KptLt.	Bach, Walter
A.T.O.	OLt.(W)	Beck, Dieter
Ho.O.	Lt.z.S.	Rauscher, Karl
FlakM.W.O.	OLt.z.S.	Bruns, Ernst
I.FT.O.	Lt.(NT)	Ottenberger, Albert
II.FT.O.	Lt.z.S.	Kultzen, Martin

II.T.O.	OLt.z.S.	Ruppelt, Günther
S.O.u.E-Meß O.	Lt.z.S.	Schwalbach, Bruno
Flak A.O.	Lt.z.S.	Krieg, Johann Otto
L.I.	KKapt.(Ing.)	Dipl.Ing. Schreiner, Johannes
E.I.	KptLt.(Ing.)	Schwanhäuser, Hermann
I.W.I.	KptLt.(Ing.)	Dipl.Ing. Hanstein, Fritz
II.W.I.	KptLt.(Ing.)	Götz, Rolf
III.W.I.	KptLt.(Ing.) d.Res.	Vogelsang, Werner
IV.W.I.	OLt.(Ing.)	Ahlfeld, Peter
I.S.A.	M.St.A.	Dr.Scheuch, Christian
II.S.A.	M.Ob.Ass.A.d.Res.	Stubbendorf, Herbert
I.V.O.	KKapt.(V)	Dipl.Kaufm. Molter, Hans
II.V.O.	Lt.(V)	Ehlert, Günter
Bord-Met.	Reg.Rat	Dr.Schnapauff, Wilhelm

B.d.K.-Stab   01.01.1941

| B.d.K. | VAdm. | Schmundt, Hubert |

Schiffsoffiziere

Kmdt.	Kapt.z.S.	Kreisch, Leo
I.O.	FKapt.	Schroeter, Hilmar
N.O.	KKapt.	Gerstung, Lutz
I.A.O.	KKapt.	Dominik, Hans
R.O.	KKapt.	Schwoerer, Fritz
T.O.	KptLt.	Hinckeldeyn, Joachim
B.N.O.	KptLt.	Roesen, Emil
II.A.T.O.	KptLt.	Dr.Kandeler, Hermann
D.O.II	KptLt.	Jahn, Gunter
A.T.O.	OLt.(W)	Beck, Dieter
BÜ.O.	OLt.z.S.	Kuntze, Jürgen
Flak M.W.O.u.Adj.	OLt.z.S.	Bruns, Ernst
II.FT.O.	OLt.(NT)	Ottenberger, Albert
S.O.u.E-Meß O.	Lt.z.S.	Schwalbach, Bruno
Ho.O.	Lt.z.S.	Rauscher, Karl
Flak A.O.	KptLt.	Jahn, Willi
L.I.	KKapt.(Ing.)	Dipl.Ing. Schreiner, Johann
E.I.	KptLt.(Ing.)	Schwanhäuser, Hermann
I.W.I.	KptLt.(Ing.)	Dipl.Ing. Hanstein, Fritz
II.W.I.	KptLt.(Ing.)	Götz, Rolf
III.W.I.	KptLt.(Ing.)d.Res.	Vogelsang, Werner
IV.W.I.	OLt.(Ing.)	Ahlfeld, Peter
	Lt.(Ing.)	Gniechwitz, Alfred
I.S.A.	M.St.A.	Dr.Scheuch, Christian
II.S.A.	M.Ob.Ass.A.d.Res.	Dr.Stubbendorf, Herbert
I.V.O.	KKapt.(V)	Dipl.Kaufm. Molter, Hans

Baltenflotte-Stab　　　　　　　　　01.10.1941

B.d.Baltenflotte	VAdm.	Ciliax, Otto

Schiffsoffiziere

Kmdt.	Kapt.z.S.	von Studnitz, Ernst
I.O.	FKapt.	Schwoerer, Fritz
N.O.	KKapt.	Jung, Carl
I.A.O.	KKapt.	Grupe, Hans-Harald
A.T.O.	OLt.(W)	Schmidt, Hermann
B.N.O.u.W.O.	KptLt.	Westphal, Werner
II.A.O.u.W.O.	KptLt.	Kräker, Herbert
	Lt.z.S.	Kraft, Wilhelm
L.I.	KKapt.(Ing.)	Schwanhäuser, Hermann
	OLt.(Ing.)	Gniechwitz, Alfred
V.O.	FKapt.(V)	Meyer, Heinrich

Schiffsoffiziere　　　　　　　　　01.04.1942

Kmdt.	Kapt.z.S.	von Studnitz, Ernst
I.O.	FKapt.	Schwoerer, Fritz
I.A.O.	KKapt.	Grupe, Hans-Harald
I.W.O.u.Sperr O. u.Adj.	KptLt.	von Guggenberg zu Richthofen, Otto
A.T.O.	OLt.(W)	Schmidt, Hermann
B.N.O.u.W.O.	KptLt.	Westphal, Werner
II.A.O.u.W.O.	KptLt.	Kräger, Herbert
T.O.	OLt.z.S.	Zander, Hermann
	Lt.z.S.	Kraft, Wilhelm
	Lt.z.S.	Ungänz, Rolf
L.I.	KKapt.(Ing.)	Schwanhäuser, Hermann
E.I.	KptLt.(Ing.)	Mohrenstein, Friedrich
	OLt.(Ing.)	Gniechwitz, Alfred
V.O.	FKapt.(V)	Meyer, Heinrich

Schiffsoffiziere　　　　　　　　　01.10.1942

Kmdt.	Kapt.z.S.	von Studnitz, Ernst
I.O.	FKapt.	Schwoerer, Fritz
N.O.	FKapt.	Bürklen, Reinhold
I.A.O.	KptLt.	Kräger, Herbert
I.W.O.u.Sperr O. u.Adj.	KptLt.	von Guggenberg zu Richthofen, Otto
A.T.O.	KptLt.(W)	Schmidt, Hermann
B.N.O.u.W.O.	KptLt.	Westphal, Werner
T.O.	OLt.z.S.	Zander, Hermann
Kadetten O.	OLt.z.S.	Ungänz, Rolf
	Lt.z.S.	Kraft, Wilhelm
L.I.	KKapt.(Ing.)	Schwanhäuser, Hermann
E.I.	KptLt.(Ing.)	Mohrenstein, Friedrich
V.O.	FKapt.(V)	Lünenschloss, Peter
V.O.	FKapt.(V)	Meyer, Heinrich
Bord-Met.	M.Studienrat	Daut, Otto

Schiffsoffiziere   01.04.1943

Kmdt.	Kapt.z.S.	von Studnitz, Ernst
I.O.	FKapt.	Bürklen, Reinhold
N.O.	FKapt.	Teubner, Achim
I.A.O.	KptLt.	Krönke, Gunter
I.W.O.u.Sperr O.		
u.Adj.	KptLt.	von Guggenberg zu Richthofen, Otto
A.T.O.u.D.O.I	KptLt.(W)	Schmidt, Hermann
T.O.	OLt.z.S.	Zander, Hermann
D.O.II	KptLt.	Nouvel, Max
D.O.III	OLt.z.S.	Flögel
D.O.IV	OLt.z.S.	Broo, Ernst
Kadetten O.	OLt.z.S.	Ungänz, Rolf
	OLt.z.S.	Kraft, Wilhelm
D.O.V	OLt.(W)	Isensee, Klaus-Dietrich
	Lt.z.S.d.Res.	Bretschneider, Fritz
L.I.	KKapt.(Ing.)	Schwanenhäuser, Hermann
E.I.	KptLt.(Ing.)	Mohrenstein, Friedrich
D.O.VII	KptLt.(Ing.)	Schulze, Kurt
D.O.VI	OLt.(Ing.)	König, Wilhelm
D.O.IX	OLt.(Ing.)	Reitter, Ernst
D.O.VIII	OLt.(Ing.)	Argendorf, Paul
	Lt.(Ing.)	Wellge, Hans
S.A.	M.Ob.St.A.	Dr.Baumann, Ewald
V.O.	KKapt.(V)	Vogt, Rudolf
Bord-Met.	M.Studienrat	Daut, Otto

Schiffsoffiziere   01.10.1943

Kmdt.	Kapt.z.S.	Böhmig, Gerhardt
I.O.	FKapt.	Bürklen, Reinhold
N.O.	KKapt.d.Res.	Weychardt, Hermann
I.A.O.	KptLt.	Krönke, Gunter
D.O.I	KptLt.(W)	Schmidt, Hermann
Adj.	OLt.z.S.	Waßner, Winrich
Flak A.O.u.R.O.	OLt.(MA)	Tiedje, Arnold
T.O.u.D.O.II	KptLt.	Nouvel, Max
Adj.	OLt.z.S.	Ungänz, Rolf
D.O.III	OLt.z.S.	Flögel
B.N.O.u.D.O.IV	OLt.z.S.	Broo, Ernst
	OLt.z.S.	Scheefe, Bruno
A.T.O.u.D.O.V	OLt.(W)	Isensee, Klaus-Dietrich
Z.O.6.Zug	Lt.z.S.d.Res.	Bretschneider, Hans-Jürgen
L.I.	KKapt.(Ing.)	Schwanhäuser, Hermann
E.I.	KptLt.(Ing.)	Mohrenstein, Friedrich
I.W.I.	KptLt.(Ing.)	Schulze, Kurt
II.W.I.	OLt.(Ing.)	Reitter, Ernst
III.W.I.	Lt.(Ing.)	Argendorf, Paul
	OLt.(Ing.)	Wellge, Hans
S.A.	M.Ob.St.A.	Dr.Baumann, Ewald
I.V.O.	KKapt.(V)	Vogt, Rudolf
II.V.O.	OLt.(V)	Spönemann, Otto
Bord-Met.	M.Studienrat	Daut, Otto

Kmdt.	Kapt.z.S.	Böhmig, Gerhardt
I.O.	FKapt.d.Res.	Frhr. von der Recke, Karl
N.O.	KKapt.	Hinckeldeyn, Joachim
I.A.O.	KKapt.	Starzinsky, Reinhold
Kadetten O.	KptLt.(W)	Schmidt, Hermann
D.O.I	KptLt.	Nouvel, Max
Flak A.O.u.D.O.II	KptLt.(MA)	Tiedje, Arnold
A.T.O.	OLt.(W)	Isensee, Klaus-Dietrich
B.N.O. u. D.O.IV	OLt.z.S.	Broo, Ernst
D.O.III	OLt.z.S.	Flögel
Adj.	OLt.z.S.	Ungänz, Rolf
I.T.O.	OLt.z.S.d.Res.	Heufers, Hermann
II.A.O.u.Z.O.1.Zug	Lt.z.S.d.Res.	Bretschneider, Hans-Jürgen
Z.O.2.Zug	Lt.z.S.	Klausa, Alexander
III.A.O.u.Z.O.4.Zug	Lt.z.S.	Güse, Rudolf
L.I.	KKapt.(Ing.)	Mohrenstein, Friedrich
E.I.	KptLt.(Ing.)	Schulze, Kurt
I.W.I. u. D.O.VI	KptLt.(Ing.)	Döpner, Johannes-Martin
Z.O.1.Zug	OLt.(Ing.)	Wittkopf, Udo
M.I.u.Z.O.2.Zug	OLt.(Ing.)	Wellge, Hans
Z.O.3.Zug	Lt.(Ing.)	Müller-Wiener, Wolfgang
S.O.	OLt.(Ing.) d.Res.	Reitter, Erich
K.I. u. D.O.VII	OLt.(Ing.)	Argendorf, Paul
S.A.	M.Ob.St.A.	Dr.Krug, Walter
I.V.O.	KKapt.(V)	Vogt, Rudolf
II.V.O.	Lt.(V)	Lange, Arno

Schiffsoffiziere   01.10.1944

Kmdt.	Kapt.z.S.	Böhmig, Gerhardt
I.O.	FKapt.d.Res.	Frhr. von der Recke, Karl
N.O.	KKapt.	Hinckeldeyn, Joachim
I.A.O.	KKapt.	Starzinsky, Reinhold
R.O. u. D.O.III	KptLt.d.Res.	Möller, Hans
Kadetten O.	KptLt.(W)	Schmidt, Hermann
Flak A.O. u. D.O.I	KptLt.(MA)	Tiedje, Arnold
B.N.O. u. D.O.IV	OLt.z.S.	Broo, Ernst
I.T.O.	OLt.z.S.d.Res.	Heufers, Hermann
D.O.V	OLt.z.S.	Eschenburg, Harald
II.A.O. u. D.O.II	Lt.z.S.d.Res.	Bretschneider, Hans-Jürgen
Gefechts-W.O.	Lt.z.S.d.Res.	Fiegl, Herwig
A.T.O.	OLt.(W)	Isensee, Klaus-Dietrich
L.I.	KKapt.(Ing.)	Mohrenstein, Friedrich
S.O.	OLt.(Ing.) d.Res.	Reitter, Erich
M.I.	OLt.(Ing.)	Wellge, Hans
W.I.	Lt.(Ing.) d.Res.	Rauer, Rudolf
I.S.A.	M.Ob.St.A.	Dr.Krug, Walter
II.S.A.	M.St.A.d.Res.	Peiper, Erich
I.V.O.	KKapt.(V)	Trocha, Kurt
II.V.O.	Lt.(V)	Linnemann, Robert
Bord-Met.	Reg.Rat.d.Res.	Dr.Friedrich, Willy

Kmdt.	Kapt.z.S.	Gießler, Helmuth
I.O.	FKapt.	Güntherschulze, Dietrich
N.O.	KKapt.	Bredemeier, Heinrich
I.A.O.	KKapt.	Starzinsky, Reinhold
Kadetten O. u. D.O.I	KptLt.	Reichert, Horst
R.O.	KptLt.d.Res.	Möller, Hans
Flak A.O.	KptLt.(MA)	Tiedje, Arnold
B.N.O.u.D.O.VI	KptLt.	Broo, Ernst
D.O.III	OLt.z.S.d.Res.	Eschenburg, Harald
T.O.u.D.O.IV	OLt.z.S.d.Res.	Heufers, Hermann
II.A.O.u.D.O.II	OLt.z.S.d.Res.	Bretschneider, Hans-Jürgen
Z.O.1.Zug	Lt.z.S.d.Res.	Ebinger, Alfred
Z.O.2.Zug	Lt.z.S.	Kuhnen, Karl
Z.O.3.Zug	Lt.z.S.d.Res.	Fiegl, Herwig
Z.O.4.Zug	Lt.z.S.d.Res.	Brose, Karl-Heinz
Adj.	Lt.z.S.d.Res.	Bischof, Alexis
	Lt.z.S.d.Res.	Diehl, Heinz
	Lt.z.S.	Schreyer, Hugo
D.O.V	OLt.(W)	Isensee, Klaus-Dietrich
	OLt.(MN) Kr.O.	Ribbert, Josef
	Lt.(MN) d.Res.	Bornkessel, Armin
L.I.	KKapt.(Ing.)	Mohrenstein, Friedrich
E.I.	KptLt.(Ing.)	Wolters, Helmut
S.O.	OLt.(Ing.) d.Res.	Reitter, Erich
M.I.u.D.O.VIII	OLt.(Ing.)	Wellge, Hans
K.I.u.D.O.VII	OLt.(Ing.)	Vieth, Bernhard
W.I.	OLt.(Ing.)	Harmgarth, Gerhard
	OLt.(Ing.)	Stehle, Heinz
	OLt.(Ing.)	Brose, Werner
	OLt.(Ing.) d.Res.	Rauer, Rudolf
I.S.A.	M.Ob.St.A.	Dr.Krug, Walter
II.S.A.	M.St.A.d.Res.	Dr.Peiper, Erich
I.V.O.	KKapt.(V)	Trocha, Kurt
II.V.O.	OLt.(V)	Ehrig, Heinz
Bord-Met.	Reg.Rat d.Res.	Dr.Friedrich, Willy

Leichter Kreuzer NÜRNBERG

Weiteres Schicksal

05.05.1945	08.00 Uhr Waffenstillstand.
22.05.1945	NÜRNBERG von den Engländern offiziell übernommen. Die deutsche Besatzung bleibt an Bord.
24.-25.05.1945	Im Geleit des englischen Schweren Kreuzers DEVON-SHIRE und des englischen Leichten Kreuzers DIDO fahren die deutschen Schiffe Schwerer Kreuzer PRINZ EUGEN und Leichter Kreuzer NÜRNBERG von Kopenhagen nach Wilhelmshaven. Begleitzerstörer waren der englische SAVAGE (G 20) und der kanadische IROQUOIS (G 89).
28.05.1945	Zweidrittel der deutschen Besatzung steigt von NÜRNBERG in Wilhelmshaven aus. 250 Mann bleiben an Bord.
19.11.1945	Nach Beschluß der Alliierten Übergabe des Kreuzers an die UdSSR. Eingliederung in die Nordbaltenflotte.
02.01.1946	In Wilhelmshaven auf NÜRNBERG die Seekriegsflagge der UdSSR gehißt und Auslaufen nach Libau mit 250 Mann deutscher und 122 Mann sowjetischer Besatzung.
09.01.1946	Übergabe des Kreuzers an die UdSSR.
13.02.1946	NÜRNBERG in ADMIRAL MAKAROW umbenannt.
13.03.1959	Außerdienststellung.
August 1959	Zerlegung und Verschrottung in den Kirow-(Putilov)-Werken in Leningrad (heute Sankt Petersburg)

Sowjetischer Kreuzer ADMIRAL MAKAROW
(ex NÜRNBERG)

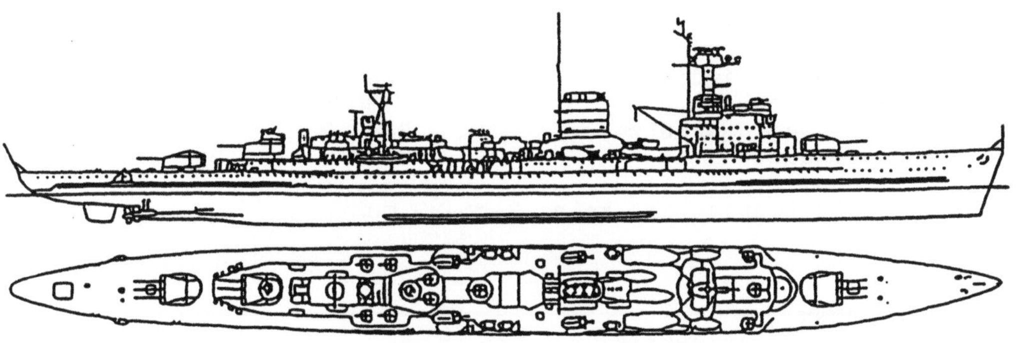

Änderungen am Kreuzer ADMIRAL MAKAROW

Reparaturen und Änderungen der Maschine und Feuerleitanlagen sind
im Lebenslauf ADMIRAL MAKAROW angegeben (siehe dort).

Bewaffnung:
  Weiter verwendete deutsche Bewaffnung:

  9   15-cm-SK   in 3 Drillingstürmen
  8   8,8-cm-SK   in 4 Doppellafetten
  8   2-cm-Fla.MK   in 2 Vierlingslafetten

  Wahrscheinlich anfangs noch 2 Torpedorohr-Drillingssätze 53,3 cm

  Ab Mai 1952 dazu die sowjetischen Geschütze:

  20   3,7-cm-SK in 10 Doppellafetten (Typ L/63 W-11-M)

       Anfangsgeschwindigkeit v_0 880 m/s
       Feuergeschwindigkeit   180 Schuß/min
       Geschoßmasse   730 g
       Masse des Geschützes   3400 kg
       Schußweite   3250 m

  Ab 1957 als Schulschiff keine 2-cm-MG mehr.

Funkmeßanlagen:
(NATO-Bezeichnungen kursiv)
  Es wurden sowjetische Anlagen installiert:
  Auf der Gefechtsmaststange anfangs ein "Redan-2" (*Swordfish*)
  (britischer Typ 285-Radar), später ein "*Half Bow*" als Feuer-
  leitradar.
  Vor dem Gefechtsmast anfangs ein "Rif", später ein "*Skin
  Head*" als Navigations- und Seeraumüberwachungsradar.

  Auf dem achteren Mast anfangs ein "Guis-2 M" (*Cross Bird*)
  (britischer Typ 291-Radar), später ein "*Sea Gull*"-(britischer
  Typ 193-Radar) als Luftraumüberwachungsradar.

Beiboote:
  Ganz oder teilweise gegen sowjetische ausgetauscht.

Schornstein:
  Die Schornsteinplattform wurde entfernt.

Kennungen der ADMIRAL MAKAROW

[nach Whitley (1982)]

Die Kennungen wurden jeden Jahres am 30. April ausgegeben.

1954/55	46
1955/56	36
1956/57	98
1957/58	47
1958/1959	96
ab 1. Mai 1959	keine Kennung mehr.

Beim Autor liegen Fotos mit den Kennungen   46, 36, 47 und 96 vor.

Kommandanten des Kreuzers ADMIRAL MAKAROW

28. November 1945	FKapt.	Workow, Sergeij S.
22. September 1947	Kapt.z.S.	Wasilijew, Wladimir P.
13. Januar 1949	Fkapt.	Gorschenin, Iwan J.
08. Mai 1951	Kapt.z.S.	Lochowin, Alexander M.
22. Juli 1953	FKapt.	Borisow, Gawril G.
10. Januar 1957	FKapt.	Scharschkin, Nikolai G.

Admirals-Besuche auf ADMIRAL MAKAROW

29. Mai 1948	Adm.	Jumanschew, J. S.
16. Mai 1953	VAdm.	Wladimirow
18. August 1953	FlottenAdm.	Kusnezow, Nikolai G.

Offiziere des Überführungskommandos für die Fahrt von Wilhelmshaven nach Libau im Januar 1946

Kmdt.	FKapt.	Workow
I.O.	KKapt.	Dischlewoi
N.O.	KptLt.	Ostrogradski
B.N.O.	KptLt.	Gawrilow
FT.O.	Lt.	Kalmikow
L.I.	KKapt.(Ing.)	Jakowlaw
E.I.	Lt.(Ing.)	Orlow
Dolmetscher	OLt.	Kostuchenkow

NÜRNBERG (III)
Leichter Kreuzer

Verdrängung max. 8900 ts, Länge 181,3 m, Breite 16,46 m, Tiefgang 5,84 m.
Geschwindigkeit 32 kn, 2 Turbinen 66075 WPS, 4 doppeltwirkende
Siebenzylinder-Zweitakt-Umkehr-Dieselmotoren 12.600 PSe.
Bewaffnung 1935–1946: 9 x 15 cm-Geschütze und 8 x 8,8 cm-Fliegerabwehrkanonen (Flak).
Zusätzlich 1935: 8 x 3,7 cm-Flak, 4 x 2 cm-Flak, 12 x 53,3 cm-Torpedorohre
und 1945: 4 x 4 cm-Flak, 4 x 3,7 cm-Flak, 29 x 2 cm-Flak, 6 x 53,3 cm-Torpedorohre.
Bordflugzeuge: 2 He 60 C von 1936-1940, 2 Ar 196 A 1940-1941. Ab 1940 Funkmeßgeräte.
Stapellauf 8. Dezember 1934, Indienststellung 2. November 1935.
Besatzung 1936: 673 (als Flaggschiff 756), 1945: 896.
Nach dem Zweiten Weltkrieg gelangte NÜRNBERG als Kriegsbeute an die Sowjetunion.
Dort wurde das Schiff im aktiven Flottendienst und auch als Schulschiff eingesetzt.
Es erhielt den Namen ADMIRAL MAKAROW. Am 20. Februar 1959 Beschlußfassung
zur Außerdienststellung und Abwrackung und am 13. März 1959 Ausstieg der Besatzung.
Die Bautafel des Leichten Kreuzers ”NÜRNBERG / ADMIRAL MAKAROW“ überreichte
die ”Bordgemeinschaft Kreuzer NÜRNBERG“ im Mai 2001 dem Deutschen Marine-
bund e.V..   Anläßlich des 22. Bordtreffens in Laboe im September 2000 hatte diese die
Bautafel vom ehemaligen Besatzungsmitglied der ”NÜRNBERG“
Otto Navara aus Wien erhalten. Er hatte die Tafel unter großen
Schwierigkeiten von St.Petersburg (Rußland) nach Deutschland zurückgeholt.

Bautafel des Kreuzers NÜRNBERG.
Diese wurde im Jahr 2000 vom ehemaligen Bordmitglied Otto Navara, Wien
aus Rußland zurückgebracht und hängt jetzt in der „Historischen Halle“ des
Marineehrenmals Laboe.

Lebensläufe

Kleiner Kreuzer S.M.S. NÜRNBERG I

Gösch   Kaiserlixhe Kriegsflagge

10.04.1908 bis 08.12.1914

16.01.1906   Kiellegung und Baubeginn als Ersatz für BLITZ auf der Helling der Kaiserlichen Werft Kiel. Baunummer: 32

28.08.1906   Taufe und Stapellauf.

10.04.1908   Indienststellung in Kiel.

30.04.1908   Beginn der Probefahrten.

04. bis 05.06.1908
      Zur Teilnahme an den Übungen der Hochseeflotte wurde der damalige bayerische Thronanwärter, Prinz Ludwig, auf NÜRNBERG eingeschifft.

25. bis 26.06.1908
      Eine Abordnung aus der Patenstadt Nürnberg auf dem Kreuzer zu Besuch.

03.07.1908   Erprobungen beendet. Wegen Personalmangels NÜRNBERG in Wilhelmshaven außer Dienst gestellt und aufgelegt.

01.02.1910   Nach erfolgter Ausrüstung für den Kreuzerdienst in Übersee in Dienst gestellt.

14.02.1910   Wilhelmshaven ausgelaufen zum Marsch nach Ostasien, um dort beim Kreuzergeschwader den Kleinen Kreuzer ARCONA abzulösen.

05.04.1910   In Singapore, dem Stationsbereich, eingetroffen.

Ende Mai 1910
      Beginn von Besuchen verschiedener ostasiatischer Häfen.

16.07.1910   NÜRNBERG gemeinsam mit dem Flaggschiff, dem Großen Kreuzer SCHARNHORST, auf den Samoa-Inseln eingetroffen.

09.09.1910   Mit dem Vermessungsschiff PLANET im Schlepp werden die Samoa-Inseln verlassen.

24.09.1910   In Singapore eingelaufen, wo wenig später die Reparaturarbeiten an der schwer havarierten Kesselanlage von PLANET begannen.

Ende 1910 bis Oktober 1912
       Kreuzfahrten einzeln oder im Verband des Ostasiengeschwaders im gesamten asiatischen
       Einsatzgebiet.

13.10.1912   In Tsingtau Beginn einer großen und mehrere Monate dauernder Werftreparaturzeit.
Frühjahr 1913
       Beginn des erneuten, routinemäßigen Einsatzes im Stationsgebiet.

16.10.1913   NÜRNBERG erhält den Befehl, wegen der Unruhen in Mexiko sofort an die Westküste des
       Landes zu gehen.

08.11.1913   In den mexikanischen Hafen La Paz eingelaufen, von dem aus in der Folgezeit, zum Teil
       gemeinsam mit Kriegsschiffen aus den USA, Großbritannien und Japan, zahlreiche Häfen
       besucht wurden. Ein Eingreifen des Kreuzers zum Schutze deutscher, österreich-ungarischer
       und schweizer Bürger und Interessen wird jedoch nicht notwendig.

Juni 1914   In Panama eingelaufen und festgemacht. Hier Durchführung eines Besatzungswechsels und
       der Nachschubübernahme.

07.07.1914   In Mazatlán mit dem Kleinen Kreuzer LEIPZIG, der zur Ablösung der NÜRNBERG aus
       Deutschland gekommen war, zusammengetroffen. Wegen des schlechten Kesselzustandes
       war NÜRNBERG zunächst nicht mehr einsatzbereit.

14. bis 18.07.1914
       In San Francisco (USA) zur Kesselreparatur eingedockt.

18.07.1914   San Francisco ausgelaufen zum Marsch über Honolulu nach Apia, wo NÜRNBERG mit den
       Großen Kreuzern SCHARNHORST und GNEISENAU zusammentreffen sollte. Auf der
       Fahrt zum Treffpunkt aber Eingang des Funkbefehls, wegen der sich schnell verschlechternden
       politischen Lage direkt nach Tsingtau zu laufen.

06.08.1914   Während der Fahrt dorthin in Ponape eingelaufen und hier mit den beiden Großen Kreuzern
       vereinigt. Am selben Tag liefen die drei Schiffe wieder aus.

12.08.1914   In den Hafen von Pagan (Marianen-Inseln) eingelaufen, dem Treffpunkt mit dem Kleinen
       Kreuzer EMDEN, dem Tender TITANIA und Troßschiffen.

13.08.1914   Auslaufen des gesamten Geschwaders aus Pagan.

19.08.1914   In Eniwetok (Marshall-Inseln) eingelaufen und geankert.

22.08.1914   NÜRNBERG läuft allein zur Fahrt nach Honolulu aus. Um Postsachen zu befördern und
       Nachrichten vom Admiralstab einzuholen.

01.09.1914   In Honolulu eingelaufen. Infolge der schlechten Erfahrungen hinsichtlich der Neutralität der
       USA noch am gleichen Abend wieder ausgelaufen. Rückkehr zum Geschwader.

06.09.1914   Westlich der Washington-Inseln mit dem Geschwader wieder vereint. Der Geschwaderchef
       erteilt NÜRNBERG den Befehl, zusammen mit TITANIA das australisch-kanadische Kabel
       bei der Insel Fanning zu zerstören.

08.09.1914   Nach durchgeführter Aufgabe treffen NÜRNBERG und TITANIA vor den Christmas-Inseln
       wieder mit dem Geschwader zusammen.

Sept. 1914   An einer Unternehmung des Geschwaders gegen die Samoa-Inseln nimmt NÜRNBERG nicht
       Teil. Sie geleitet die Troßschiffe zur Insel Nukuhiwa (Marquesas-Inseln). Von dort geht der
       Marsch weiter über die Oster-Inseln und die Juan-Fernandez-Gruppe zur chilenischen Küste.

01.11.1914 Beteiligung am Seegefecht gegen ein englisches Geschwader bei Coronel, zunächst ohne anzugreifen. Abends jedoch Verfolgung des schwer beschädigten englischen Panzerkreuzers MONMOUTH, der gegen 21 Uhr versenkt wird.

03.11.1914 NÜRNBERG mit SCHARNHORST und GNEISENAU in Valparaiso (Chile) eingelaufen.

04.11.1914 Wieder ausgelaufen. Anschließend mit dem Geschwader im Ostpazifik.

18. bis 20.11.1914
Marsch mit dem Geschwader von Valparaiso zur St.-Quentin-Bucht (Westfeuerland). Von dort alsbald Fortsetzung des Marsches in den Atlantik.

02.12.1914 Kap Hoorn mit östlichem Kurs passiert.

03. bis 06.12.1914
Kohleübernahme von deutschen Versorgungsschiffen. Anschließend mit dem Geschwader Beginn des Marsches nach den Falkland-Inseln zu einem Raid gegen den englischen Hafen Port Stanley.

08.12.1914 Am Morgen werden GNEISENAU und NÜRNBERG durch den Geschwaderchef, Vizeadmiral Graf von Spee, detachiert zur Zerstörung des Hafens. Dort werden außer dem Panzerkreuzer KENT auch die Masten britischer Schlachtkreuzer gesichtet. GNEISENAU und NÜRNBERG werden daraufhin von Graf von Spee zurückgerufen. Der Verband versucht nun, vor dem weit überlegenen Gegner mit Höchstfahrt abzulaufen. Gegen 13.00 Uhr holen die verfolgenden englischen Schlachtkreuzer INFLEXIBLE und INVINCIBLE das deutsche Geschwader ein und eröffnen das Feuer. Gegen 13.25 erfolgt durch Vizeadmiral Graf von Spee die Entlassung der Kleinen Kreuzer, die auf südlichen und südöstlichen Kursen versuchen sollen zu entkommen, während sich die beiden Großen Kreuzer dem Gegner stellen. Wegen des sehr schlechten Zustandes der Kessel und Maschinen konnte NÜRNBERG keine Höchstfahrt laufen, und der verfolgende Panzerkreuzer KENT kam am Nachmittag so nahe heran, daß er das Artilleriefeuer eröffnen konnte. NÜRNBERG wurde schwer getroffen und begann zu sinken. Um 18.30 gibt der Kommandant Kapt.z.S. von Schönberg, Befehl zur Sprengung des Schiffes. 19.27 Uhr NÜRNBERG auf Position 53°28' Süd und 55°04' West gesunken. 327 Besatzungsangehörige fanden den Tod, lediglich 7 Mann wurden durch die Engländer gerettet.

Nach englischen Beobachtungen und Berichten hielten auf dem sinkenden Schiff eine Zeitlang vier Männer an einer Stenge eine Bootsflagge hoch, eine Szene, die in Unkenntnis des erst nach Ende des ersten Weltkrieges in Deutschland bekannt gewordenen Sachverhaltes von Prof. Bohrdt in seinem Gemälde „Der letzte Mann" unzutreffend auf den Kleinen Kreuzer S.M.S. LEIPZIG bezogen wurde.

Kleiner Kreuzer S.M.S. NÜRNBERG II

Gösch   Kaiserliche Kriegslagge

15.02.1917 bis 21.06.1919

1915	Kiellegung und Baubeginn bei den Howaldtswerken, Kiel. Baunummer: 595 (Ersatz für THETIS)
14.04.1916	Taufe des Neubaues und Stapellauf.
15.02.1917	Indienststellung. Bald darauf Beginn der Probefahrten.
01.05.1917	Nach Beendigung der Erprobungen an diesem Tag zur II.Aufklärungsgruppe (II.A.G.) der Flotte getreten.
Juli und August 1917	Sicherungsdienst in der Nordsee. Wenig später Verlegung durch den Kaiser-Wilhelm-Kanal nach Kiel.
23.09.1917	Auslaufen aus Kiel zum Marsch in die östliche Ostsee, um dort am Ösel-Unternehmen der Flotte [Schlachtkreuzer MOLTKE mit dem Befehlshaber der Aufklärungsschiffe der Ostsee (B.d.A.d.O.), III. und IV. Geschwader, II.Aufklärungsgruppe (II.A.G.) sowie Torpedobooten, U-Booten, Minensuch- und Vorpostenbooten, Hilfs- und Troßschiffen] teilzunehmen. NÜRNBERG gehörte zur II.A.G. unter K.Adm. Ludwig von Reuter.
25.09.1917	In Libau eingelaufen und im Hafen festgemacht.
11.10.1917	Aus Libau ausgelaufen mit Heeressoldaten an Bord und zur Sicherung der Transportdampfer ORON, SANGERA, CORALIE HÖRLOCK, BORDERLAND und eines Kohlendampfers.
12.10.1917	In der Taggabucht geankert und Heeresangehörige angelandet.
24.10.1917	Anker gelichtet. Beginn des Marsches nach Libau.
25.10.1917	Libau eingelaufen. Nach wenigen Stunden wieder ausgelaufen zum Marsch über Kiel in die Nordsee.
27.10.1917	In der Nordsee eingetroffen. Wiederaufnahme des Sicherungsdienstes.
17.11.1917	Bei der Teilnahme an einer sogenannten Stichfahrt mit Teilen der Flotte außerhalb der Linie Terschelling-Hornsriff Gefechtsberührung mit Teilen der britischen Heimatflottee (Homefleet) [5 Schlachtkreuzer, 2 Große Kreuzer, 9 Kleine Kreuzer und 18 Zerstörer]. Im Artilleriegefecht erhielt NÜRNBERG einige leichte Treffer, durch die es an Bord einen Toten und neun Verwundete gab.

18.11.1917   In Wilhelmshaven eingelaufen.

Ende November 1917 bis Ende März 1918
       Weitere Einsätze mit dem II.A.G. zur Sicherung der Deutschen Bucht. Anschließend
       Verlegung durch den Kaiser-Wilhelm-Kanal nach Kiel.

29.03.1918   Beginn einer knapp sechs Wochen dauernden Werftliegezeit in den Howaldtswerken, Kiel.

06.05.1918   Werftliegezeit beendet. Rückkehr in die Nordsee.

10.05.1918   Mit Minen beladen aus Wilhelmshaven ausgelaufen, um im Verband der II.A.G. am Auslegen
       einer Minenschutzsperre in der inneren Deutschen Bucht teilzunehmen.

13.05.1918   Wieder in Wilhelmshaven eingelaufen.

Mai bis Oktober 1918
       Sicherungsdienst in der inneren südlichen Nordsee.

19.07.1918   Teilnahme am Versuch deutscher Seestreitkräfte, in der südlichen Nordsee den englischen
       Flugzeugträger FURIOUS zu stellen. Dessen Flugzeuge hatten zuvor den deutschen Luft-
       schiffsstützpunkt Tondern angegriffen. Der Vorstoß der deutschen Einheiten ging jedoch
       ins Leere.

29. bis 30.10.1918
       NÜRNBERG wird bereitgestellt zur Teilnahme an einer beabsichtigten, aber aufgegebenen
       Flottenunternehmung gegen die britische Heimatflotte.

November 1918
       Gemäß den Waffenstillstandsbedingungen wird NÜRNBERG dem Schiffsverband zugeteilt,
       der im britischen Hoheitsbereich zu internieren ist.

19.11.1918   Aus Wilhelmshaven ausgelaufen.

27.11.1918   In der Bucht von Scapa Flow eingetroffen und im südlichen Teil nahe der Insel Cava geankert.

21.06.1919   Bei der Selbstversenkung der deutschen internierten Flotte, herbeigeführt durch den Befehl von
       Konteradmiral von Reuter, gelang es der Besatzung des englischen Zerstörers WESTCOTT,
       an Bord der NÜRNBERG zu gelangen und die Ankerketten zu slippen. Im sinkenden Zustand
       trieb der Kreuzer vor der Insel Cava im flachen Wasser auf Grund. Bei der Selbstversenkung
       Hissung der „Kaiserlichen Kriegsflagge".

Juli 1919   Das Schiff wird von den Briten schwimmfähig gemacht und von der Untiefe abgeborgen..
       NÜRNBERG wird bei späteren britischen Artillerieschießversuchen als Zielschiff verwendet.

07.07.1922   Das Schiff wird bei der „Isle of Wight" versenkt.

Leichter Kreuzer NÜRNBERG III

Gösch

Reichsmarine-Kriegsflagge

02.11.1935 bis 06.01.1936

Gösch

Reichskriegsflagge

07.01.1936 bis 07.05.1945

Internationales Funkrufzeichen gemäß „Amtliche Liste
der deutschen Seeschiffe mit Unterscheidungssignalen"
Stand von 1.Januar 1939:   DTNG

Geheimes Funkrufzeichen nach „Geheime Marinefunk-
Liste" Stand 1943 (während des zweiten Weltkrieges
wahrscheinlich mehrfach geändert):   LPT

Flaggenname: 57

Morsename: NG

Feldpostnummer ab 1939:   M 21879

1927   Amtsentwürfe

1933   Amtsentwürfe

16.03.   Bauauftrag für den Kreuzer F als Ersatz für den Kleinen Kreuzer NYMPHE, erteilt an
                Deutsche Werke, Kiel A.G. (DWK).

04.11.   Kiellegung auf der Helling 2 der DWK. Baunummer: 234

1934

08.11.   Schiffstaufe auf den Namen NÜRNBERG, danach der Stapellauf. Die Taufrede hielt der
                Oberbürgermeister der Stadt Nürnberg Willy Liebel. Den Taufakt führte die Tochter des
                Kmdt. der NÜRNBERG I , Kapt.z.S. Karl von Schönberg †, durch.

1935

Oktober   Zwei Werftprobefahrten von Kiel aus in die westliche Ostsee. Einstieg der Besatzung.

02.11.   Indienststellung durch den Kmdt. Kapt.z.S. Hubert Schmundt. Es nahmen Gäste aus Staat
                und Partei teil. Die Reichsmarine-Kriegsflagge wurde gehißt.

02.11. – 15.11. Vervollständigungen im Marinearsenal Kiel, Erprobungen und Ausbildung.
                Der Erprobungsausschuß ist an Bord eingeschifft.

15.11. – 21.11. Erprobungen in Kiel an den Tonnen A 12 und A 11.

21.11. – 29.11. Erprobungen in der Kieler Bucht, im Großem Belt, Kattegat und Skagerrak.

29.11. – 11.12. Abstimm-Mole in Kiel und Kieler Bucht.

12.12. – 03.01. DWK Dock VI zu Restarbeiten. Schwarzer Schornsteinabschluß von nun an silbergrau.

1936

04.01. – 07.01. In Kiel an der Tonne A 12.

07.01.   Setzen der neuen Reichskriegsflagge. (SB II, S. 105).

08.01. – 07.02. Viermal in der Kieler Bucht mit dem eingeschifften Erprobungsausschuß gewesen.
                Dazwischen in Kiel an der Tonne A 7.

26.01. – 02.03. Abstimm-Mole in Kiel.

02.03. – 09.03. In Kiel an der Tonne A 7.

09.03. – 10.03. Von Kiel ausgelaufen nach Swinemünde. Dort auf Reede gelegen.

10.03. – 18.03. Zwecks Meilenfahrten in die Danziger Bucht und nach Pillau.

18.03. – 24.03. DWK und Blücherbrücke in Kiel.

24.03. – 27.03. In der westlichen Ostsee Brennstoffmeßfahrten bei einer Geschwindigkeit von 17 sm/h.
                Bei Bornholm Drehkreis-Erprobungen.

noch 1936

27.03. – 30.03.	In Kiel an den Tonnen A 7 und A 12.
30.03. – 03.04.	Erprobungen in der Eckernförder Bucht bei der Torpedoversuchsanstalt (TVA).
03.04. – 14.04.	DWK Liegeplatz 2.
09.04.	Der Befehlshaber der Aufklärungsstreitkräfte (B.d.A.) KAdm. Hermann Boehm schifft sich mit seinem Stab auf Kreuzer NÜRNBERG ein. NÜRNBERG wird damit neues Flaggschiff des B.d.A..
14.04. – 08.05.	Frühjahrsausbildungsreise in den Atlantik. Die Kreuzer LEIPZIG und Köln begleiten die NÜRNBERG.
21.04.	Ölübernahme im Atlantik.
23.04. – 26.04.	In Santa Cruz de Teneriffa (Kanarische Inseln).
30.04. – 04.05.	In Lissabon (Portugal).
04.05. – 08.05.	Atlantischer Ozean, Biskaya Bucht, Englischer Kanal und Deutsche Bucht.
08.05. – 11.05.	In Kiel an der Blücherbrücke.
11.05. – 13.05.	In der Kieler Bucht Artillerie-Seezielschießen.
13.05. – 18.05.	In Kiel an der Tonne A 7 und DWK Dock V zwecks Reparaturen.
18.05. – 19.05.	In der Eckernförder Bucht Erprobungen mit TVA.
19.05. – 22.05.	In Kiel an der Blücherbrücke.
22.05. – 23.05.	Fortsetzung der Erprobungen mit TVA in der Eckernförder Bucht.
23.05. – 28.05.	In Kiel an der Blücherbrücke und an der Tonne A 5.
28.05. – 29.05.	In Kiel an der Tonne A 5. Großer Flaggenschmuck aus Anlaß der Einweihung des Marineehrenmals in Laboe. Der Reichskanzler Adolf Hitler war kurz an Bord. Anschließend Teilnahme an Manövern und einer Flottenparade in der Kieler Bucht vor dem Reichskanzler.
29.05. – 03.06.	In Kiel an der Tonne A 5.
03.06. – 05.06.	In der mittleren Ostsee B.d.A.-Manöver.
05.06. – 08.06.	In Swinemünde an der Hohenzollernbrücke. Besichtigung durch die Bevölkerung.
08.06. – 17.06.	Fortsetzung der B.d.A.-Manöver in der mittleren Ostsee, Albeck Bucht, Skagerrak und Helgoländer Bucht.
15.06.	In der Nordsee steigt der Oberbefehlshaber der Kriegsmarine (Ob.d.M.) vom Aviso GRILLE auf NÜRNBERG über.
18.06. – 20.06.	Wilhelmshaven Reede und Fahrt durch den Kaiser-Wilhelm-Kanal (K.W.-Kanal).
20.06. – 22.06.	In Kiel an der Tonne A 5.

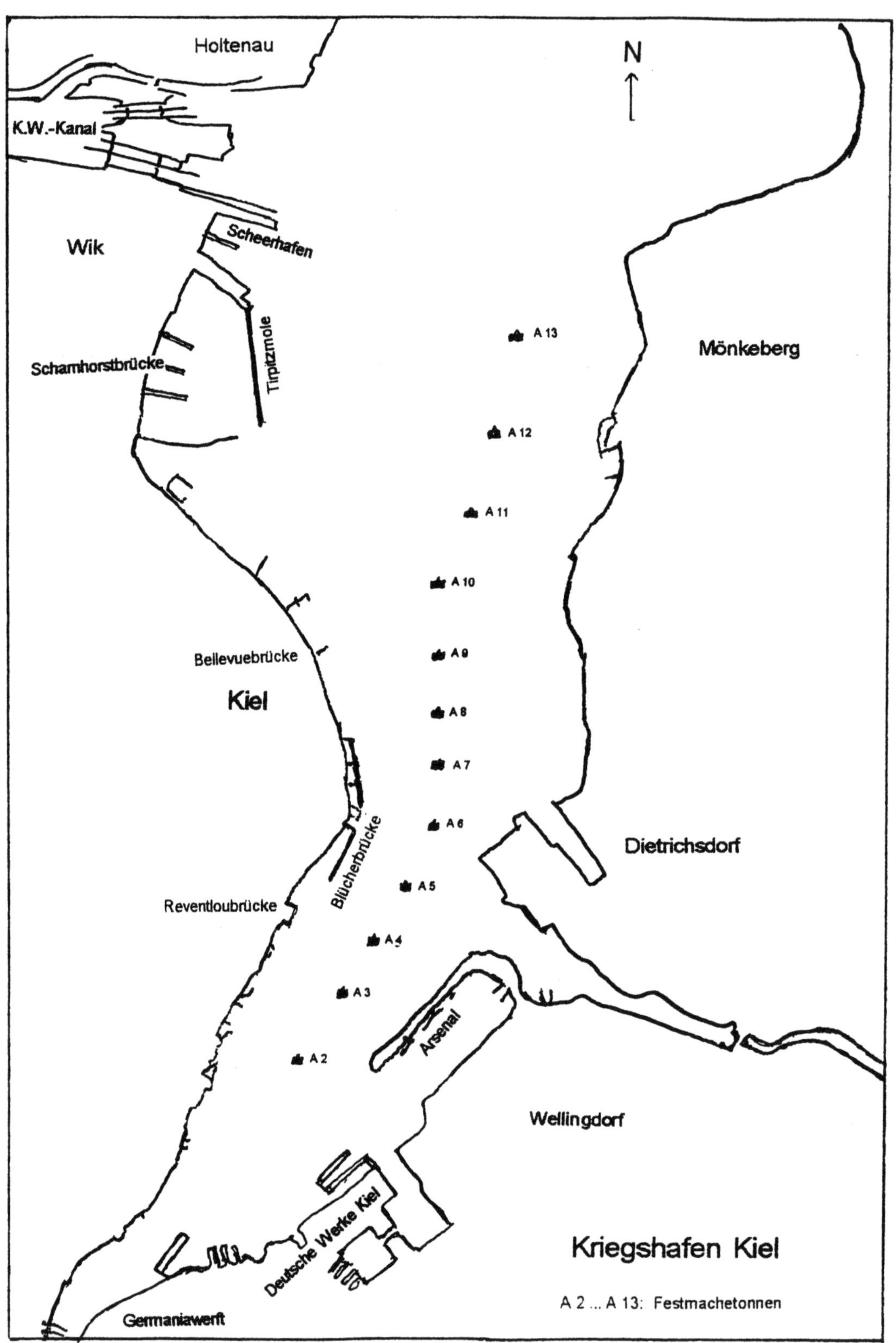

Holtenau
N
K.W.-Kanal
Wik
Scheerhafen
Tirpitzmole
Scharnhorstbrücke
Mönkeberg
A 13
A 12
A 11
Bellevuebrücke
A 10
Kiel
A 9
A 8
A 7
A 6
Blücherbrücke
Dietrichsdorf
A 5
Reventloubrücke
A 4
A 3
Arsenal
A 2
Wellingdorf
Deutsche Werke Kiel
Kriegshafen Kiel
Germaniawerft
A 2 ... A 13: Festmachetonnen

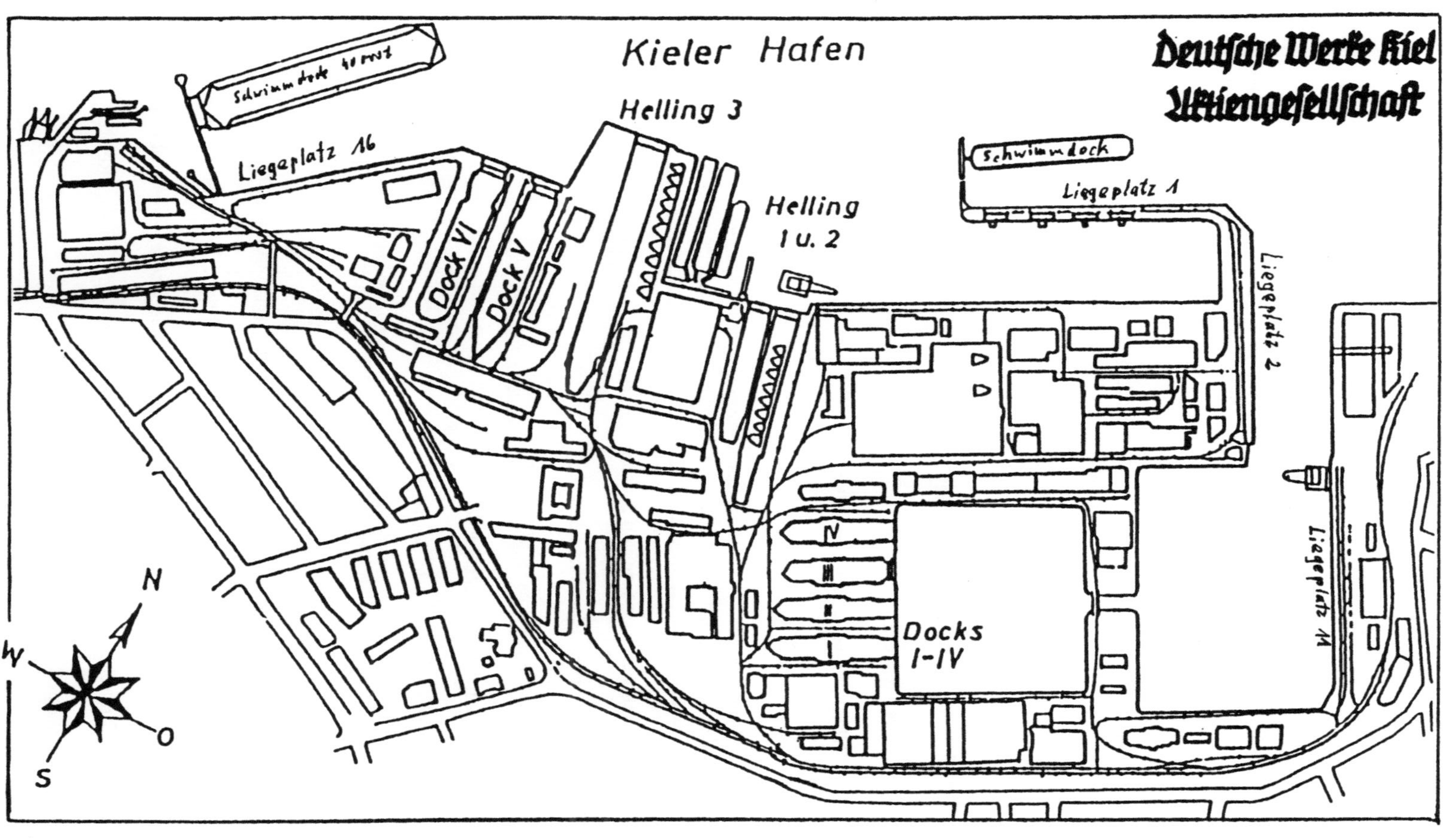

Kieler Hafen
Deutsche Werke Kiel
Aktiengesellschaft
Schwimmdock to rust
Helling 3
Schwimmdock
Liegeplatz 16
Liegeplatz 1
Helling 1 u. 2
Dock VI
Dock V
Liegeplatz 2
Docks I–IV
Liegeplatz 11
N
W
O
S

noch 1936

22.06. – 04.07.	DWK Dock VI.
04.07. – 03.08.	DWK Liegeplatz 2.
04.08. – 05.08.	In Kiel an der Tonne A 5.
06.08. – 13.08.	Brennstoffmeßfahrten in der Swinemünder und Danziger Bucht. In Pillau eingelaufen. Fahrt durch den Seekanal und dann zurück nach Kiel. An der Tonne A 8 festgemacht.
15.08. – 19.08.	DWK Dock VI.
20.08. – 09.10.	Aufenthalt in spanischen Gewässern für deutsche Belange anläßlich des dortigen Bürgerkrieges. 1. Spanieneinsatz.
20.08.	In Kiel an der Tonne A 3. und K.W.-Kanal.
21.08.	In der Nordsee.
22.08.	Englischer Kanal und Biskaya.
23.08.	In der Biskaya.
24.08.	Westküste von Spanien und Portugal.
25.08.	Westliches Mittelmeer.
26.08. – 27.08.	Alicante Reede. Übernahme des Kommandos der in Spanien eingesetzten Einheiten der Kriegsmarine durch den B.d.A. KAdm. H.Boehm vom Befehlshaber der Panzerschiffe (B.d.P.) KAdm. R.Carls.
28.08.	Mittelmeer, Ostküste von Spanien.
29.08.	Mittelmeer, Barcelona Reede.
30.08. – 31.08.	Mittelmeer, Palma de Malorca.
01.09. – 03.09.	Mittelmeer, Alicante Reede.
04.09.	Mittelmeer, Ostküste Spaniens.
05.09.	Straße von Gibraltar und Atlantischer Ozean.
06.09. – 08.09.	Tanger Reede, Atlantischer Ozean westlich von Spanien, Tanger Reede.
09.09.	Straße von Gibraltar, Mittelmeer, Malaga Reede und Almeria Reede.
10.09. – 11.09.	Mittelmeer, Straße von Gibraltar, Atlantischer Ozean, Westküste Spaniens.
12.09.	Atlantischer Ozean, Westküste Marokkos, Larache Reede, Westküste Spaniens.
13.09. – 19.09.	Atlantischer Ozean, Straße von Gibraltar, Mittelmeer, Alicante Reede.
20.09.	Malaga Reede.
21.09. – 23.09.	Chipiona Reede, Atlantik , Westküste Spaniens.

noch 1936

24.09. – 26.09.	Malaga Reede, Cartagena Reede, Malaga Reede.
26.09. – 27.09.	Tanger Reede.
28.09. – 30.09.	Malaga Reede, Alicante Reede, Barcelona Reede.
01.10. – 03.10.	Alicante Reede.
04.10.	Melilla Reede.
05.10.	Cadiz Reede. Der B.d.A. wird durch den B.d.P. abgelöst.
09.10. – 02.11.	In Kiel an der Tonne A 3.
12.10.	Kmdt.-Wechsel: Kapt.z.S. Riedel löst Kapt.z.S. Schmundt ab.
02.11. – 08.11.	Kieler Bucht. Artillerieabschnitt der 15-cm-Türme.
09.11. – 19.12.	Aufenthalt in spanischen Gewässern für deutsche Belange anläßlich des dortigen Bürgerkrieges. 2. Spanieneinsatz.
09.11.	In Kiel an der Tonne A 3 und K.W.-Kanal.
10.11. – 11.11.	Nordsee und Englischer Kanal.
11.11. – 12.11.	In der Nacht erhielt das Schiff infolge schweren Wetters in der Biskaya (Westausgang des Englischen Kanals) erhebliche Sturmschäden und Spantenbrüche.
13.11.	In der Biskaya Post- und Nachrichtenaustausch mit dem Kreuzer KÖLN.
14.11.	In der Arosa Bucht übernimmt der B.d.A. die Amtsgeschäfte als Befehlshaber der Spanienseestreitkräfte (B.d.Sp.) vom B.d.P. KAdm. R.Carls auf DEUTSCHLAND.
15.11. – 17.11.	Atlantischer Ozean, Westküste Spaniens und Portugal. Postaustausch mit KÖLN.
18.11.	Cadiz Bucht und Reede.
19.11. – 20.11.	Tanger Reede.
21.11.	Südküste Spanien und Portugal.
22.11.	Cadiz Reede und Bucht.
23.11.	Westliches Mittelmeer, Süd- und Ostküste Spaniens.
29.11. – 06.12.	Mellila Reede, Mittelmeer, Ceuta Reede, Mittelmeer, Palma Reede, Mittelmeer. Mellila Reede und wieder Ceuta Reede.
07.12.	Gibraltar Bucht und westliches Mittelmeer. Treffen mit Kreuzer KÖNIGSBERG.
08.12. – 10.12.	Hafen von Ceuta.
11.12. – 13.12.	Mellila Reede, Cadiz Reede und Bucht, Tanger Reede und wieder Cadiz.
14.12.	Westküste Spanien und Portugal.

noch 1936

15.12. – 16.12.	Atlantischer Ozean und Arosa Bucht, Hafen von Ferrol. Dienstgeschäftsübergabe vom B.d.A. zum B.d.P. KAdm. H. von Fischel auf Panzerschiff ADMIRAL GRAF SPEE.
17.12. – 18.12.	Biskaya und Englischer Kanal.
19.12.	Nordsee und K.W.-Kanal. Festmachen in KIEL an der Blücherbrücke.
20.12. – 04.01.	In Kiel an der Blücherbrücke.

1937

05.01. – 27.02.	DWK Dock VI. Vier neue Längsspante eingezogen.
28.02. – 02.03.	In Kiel im Scheerhafen.
02.03. – 03.03.	In Kiel an der Tonne A 11.
04.03. – 05.03.	Westliche Ostsee.
05.03. – 06.03.	In Kiel an der Tonne A 3.
06.03. – 05.04.	DWK Liegeplatz 16. Havarie der Stb.-Hochdruckturbine.
05.04. – 09.04.	Kieler Bucht mit dem Artillerieversuchskommando (AVK).
10.04. – 13.04.	In Kiel an der Tonne A 3.
14.04. – 18.04.	Mittlere Ostsee mit dem AVK.
19.04. – 24.04.	In Kiel an der Tonne A 3.
24.04. – 19.05.	Aufenthalt in spanischen Gewässern. Kontrollfahrten vor Cartagena, laut Abmachung des Nichteinmischungsausschusses in London. 3. Spanieneinsatz.
25.04.	Südliche Ostsee.
26.04. – 28.04.	Englischer Kanal, Biskaya und Westküste von Portugal.
29.04. – 11.05.	Mittelmeer. Der B.d.A. übernimmt die Amtsgeschäfte.
12.05. – 13.05.	Tanger Reede und Westküste Spaniens.
14.05.	Cadiz Reede. Der B.d.P. KAdm. H. von Fischel auf DEUTSCHLAND übernimmt die Amtsgeschäfte vom B.d.A..
15.05. – 17.05.	Westküste von Portugal, Biskaya und Englischer Kanal.
18.05.	Nordsee und K.W.-Kanal.
19.05. – 24.05.	In Kiel an der Blücherbrücke.
25.05. – 26.05.	Flakschießen in der Kieler Bucht.
27.05. – 01.06.	In Kiel an der Tonne A 3.

noch 1937

01.06. – 03.06.	Wilhelmshaven Reede.
04.06.	Während einer Flottenschau Vorbeifahrt am Aviso GRILLE.
07.06. – 08.06.	In Kiel an der Tonne A 3.
09.06. – 11.06.	Sperrübungs-Manöver in der Kieler Bucht.
12.06. – 17.06.	In Kiel an der Tonne A 3.
17.06. – 07.08.	Aufenthalt in spanischen Gewässern für deutsche Belange anläßlich des dortigen Bürgerkrieges. 4. Spanieneinsatz.
18.06. – 20.06.	Nordsee, Englischer Kanal und Biskaya.
21.06. – 22.06.	El Ferrol und Westküste von Spanien und Portugal.
23.06.	Lagos Reede. Der B.d.A. VAdm. H.Boehm übernimmt die Amtsgeschäfte als B.d.Sp..
24.06. – 26.06.	Gemeinsam mit dem Panzerschiff ADMIRAL SCHEER und Torpedobooten (T-Boote) im westlichen Mittelmeer.
27.06. – 02.07.	Tanger Reede und anschließend Verbandsübungen mit ADMIRAL GRAF SPEE und T-Booten im Atlantik.
03.07. – 14.07.	Cadiz Reede, westliches Mittelmeer und Cagliari Reede.
15.07. – 17.07.	Neutralitätskontrollen im westlichen Mittelmeer.
18.07. – 29.07.	Tanger Reede, Atlantischer Ozean, Lagos Reede und Atlantischer Ozean.
30.07. – 01.08.	Gibraltar Reede und Tanger Reede.
02.08.	In Lagos Übergabe der Amtsgeschäfte an den Flottenchef Adm. R.Carls durch den B.d.A..
02.08. – 07.08.	Atlantischer Ozean, Englischer Kanal, Nordsee, K.W.-Kanal, Kiel Blücherbrücke.
08.08. – 15.08.	In Kiel an der Tonne A 3.
16.08. – 20.08.	Flottentorpedoschießen in der Mecklenburger Bucht.
21.08. – 24.08.	In Kiel an der Tonne A 3.
25.08. – 27.08.	Artillerieschießen der Flotte in der mittleren Ostsee.
27.08. – 30.08.	In Swinemünde am Eichstaden. Besichtigung durch die Bevölkerung.
30.08. – 01.09.	Artillerieschießen in den Gewässern um Rügen.
01.09. – 05.09.	In Kiel an der Tonne A 3.
05.09. – 06.09.	K.W.-Kanal.
06.09. – 10.09.	In der Nordsee finden die Herbstmanöver der Flotte statt.

noch 1937

10.09. – 13.09. Wilhelmshaven.

16.09. – 18.09. In Kiel an der Tonne A 3.

19.09. – 22.09. Wehrmachtsmanöver in der mittleren Ostsee.

22.09. – 24.09. In Kiel an der Tonne A 3.

24.09. – 26.09. Mittlere Ostsee.

26.09. – 27.09. Parade der Manöverteilnehmer vor dem scheidenden B.d.A. VAdm. H.Boehm, der sich
auf dem Aviso GRILLE eingeschifft hat. Teilnehmer Panzerschiffe DEUTSCHLAND
und ADMIRAL GRAF SPEE, Kreuzer NÜRNBERG, LEIPZIG, KÖNIGSBERG und
KARLSRUHE, Zerstörer LEBERECHT MAASS, RICHARD BEITZEN, GEORG
THIELE und MAX SCHULTZ, Torpedoboote GREIF, FALKE, KONDOR und
MÖVE und Schulschiff BRUMMER. Dann in Swinemünde.

28.09. NÜRNBERG läuft mit dem wieder eingestiegenen B.d.A. nach Kiel. Dort an Tonne A 3.

29.09. – 15.11. DWK Liegeplatz 16. Dabei Kmdt.-Wechsel: Kapt.z.S Krastel löst Kapt.z.S. Riedel ab.

16.11. – 18.11. Scheerhafen in Kiel.

19.11. – 24.11. In Kiel an den Tonnen A 11 und A 3.

25.11. – 27.11. Westliche Ostsee, Großer Belt, Skagerrak zur Nordsee.

28.11. – 29.11. In Wilhelmshaven.

30.11. – 01.12. Einzelübungen in der Nordsee. K.W.-Kanal.

01.12. – 05.12. In Kiel an der Tonne A 3.

06.12. – 18.12. In der Mecklenburger Bucht Fahrübungen mit LEIPZIG, KARLSRUHE und KÖLN
und Torpedoschießabschnitt.

18.12. – 21.12. In Kiel an der Tonne A 3.

22.12. – 04.01. DWK Liegeplatz 16. Reparaturen.

1938

05.01. – 07.01. In der westlichen Ostsee für das AVK.

08.01. – 12.01. In Kiel an der Tonne A 3.

13.01. – 14.01. In der westlichen Ostsee.

13.01. – 18.01. In Kiel an der Scharnhorstbrücke.

19.01. – 21.01. K.W.-Kanal, Nordsee.

22.01. – 23.01. In Hamburg an der Überseebrücke.

24.01. – 28.01. Helgoland Reede und Deutsche Bucht für den Führer der Luftstreitkräfte (See).

noch 1938

29.01. – 30.01.	In Kiel an der Tonne A 3.
31.01. – 02.02.	Westliche Ostsee und Howachter Bucht.
02.02. – 07.02.	In Kiel an der Scharnhorstbrücke.
08.02. – 17.02.	Gewässer um Rügen und mittlere Ostsee zum Flak- und Artillerieschießen.
23.02. – 24.02.	Eckernförder Bucht zwecks Torpedoschießabschnitt.
25.02.	In Kiel.
26.02. – 27.02.	Flensburg-Mürwik.
28.02. – 01.03.	Kieler Bucht. Einzelübungen und Schleppübungen mit Kreuzer LEIPZIG.
02.03. – 04.03.	Einzelgefechtsausbildung in der Mecklenburger Bucht.
05.03. – 10.03.	In Kiel an der Tonne A 3 und DWK Dock VI.
11.03.	Gewässer um Rügen.
12.03. – 14.03.	In Swinemünde am Hohenzollernbollwerk. Öffentliche Flottenschau.
15.03. – 20.03.	B.d.A.-Übungen in der mittleren Ostsee.
21.03. – 23.03.	In Kiel an der Blücherbrücke.
24.03. – 25.03.	Gefechtsbesichtigung in der Kieler Bucht.
26.03. – 28.03.	In Kiel an der Tonne A 3.
28.03. – 30.03.	K.W.-Kanal, Hamburg (Stapellauf des KdF-Schiffes ROBERT LEY), K.W.-Kanal.
30.03. – 23.05.	Werftliegezeit bei DWK. Dabei Laurinstand mit Plattform abgebaut.
23.05. – 30.05.	In Kiel an Probefahrttonne.
30.05.	Probefahrt in der Kieler Bucht.
30.05. – 08.06.	Dietrichsdorf (Munitionsübernahme), Tonne A 11 (Funkbeschickung), Blücherbrücke.
08.06. – 10.06.	Westliche und mittlere Ostsee. Höchstfahrt bei Bornholm erreicht.
10.06. – 12.06.	In Kiel an der Tone A 3 und dann an der Tonne A 11 zur Funkbeschickung.
12.06. – 23.06.	K.W.-Kanal, Deutsche Bucht, Elbe, K.W.-Kanal.
24.06. – 30.06.	Ausbildungsreise nach Norwegen. Großer Belt, Kattegat.
01.07. – 13.07.	Romsdalfjord, Andalsnes, Divisionsbesichtigungen durch den Kmdt., Kattegat.
14.07. – 19.07.	In Kiel an der Tonne A 3.
19.07. – 28.07.	Flottentorpedoschießen in der Mecklenburger Bucht. Kurz geankert vor Grömitz.

noch 1938

28.07. – 08.08. In Kiel im Scheerhafen. Abstimmen der Feuerleitanlagen und Munitionsübernahme.

09.08. – 12.08. Abkomm- und Kaliberschießen in der Pommerschen Bucht.

13.08. – 15.08. Vor Binz geankert zum Besuch des Seebades.

15.08. – 17.08. Kaliberschießen mit den 15-cm-Türmen.

17.08. – 19.08. In Kiel an der Blücherbrücke.

22.08. In der Kieler Germaniawerft erfolgt die Taufe und der Stapellauf des Schweren Kreuzers PRINZ EUGEN im Beisein des Reichskanzlers Adolf Hitler, des Reichsverwesers für das Königreich Ungarn, KAdm. a.D. Horthy de Nagybánya, und der gesamten Staats-, Partei- und Wehrmachtsführung des Deutschen Reiches.
Vormittags Auslaufen fast aller Einheiten der Kriegsmarine aus Kiel zur Teilnahme an einer großen Flottenparade in der Kieler Bucht. Die Schiffe und Verbände fuhren in einer langen Kiellinie. Die Besatzungen sind in Paradeaufstellung nach Stb.-Seite angetreten. Die Flotte paradiert dann am Aviso GRILLE vorbei, auf dem sich die obengenannten Gäste befinden. In Kiellinie fuhren: Schlachtschiff GNEISENAU (Flaggschiff des Flottenchefs Adm. R.Carls), Panzerschiffe DEUTSCHLAND (Flaggschiff des B.d.P.), ADMIRAL GRAF SPEE und ADMIRAL SCHEER, Kreuzer NÜRNBERG (Flaggschiff des B.d.A.), LEIPZIG, KÖNIGSBERG und KÖLN, Zerstörer LEBERECHT MAASS (Führerboot des F.d.T.), 1.Z.Div. mit RICHARD BEITZEN (Führerboot), GEORG THIELE und MAX SCHULTZ, 2.Z.Div. mit PAUL JACOBI (Führerboot), THEODOR RIEDEL und HERMANN SCHOEMANN, 3.Z.Div. mit ERICH STEINBRINCK (Führerboot), FRIEDRICH IHN und FRIEDRICH ECKOLT, 6.Z.Div. mit BRUNO HEINEMANN (Führerboot) und WOLFGANG ZENKER, 4.T.Flo. mit LEOPARD (Führerboot), LUCHS und SEEADLER, 6.T.Flo. mit TIGER (Führerboot), WOLF, ILTIS und ALBATROS, Artillerieschulboot (T-Boot) JAGUAR, drei U.Flo. mit Begleitschiff SAAR und mehreren U-Booten, darunter U 8, U 9, U 10, U 11, U 26, U 28, U31, U 32, U 36, 2 Geleitflottillen mit mehreren Booten, zahlreiche Minensuch- und Räumboote, 1.S.Flo. mit mehreren Schnellbooten, Artillerieschulschiffe BRUMMER und BREMSE, Tender T 196 (Führerboot des F.d.M.) und T 158.

23.08. – 02.09. Großer Belt, Skagerrak und Kattegat. Es findet die Herbstübung der Flotte statt.

03.09. – 28.09. B.d.A.-Übungen in der mittleren Ostsee.

29.09. – 04.10. In Pillau.

05.10. – 24.10. Artillerieschießen in der Kieler Bucht. Dann in Kiel an der Tonne A 3.

24.10. – 31.10. In Kiel an der Scharnhorstbrücke. Herbststellenwechsel.

31.10. In Kiel an der Tonne A 5 für den ausscheidenden Flottenchef Adm. R.Carls Salut geschossen.

07.11. In der Kieler Bucht mit dem Sperrwaffen-Versuchs-Kommando (SVK).

11.11. – 15.11. In Kiel an der Scharnhorstbrücke. Kmdt.-Wechsel: Kapt.z.S. Degenhardt löst Kapt.z.S. Riedel ab.

15.11. – 20.11. DWK Dock VI.

20.11. – 23.11. In der Kieler Bucht SVK-Versuche.

noch 1938

24.11. – 28.11.   DWK Dock V. Kmdt.-Wechsel: Kapt.z.S. Klüber löst Kapt.z.S. Degenhardt ab.

29.11. – 01.12.   Torpedoschießen des B.d.A. in der Mecklenburger Bucht.

02.12. – 05.12.   In Kiel an der Tonne A 3.

05.12. – 07.12.   In der Kieler Bucht Abkomm- und Kaliberschießen.

07.12. – 08.12.   In Kiel an der Tonne A 5. Großer Flaggenschmuck aus Anlaß der Taufe und des Stapellaufes des Flugzeugträgers GRAF ZEPPELIN bei DWK.

09.12.   Artillerieschießen in der Kieler Bucht.

10.12. – 13.12.   In Kiel an der Tonne A 3.

13.12. – 14.12.   Artillerieschießen in der Kieler Bucht.

14.12.   In Kiel an der Tonne A 3.

15.12. – 17.12.   Meilenfahrten in der Danziger Bucht.

17.12. – 18.12.   In Kiel an der Tonne A 3.

19.12. – 31.12.   In Kiel an der Scharnhorstbrücke.

1939

01.01. – 05.01.   In Kiel an der Scharnhorstbrücke.

05.01. – 06.01.   Einzelausbildung in der Kieler Bucht.

06.01. – 08.01.   In Kiel an der Tonne A 3.

08.01. – 13.01.   Einzelausbildung in der Kieler Bucht, im Kattegat und Skagerrak.

13.01. – 16.01.   In Kiel an der Tonne A 3.

16.01. – 19.01.   Torpedoschießausbildung in der Mecklenburger Bucht.

19.01. – 30.01.   In Kiel an der Tonne A 3.

30.01. – 03.02.   In der mittleren Ostsee zur Einzelausbildung.

03.02. – 06.02.   In Swinemünde am Hohenzollernbollwerk.

06.02. – 09.02.   Flakschießen in der mittleren Ostsee und Rügen.

09.02. – 11.02.   In Kiel an der Tonne A 3.

11.02. – 12.02.   K.W.-Kanal, Elbe bis Hamburg Überseebrücke.

13.02.   Hamburg Überseebrücke. Großer Flaggenschmuck aus Anlaß der Taufe und des Stapellaufes des Schlachtschiffes BISMARCK in der Werft von Blohm & Voß.

13.02. – 15.02.   In Hamburg an der Überseebrücke.

16.02. – 18.02.   Fahrt um Skagen und durch den kleinen Belt.

18.02. – 25.02.   In Kiel an der Scharnhorstbrücke. Schiffsartillerieschule (SAS) an Bord.

25.02. – 15.03.   DWK Dock VI und Liegeplatz 16. Reparaturarbeiten.

15.03. – 16.03.   In Kiel an der Tonne A 13 zur Funkbeschickung.

16.03. – 17.03.   In Kiel an der Tonne A 5.

17.03.   In der Kieler Bucht Maschinenerprobungsfahrt.

17.03. – 20.03.   In Kiel an der Tonne A 5.

20.03. – 22.03.   B.d.A.-Verbandsübungen in der mittleren Ostsee.

23.03.   Fahrt nach Memel zur Eingliederung des Memellandes in das Deutsche Reich..
Der Reichskanzler Adolf Hitler ist auf DEUTSCHLAND eingeschifft und steigt
später auf T-Boot LEOPARD über.

24.03. – 27.03.   In Swinemünde am Hohenzollernbollwerk Großer Flaggenschmuck.

27.03. – 29.03.   B.d.A.-Verbandsübungen in der mittleren und westlichen Ostsee.

30.03.   In Kiel an der Tonne A 5.

30.03. – 31.03.   Fahrt durch den K.W.-Kanal nach Wilhelmshaven. Dort an der Gazellenbrücke
festgemacht.

31.03. – 03.04.   In Wilhelmshaven an der Gazellenbrücke.

01.04.   Großer Flaggenschmuck aus Anlaß der Taufe und des Stapellaufes des Schlachtschiffes
TIRPITZ bei der Kriegsmarinewerft Wilhelmshaven (KMW).

03.04.   Jade, Unterelbe und K.W.-Kanal.

04.04. – 13.04.   In Kiel an der Tonne A 5. Hafenausbildungsabschnitt.

13.04. – 17.04.   In Kiel an der Blücherbrücke. Der B.d.A. VAdm. H.Densch steigt mit seinem Stab von
Kreuzer NÜRNBERG auf LEIPZIG über.

17.04. – 21.04.   K.W.-Kanal, Nordsee, K.W.-Kanal, Kiel.

21.04. – 22.04.   In der mittleren Ostsee.

22.04. – 24.04.   In Memel.

24.04. – 28.04.   Ausbildungsfahrten in der östlichen und mittleren Ostsee.

28.04. – 29.04.   In der Lübecker Bucht.

29.04. – 02.05.   In Kiel an der Tonne A 6.

noch 1939

02.05. – 03.05.	Westliche und mittlere Ostsee. Vor Pillau geankert.
03.05. – 06.05.	Meilenfahrten in der mittleren und westlichen Ostsee.
06.05. – 10.05.	Hafenbesuch in Göteborg (Schweden).
10.05. – 12.05.	Westliche Ostsee, Skagen, westliche Küste von Norwegen.
12.05. – 14.05.	Im norwegischen Geirangerfjord vor Merok geankert.
14.05. – 16.05.	Westliche Küste von Norwegen. In der Nordsee Gefechtsausbildung. Der B.d.A. VAdm. H.Densch steigt wieder auf NÜRNBERG ein. Schillig Reede.
16.05. – 17.05.	Nordsee, Unterelbe, K.W.-Kanal.
17.05. – 05.06.	In Kiel an der Scharnhorstbrücke.
05.06. – 08.06.	Flak- und Abkommschießen in der westlichen Ostsee und den Gewässern um Rügen.
08.06. – 11.06.	In Kiel an der Tonne A 6.
11.06. – 17.06.	Westliche Ostsee, Großer Belt, Skagerrak und Nordsee.
17.06. – 20.06.	Reede von Wilhelmshaven.
20.06. – 23.06.	Deutsche Bucht, Unterelbe und K.W.-Kanal.
24.06. – 28.06.	In Kiel an der Tonne A 6.
29.06. – 02.07.	K.W.-Kanal, Fahrt nach Bremen. Dort Großer Flaggenschmuck anläßlich der Taufe und des Stapellaufes des Schweren Kreuzers LÜTZOW bei der Deschimag Werft.
03.07. – 04.07.	Weser, Elbe, K.W.-Kanal und nach Kiel.
04.07. – 16.07.	In Kiel an der Tonne A 6 und DWK Dock VI zur Maschinenüberholung.
17.07. – 21.07.	In der westlichen Ostsee E-Meß- und Koppelübungen. Flakschießen und in der Nacht auch Kaliberschießen.
22.07. – 23.07.	Vor Göhren auf Rügen geankert.
24.07. – 26.07.	Fortsetzung der Übungen in den Gewässern um Rügen und der westlichen Ostsee.
27.07.	In Kiel an der Tonne A 6.
28.07.	In der Geltinger Bucht.
29.07. – 06.08.	In Kiel an der Tonne A 6.
07.08. – 09.08.	Flottentorpedoschießen in der Mecklenburger Bucht.
10.08. – 12.08.	In Kiel DWK Dock VI und Tonne A 6.
13.08. – 17.08.	Torpedoschießen in der westlichen Ostsee und den Gewässern östlich von Bornholm.

noch 1939

18.08. – 21.08. In Kiel an der Tonne A 6.

22.08. – 23.08. Westliche Ostsee und in Swinemünde am Eichstaden festgemacht.

24.08. – 28.08. B.d.A. auf NÜRNBERG. In der mittleren und östlichen Ostsee Blockadestellung für
den Fall „Weiß" (Beginn der Kampfhandlungen mit Polen).

29.08. – 30.08. Ölübernahme an der Hohenzollernbrücke in Swinemünde.

31.08. – 01.09. Westliche Ostsee, Kiel, K.W.-Kanal und in die Nordsee. Kriegsbeginn mit Polen.

02.09. In Wilhelmshaven an der Südseite der Wiesbadenbrücke Minenübernahme.

03.09. Kriegserklärungen an Deutschland durch Großbritannien und Frankreich.

03.09. – 05.09. NÜRNBERG mit dem B.d.A. an Bord fährt zur Auslegung der Westwall-Minensperre.
NÜRNBERG schießt mit der 3,7-cm-Flak ein von Norden kommendes Flugzeug ab.

05.09. – 07.09. Weitere Minenoperationen in der Deutschen Bucht.

08.09. – 16.09. In Hamburg in der Werft von Blohm & Voß, Kuhwärderhafen zur Maschinenüberholung
im Dock V.

17.09. – 29.09. Wilhelmshaven Reede an der Telefonboje.

30.09. Jade, Elbe, K.W.-Kanal nach Kiel. DWK Liegeplatz 16.

30.09. – 10.10. DWK Liegeplatz 16 wegen Maschinenreparaturen.

11.10. – 12.10. In der Kieler Bucht Abkommschießen, Meßfahrten und Flakschießen.

12.10. – 16.10. In Kiel an der Tonne A 8.

16.10. – 18.10. Flakschießübungen in der westlichen und mittleren Ostsee.

18.10. – 20.10. In Swinemünde am Liegeplatz 5 des Eichstadens.

20.10. – 21.10. In der mittleren und westlichen Ostsee.

20.10. – 25.10. In Kiel an der Tonne A 9. Der bisherige B.d.A. VAdm. H.Densch verläßt den Kreuzer.

25.10. – 26.10. Westliche und mittlere Ostsee.

26.10. – 01.11. In Swinemünde am Eichstaden Liegeplatz 5. Einschiffung des neuen B.d.A. KAdm.
G.Lütjens auf den Kreuzer NÜRNBERG.

01.11. – 04.11. Flottenübungen mit dem neuen B.d.A. in der mittleren und westlichen Ostsee.

04.11. – 08.11. In Kiel an der Tonne A 6. Turbinenreparatur mit Werfthilfe. Der B.d.A. ist auf LEIPZIG.

08.11. – 09.11. K.W.-Kanal und in die Nordsee.

09.11. – 12.11. Wilhelmshaven Reede an der Telefonboje.

12.11. – 14.11. In der Nordsee Auffangstellung für Zerstörer, die von Minenoperationen zurückkommen.

noch 1939

14.11. – 20.11.	Altenbruch Reede zur Ölübernahme. NÜRNBERG hat einen Kondensatorschaden. Der B.d.A. steigt zur LEIPZIG über.
21.11. – 01.12.	Reparatur des Kondensators in der Werft von Blohm & Voß in Hamburg. Der B.d.A. steigt wieder auf NÜRNBERG ein.
01.12.	Elbe, Wilhelmshaven Reede.
01.12. – 12.12.	In Wilhelmshaven Reede an der Telefonboje.
12.12.	Nachmittags laufen die Kreuzer NÜRNBERG mit dem B.d.A. an Bord, LEIPZIG und Köln in Kiellinie in die Nordsee aus, um am nächsten Vormittag aus England von einer Minenoperation zurückkehrende deutsche Zersörer aufzunehmen und zur Jade zu geleiten.
13.12.	08.25 Uhr erscheinen deutsche Flugzeuge als U-Bootssicherung über dem Verband. 10.30 Uhr werden die eigenen Bordflugzeuge He 60 C zum Rückflug nach List entlassen. 11.15 Uhr schießt ein deutsches Flugzeug an Bb.-Seite ein Doppelsternsignal und hält Fühlung. 11.23 Uhr erfolgt ein E.S.-Austausch mit zwei deutschen Flugzeugen, die an der Bb.-Seite gesichtet werden. 11.24 Uhr erhält der Kreuzer LEIPZIG an der Bb.-Seite einen Torpedotreffer mittschiffs. Das englische U-Boot SALMON hatte einen Torpedodreierfächer auf die deutschen Kreuzer abgeschossen. NÜRNBERG und KÖLN drehen mit Hartruder nach Stb. ab und gehen auf Höchstfahrt. Die Kreuzer befinden sich etwa auf 56° 47' Nord und 04° 00' Ost. 11.23. Uhr in Schiffspeilung 155° und etwa 500 m Entfernung werden zwei Torpedolaufbahnen, die auf NÜRNBERG zulaufen gesichtet. Ruder sofort „Hart Bb." zum Stützen. Wenige Sekunden später geht ein Torpedo etwa 20 m vor dem Bug des Kreuzers vorbei. 11.28. Uhr Torpedotreffer auf NÜRNBERG an Stb.-Seite im Vorsteven, Abt. XIV/XV. 40 bis 50 m hohe Wassersäule. Der Vorsteven ist abgerissen. Das Schiff geht zur Entlastung der Schotten auf 12 sm/h. 11.31 Uhr Kurs 280°. 11.34. Uhr achteraus drei Torpedolaufbahnen gesichtet. Sofort das Schiff mit „Hart Stb." und Höchstfahrt auf 330° gedreht, um den anlaufenden Torpedos auszuweichen. 11.38 Uhr Fahrt 18 sm/h. Mehrfach tauchen englische Bombenflugzeuge auf, die Bomben ins Wasser werfen. Sie werden sofort mit der Flak beschossen. Im Rudergeschirr-Raum erfolgt ein Wassereinbruch. 13.40 Uhr kommen drei deutsche Zerstörer in Schiffspeilung 340° in Sicht. 13.55 Uhr übernimmt der Zerstörer HERMANN KÜNNE bei NÜRNBERG die U-Bootssicherung. Nachtmarsch zur Elbmündung.
14.12.	05.32 Uhr HERMANN KÜNNE entlassen. Marsch des Kreuzers durch den K.W.-Kanal.
15.12. – 22.12.	DWK Dock V.
22.12. – 27.12.	DWK Liegeplatz 16.
27.12. – 31.12.	DWK Dock VI.

1940

01.01. – 02.03.	DWK Dock VI.
03.03. – 25.04.	DWK Liegeplätze 1, 11, 16 und 2 . Während dieser Zeit steigt der stellvertretende B.d.A. KAdm. H.Schmundt auf NÜRNBERG ein und hißt seine Flagge.
26.04. – 29.04.	DWK Dock V.
30.04. – 06.05.	In Dietrichsdorf Munitionsübernahme und im Scheerhafen an der Abstimm-Mole.

noch 1940

06.05. – 10.05.   In Kiel an der Tonne A 13 und A 7. Funkbeschickung, Heizölübernahme, Neuanstrich des Schiffes durch die Besatzung. Mit Schlepperhilfe MES-Überläufe. SVK-Versuche.

10.05. – 12.05.   Westliche, östliche Ostsee und Danziger Bucht. Das Bordflugzeug Ar 196 holt Ersatzteile.

12.05. – 14.05.   Neufahrwasser. Das Erprobungskommando für Kriegsschiffneubauten (EKK) ist an Bord. Es werden Probe- und Meilenfahrten durchgeführt.

14.05. – 15.05.   In der Danziger Bucht Werftpersonal ausgeschifft. SVK-Erprobungen. In Gotenhafen am Seebahnhof festgemacht. NÜRNBERG wieder kriegsbereit erklärt.

15.05. – 18.05.   In der Danziger Bucht MES- und SVK-Erprobungen. Meilenfahrten.

18.05. – 20.05.   In Gotenhafen im Becken V. Brennstoffergänzung.

20.05. – 25.05.   In der östlichen und mittleren Ostsee gemeinsam mit dem Schweren Kreuzer ADMIRAL HIPPER Übungen.. Kaliberschießen gegen das Zielschiff HESSEN und Torpedo-nachtschießen auf den als Zielschiff fahrenden ADMIRAL HIPPER. Auf Saßnitz Reede Flakschießübungen.

25.05. – 27.05.   In Swinemünde am Hohenzollernbollwerk.

27.05. – 01.06.   Mittlere und westliche Ostsee. NÜRNBERG fährt als Zielschiff für den Zerstörer HANS LODY. Tag- und Nachttorpedoschießen in der Prorer Wiek.

01.06. – 08.06.   In Kiel an der Tonne A 7. Maschinenstörung. Brennstoffergänzung. Der B.d.A. ist auf ADMIRAL HIPPER eingestiegen.

08.06. – 10.06.   Mit Kreuzer EMDEN in der Kieler und Mecklenburger Bucht und Gjedser.

10.06. – 12.06.   In Kiel Brennstoffübernahme. Langeland, Kattegat, Hanstholm.

12.06. – 14.06.   Westlich des Sognefjords, Griphoelen und Trondheim Reede. Brennstoffergänzung.

14.06.   Aus Trondheim zur Operation „Nora“ ausgelaufen. An Bord ist die 3.Geb.Div. (II/GJR.138), bestimmt für Narvik. Begleitung durch Zerstörer ERICH STEINBRINCK.

15.06.   NÜRNBERG hat infolge einer falschen Peilung bei Roedsidgrunden, Tyvholmen eine Grundberührung. Ein zweiter Versuch der Freischleppung durch drei Minensuchboote gelingt. (Siehe dazu die zwei abgebildeten Originalseiten des Kriegstagebuches und den Seekartenausschnitt). Während des Weitermarsches nach Norden bringt die seemännische Besatzung einen Tarnanstrich an. Abends in Bodø eingelaufen.

16.06.   Im Lekafjord werden 450 Heeressoldaten durch längsseits gekommenen Minensuchboote übernommen und an Land gebracht. Weiterfahrt durch den Saltfjord.

17.06.   Ofotfjord. NÜRNBERG ankert im Herjangsfjord nördlich von Narvik, Ausschiffung von Fallschirmtruppen mit Hilfe von Minensuchbooten. Das Bordflugzeug Ar 196 klärt den Vestfjord voraus auf. Der Rückmarsch beginnt.

18.06.   Im Glommenfjord geankert. Weitermarsch nach Süden, zumeist auf dem Schärenweg. Die Ar 196 klärt auf. Im Verband sind ERICH STEINBRINCK und Minensuchboote.

19.06.   In den Kaurleden eingesteuert. Agdenes. Auf der Reede von Trondheim geankert. Brennstoffergänzung.

noch 1940

20.06. – 21.06.	Vor Trondheim zu Anker gelegen.

20.06. – 21.06.   Vor Trondheim zu Anker gelegen.

22.06. – 26.06.   Vor Trondheim anderer Ankerplatz weiter westlich unter einem hohen Felsen, unter dem
der Tarnanstrich wirksamer ist. Heizölübernahme.

27.06. – 24.07.   Einzelausbildungen im Trondheimfjord, Reede von Lavanger und Reede von Steinkjer.
Dazwischen Brennstoffergänzungen.

25.07. – 29.07.   Von Trondheim aus Marsch mit dem Schlachtschiff GNEISENAU und vier Zerstörern
via Skagerrak und Kattegat nach Kiel. Auf NÜRNBERG ist der B.d.A. an Bord.
Passieren von Agdenes in der Reihenfolge: GNEISENAU, NÜRNBERG, ADMIRAL
HIPPER, die Zerstörer HANS LODY, FRIEDRICH IHN, PAUL JACOBI und KARL
GALSTER. ADMIRAL HIPPER wird zur Durchführung einer Sonderaufgabe entlassen.
NÜRNBERG setzt die Ar 196 zur Aufklärung ein. Zwei Me 109 fliegen Jagdschutz.
Im Skagerrak erhält das Torpedoboot LUCHS vom englischen U-Boot THAMES
einen Torpedotreffer und sinkt. 86 Besatzungsangehörige fanden den Tod. NÜRNBERG
macht in Kiel an der Tonne A 8 fest und später zur Heizölübernahme an Tonne A 9.

01.08. – 02.08.   Marsch nach Swinemünde und dort am Eichstaden festgemacht.

06.08.   Der Befehlshaber der Kreuzer (B.d.K.) (ex B.d.A.) VAdm. H.Schmundt steigt aus.

08.08.   Kmdt.-Wechsel: Kapt.z.S. Kreisch löst Kapt.z.S. Klüber ab.

10.08.   Vormittags Brennstoffübernahme.

12.08. – 16.08.   Aus Swinemünde ausgelaufen zum Abkommschießen in der Mecklenburger Bucht.
In den nächsten Tagen Schießübungen mit der leichten und schweren Flak. Torpedo-
und Kaliberschießen in der westlichen Ostsee gegen das Zielschiff HESSEN.
Schließlich wieder in Swinemünde am Eichstaden festgemacht.

17.08.   Ölergänzung.

20.08. – 23.08.   Gotenhafen Reede, Danziger Bucht, Gefechtsbilder gefahren, Gotenhafen Becken IV.
Brennstoffergänzung.

26.08. – 30.08.   Gotenhafen verlassen und auf dem Marsch nach Westen Gefechtsbilder gefahren. Mit dem
Kreuzer KÖLN Fahr- und Scheinwerferübungen. In Swinemünde am Hohenzollernbollwerk festgemacht. Ölübernahme.

02.09.   In der mittleren Ostsee mit KÖLN Fahr-, E-Meß-, Ortungs- und Scheinwerferübungen.
Vor der Insel Greifswalder Oie geankert.

03.09.   NÜRNBERG und KÖLN üben Schleppen und geschleppt werden. NÜRNBERG nach
Swinemünde an das Hohenzollernbollwerk. Einschiffung des B.d.K. mit italienischen
Offizieren und Gästen.

04.09. – 06.09.   Verbandsübungen in der mittleren Ostsee, gemeinsam mit KÖLN, EMDEN, der 7.T.Flo.
und der 24. U.Flo. mit mehreren Booten.

07.09. – 08.09.   In Gotenhafen an der Lotsenstation den B.d.K. mit seinem Stab ausgeschifft. Brennstoffübernahme.

09.09.   NÜRNBERG und KÖLN laufen von Gotenhafen aus in die östliche und mittlere Ostsee.
Der Kurs ist westlich. Fahr- und Gefechtsausbildung. NÜRNBERG ankert vor Kolberg.

Grundberührung des Kreuzers NÜRNBERG am 15.06.1940 00.26 bis 06.20 Uhr bei
Rödsidgründen auf etwa 6 m Wassertiefe bei den Koordinaten
    Breite: 63° 40,0' N   und Länge: 9° 29,8' E

Siehe dazu zwei Seiten Kriegstagebuch und den Seekartenausschnitt aus „Den Norske Kyst"
Karte 43 im Maßstab von 1:50000.

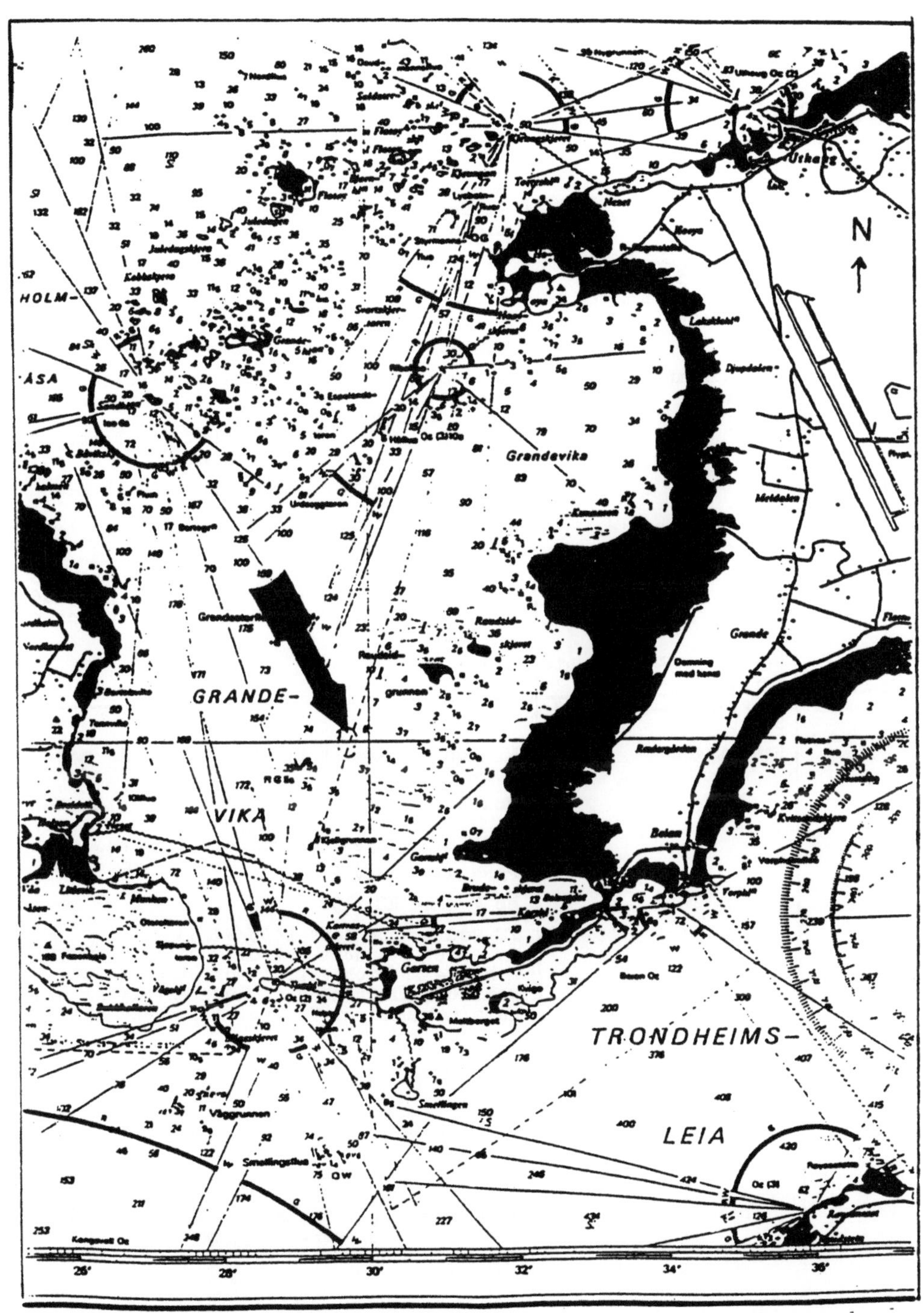

N
HOLM-
ÅSA
Grandevika
GRANDE-
VIKA
TRONDHEIMS-
LEIA
Uthaug
Garten
Botn
Grande

Datum und Uhrzeit	Angabe des Ortes, Wind, Wetter, Seegang, Beleuchtung, Sichtigkeit der Luft, Mondschein usw.	Vorkommnisse
15.6.40		
0608		2 M.-Boote längsseit, 1 M.-Boot am Heck zum Abschleppen.
0620		Schiff im Schwebezustand. Abschleppen. "Ng. wieder frei. Weitermarsch zunächst mit Mitt maschine, da Kondensatoren gereinigt werden
0800	westlich Skjörö O z NO, Seegang O blauer Himmel, Sonne, sehr gute Sicht	
0820		"Erich Steinbrink" U.-Bootssicherung an Bb
0925	Nordausgang Skjörö-fjord	Im Innenschärenfahrwasser vorübergehend ge-stoppt zum Einkuppeln der Seitenwellen. Mar: mit 3 Wellen. Schiff wird für Schärenfahrt mit Tarnanstri zum Schutz gegen Luftaufklärung versehen.
1035	Kausleden	Weitermarsch nach Norden ausserhalb der Schären. M.-Boote bilden U.-Bootssicherung an beiden Seiten.
1143		Alarm ! 3 Flugzeuge an Bb. E.S.-Austausch erst auf Aufforderung durch "Ng." Es sind. die für Sicherung vom B.d.A. angeforderten ME 110.
1152	Nordöstl. Kya-Leucht-turm, N 1 – 2 dußstige Kimme, gute Sicht	Alarm beendet.
1325	Sjöslingene	M.-Boote bekommen Befehl von B.d.A. sich vorzusetzen. Von B.d.A. an "Ng." und "Erich Steinbrink": 2. M.S.Fl. wird ab Skjelvafeuer vor dem Verband mit ausgebrachtem Gerät fahren.
1425		Passieren Rörvik.
1510		Bb L eine HE 115.
1526		FT von Gruppe West 1435/97 An alle! Standort feindl. vom 15.6. 0700: 2 Boote in Frohavet, 1 vor Stadtlandet, 1 wahrscheinlich noch in Nähe erfolgter Minen-unternehmung vor Utsire, 1 in Nähe Lister.
1600	Leka-Fjord N z W 1 – 2; Seegang 0-1, bewölkt, Sonne, sehr gute Sicht.	
1825	Insel Yloingen, 41 m Wasser	Im Innenschärenfahrwasser geankert. Kriegs-marschzustand II. Sofortige Bereitschaft. Ank klar zum Schlippen. M.-Boote laufen nach Ko jöen zur Übernahme von Heerestruppen (Gebir jäger) und späteren Abgabe an "Ng.", "Erich Steinbrink" sichert Eingang Vegafjord.

Datum und Uhrzeit	Angabe des Ortes, Wind, Wetter, Seegang, Beleuchtung, Sichtigkeit der Luft, Mondschein usw.	Vorkommnisse
		K r i e g s t a g e b u c h Kommando Kreuzer "Nürnberg" Kommandant Kapitän zur See Klüber Angefangen: 14. Juni 1940. Abgeschlossen: 30. Juni 1940.
14.6.40 2330	Trondheim Fjord südl. Smelingen NW 1, helle Nacht	Passieren Agdenes B.d.A. auf "Ng." mit "Erich Steinbrink" und 4 Booten 2. M.S.-Fl. führt Unternehmen "Nora" des Admirals Nord durch. *Klüber* Kapitän zur See und Kommandant.
15.6.40 0010		Schiff dreht auf 328° zum Passieren zwischen Smelingen und Smelingsflu.
0021		Schiff dreht auf 346° zum Passieren von Tyvholmen, das 290 m an Bb. gelassen wird.
0026	Tyvholmen O z. S 1-2, wenig bewölkt, sehr gute Sicht	kommt Schiff durch Eintragen einer Peilung am falschen Objekt bei Rödsidgründen auf etwa 6 m Wasser im Innenschärenfahrwasser fest. Ein Lotse war nicht an Bord, da Admiral Nord keinen zur Verfügung hatte. Da Schiff kurz vor Niedrigwasser aufgelaufen ist und erste Abschleppversuche mit 3 M-Booten keinen Erfolg haben, wird das Steigen des Wassers abgewartet. Es haben sich keine grösseren Schäden am Schiff ergeben, sodass mit Fortsetzung der Fahrt gerechnet werden kann. Entsprechende Meldung an B.d.A. Näheres ist in Havarieverhandlung festgelegt. Schiff bleibt voll kriegsbereit.
0135		Winkspruch über M.S.S. Garten an Adm. Nord: "Ng." bei Tyvholmen leicht festgekommen, voraussichtlich in 2 Std. wieder klar. Fahrt wird fortgesetzt werden. Bitte 2 KE 110 zur Sicherung entsenden. 　　　　　B.d.A. FT Adm. Nord an B.d.A.: Hier dichter Nebel, Flugzeug z.Zt. nicht möglich.
0455		An alle! 2327/65. Nach bisherigen Erfahrungen in norwegischen Gewässern keine Minen auf Tiefen von über 200 m. Bester Minenschutz tiefes Wasser. 　　　　　Adm. Westküste

noch 1940

10.09.	Swinemünde Reede geankert, dann weiter Richtung Westen. NÜRNBERG, KÖLN und Emden machen Fahr-, E-Meß- und Scheinwerferübungen.
11.09. – 12.09.	NÜRNBERG macht in Kiel an der Tonne A 6 fest. Heizölergänzung. Besuch des Ob.d.M. GroßAdm. Dr.h.c. Erich Raeder auf NÜRNBERG.
15.09. – 19.09.	Zu Ostern ankern NÜRNBERG, KÖLN und EMDEN vor Hiddensee. Anschließend werden Fahr-, Koppel- und E-Meßübungen durchgeführt und es werden Gefechtsbilder gefahren. In der Tromper Wiek wird geankert.
20.09. – 21.09.	In Swinemünde am Hohenzollernbollwerk festgemacht. Ölübernahme.
23.09.	Auslaufen von Swinemünde in die mittlere Ostsee. NÜRNBERG, KÖLN und EMDEN machen Fahrübungen und nachts Scheinwerferübungen. Vor Swinemünde geankert.
24.09. – 25.09.	In der Ostsee Gefechtsbilderfahren. Abkommschießen gegen eine von KÖLN geschleppte Zielscheibe. Anschließend schleppt NÜRNBERG die Zielscheibe. Abends machen beide Kreuzer ein Nachtabkommschießen. Auf Swinemünde Reede geankert.
26.09. – 28.09.	In Swinemünde am Hohenzollernbollwerk. Brennstoffübernahme.
30.09. – 04.10.	Aus Swinemünde ausgelaufen. Tagtorpedoschießen mit KÖLN in der mittleren Ostsee. Abends Nachttorpedoschießen von NÜRNBERG, KÖLN und EMDEN.
05.10.	In Swinemünde am Hohenzollernbollwerk, Liegeplätze 4 und 5. Brennstoffergänzung. Abgabe der Übungstorpedos.
08.10.	Gefechtsbesichtigung in der Mecklenburger Bucht und Fahren eines Gefechtsbildes.
09.10. – 11.10.	NÜRNBERG fährt Zielschiff für KÖLN. Anschließend Fahrt weiter nach Westen.
11.10. – 12.10.	In Kiel an der Tonne A 6 festgemacht. Vorbereitungen zum Eindocken.
15.10. – 03.11.	DWK Dock V. Änderung des Tarnanstriches in die Parallelstreifen-Form.
04.11.	Ausgedockt und an Tonne A 12.
06.11.	Verlegung nach der Tonne A 6 zur Brennstoffübernahme.
14.11. – 15.11.	Im Depot Dietrichsdorf zur Munitionsübernahme und dann wieder zur Tonne A 6.
17.11	Heizölübernahme und anschließend Richtung Osten ausgelaufen.
19.11. – 23.11.	Abkomm- und Kaliberschießen für die SAS.
24.11	In Kiel an der Tonne A 6.
25.11. – 01.12.	DWK Liegeplatz 1. Reparatur der Hochdruckturbinen-Welle.
01.12. – 03.12.	In Kiel an der Abstimm-Mole zum Abstimmen der Waffenanlagen. In Dietrichsdorf Munitionsübernahme und vor Kiel SVK-Erprobungen.
03.12.	In Kiel an den Tonnen A 3 und A 12 zur Minenübernahme vom Minentransportschiff RHEIN. Einschiffung des Marinegruppenkommandos Nord mit GenAdm. R.Carls mit Stab.

noch 1940

04.12.	Gemeinsam mit KÖLN Minenunternehmung „Frankfurt" im westlichen Skagerrak. Im Samsø Belt steigt GenAdm. R.Carls auf das R-Boot R 155 über.
05.12.	Wegen schlechten Wetters wird die Unternehmung abgebrochen. NÜRNBERG und KÖLN ankern vor Kristiansand.
06.12. – 08.12.	Rückmarsch nach Swinemünde. In der Mellinfahrt wird am Sperrzeugamt zur Minenabgabe festgemacht. Danach zur Hohenzollernbrücke.
09.12.	Brennstoffübernahme. Auslaufen Swinemünde. Marsch durch die Ostsee nach Osten.
10.12.	Gotenhafen Reede geankert.
11.12. – 12.12.	Torpedoschießen in der Danziger Bucht, bei dem das Schlachtschiff SCHARNHORST als Zielschiff diente. Weitere Torpedoschießen gegen SCHARNHORST und GNEISENAU.
13.12.	Vor Gotenhafen geankert zur Einzelausbildung.
14.12. – 17.12.	Flottenübungen in der Danziger Bucht und in der östlichen Ostsee mit GNEISENAU, SCHARNHORST, NÜRNBERG (mit B.d.K.), KÖLN, T-Booten und dem Tankdampfer WEISSENBURG. Bei Ölübernahme in Fahrt verunglückt auf NÜRNBERG ein Besatzungsmitglied tödlich. Nach den Flottenübungen erfolgt der Rückmarsch.
18.12.	In Kiel an der Scharnhorstbrücke mit der Stb.-Seite festgemacht.
21.12. – 22.12.	Heizölabgabe dann DWK Dock V. Schraube repariert. Später Ölübernahme.
23.12.	Ausgedockt. Von Kiel aus laufen mit Marsch nach Osten NÜRNBERG (mit B.d.K.) und KÖLN.
24.12.	In Swinemünde an der Hohenzollernbrücke festgemacht. Kriegsweihnacht.
30.12.	Brennstoffübernahme.

1941

03.01. – 04.01.	Aus Swinemünde zu Einzel- und Scheinwerferübungen ausgelaufen.
06.01.	Vor Roenne (Bornholm) geankert.
07.01.	Übungen mit der Bordfliegerstaffel. Eine Ar 196 macht beim Wassern eine Bruchlandung. Sie wird an das Flugsicherungsschiff GÜNTHER PLÜSCHOW abgegeben.
08.01.	Schleuderübungen mit dem zweiten Bordflugzeug. Es wird beim Wassern beschädigt und ebenfalls an GÜNTHER PLÜSCHOW abgegeben.
10.01.	Vor Gotenhafen auf Reede geankert.
11.01.	In Gotenhafen eingelaufen und am Seebahnhof mit der Bb.-Seite festgemacht. Brennstoffergänzung.
14.01. – 15.01.	In der Danziger Bucht wird mit der Mittelartillerie ein Abkommschießen durchgeführt. Vor Pillau geankert.

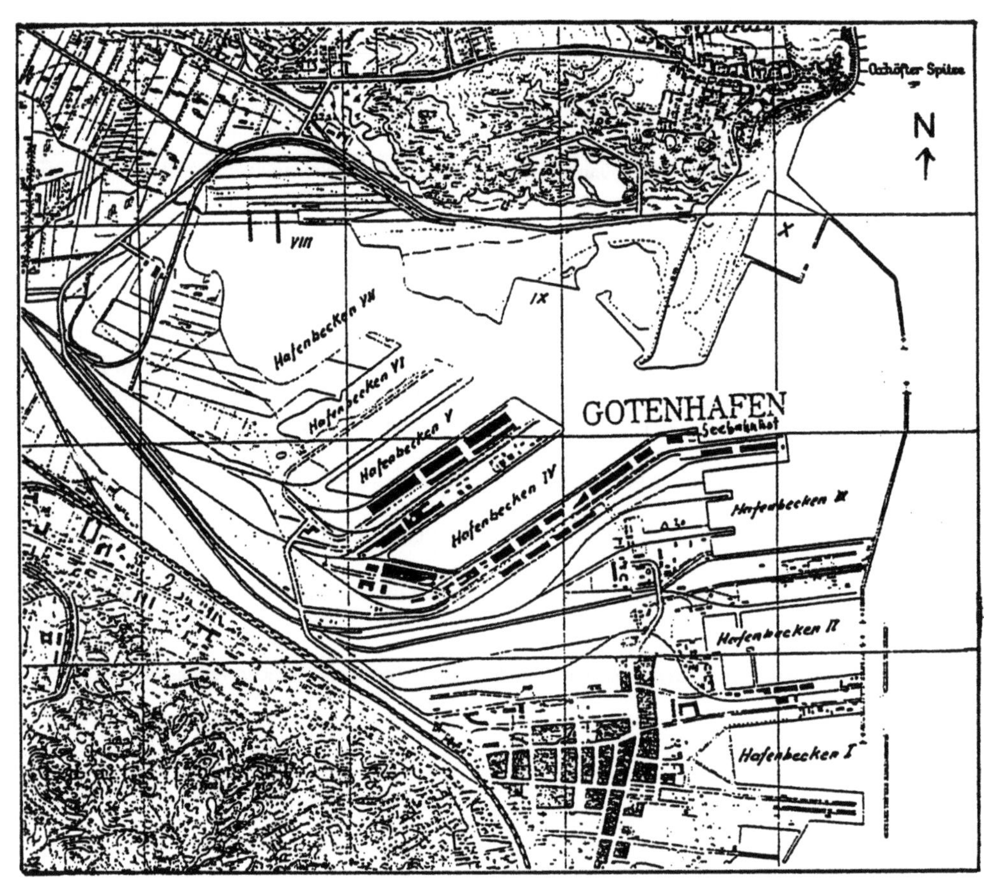

Kriegshafen GOTENHAFEN

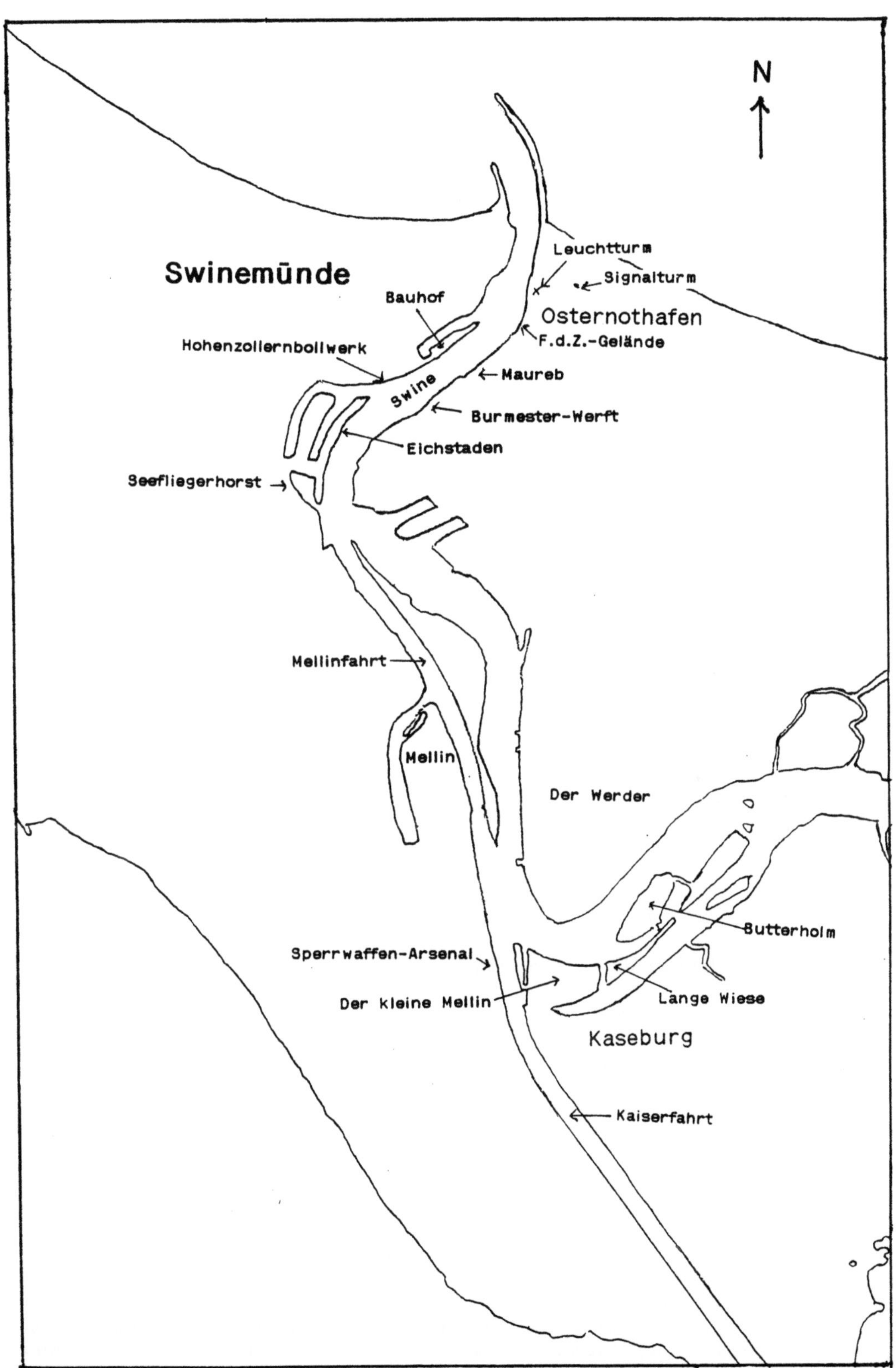

N
Swinemünde
Leuchtturm
Signalturm
Osternothafen
Bauhof
F.d.Z.-Gelände
Hohenzollernbollwerk
Maureb
Swine
Burmester-Werft
Eichstaden
Seefliegerhorst
Mellinfahrt
Mellin
Der Werder
Butterholm
Sperrwaffen-Arsenal
Lange Wiese
Der kleine Mellin
Kaseburg
Kaiserfahrt

noch 1941

16.01.	Meilenfahrten und mit KÖLN Scheinwerferübungen.
17.01.	In Gotenhafen im Becken IV.
20.01. – 24.01.	Einzelausbildung in der Danziger Bucht. Ölübernahme. Weitere Übungen. Inzwischen wird der Frost schärfer und es treten Vereisungen auf.
24.01. – 15.02.	NÜRNBERG liegt von dickem Eis eingeschlossen in Gotenhafen im Becken IV.
07.02.	NÜRNBERG wird dem Ausbildungsverband der Flotte zur Verfügung gestellt.
28.03.	Kmdt.-Wechsel: Kapt.z.S. von Studnitz löst Kapt.z.S. Kreisch ab.
Ende März	Nachlassen des Frostes. NÜRNBERG läuft zu Ausbildungsfahrten in die Ostsee aus.
29.03. – 05.04.	Liegezeit in DWK Abt. Gotenhafen zu Reparaturen und zur Maschineninstandsetzung.
09.04.	Vor Swinemünde Torpedoschießen, gemeinsam mit Z 23.
10.04. – 14.04.	In Swinemünde am Hohenzollernbollwerk. Hafentage.
15.04.	In der mittleren Ostsee.
Anfang Mai	In Gotenhafen eingelaufen.
04.05.	Kmdt.-Besprechung beim Flottenchef Adm. G.Lütjens.
Mai	Ausbildungsfahrten und Übungen in der mittleren Ostsee, die von Gotenhafen oder von Swinemünde aus erfolgen.
09.06. – 11.06.	Marsch nach Kopenhagen.
12.06. – 07.07.	In Kopenhagen. Hafentage, Übungs- und Ausbildungsfahrten in dänischen Gewässern.
07.07. – 10.08.	NÜRNBERG mit den Kreuzern LEIPZIG und EMDEN im Oslofjord zur Einzel- und Gefechtsausbildung des Ausbildungsverbandes der Flotte.
10.08.	In Flensburg-Mürwik eingelaufen.
August	Ausbildungsbetrieb in der mittleren Ostsee.
September	Fortsetzung der Ausbildung.
21.09.	Von Travemünde nach Swinemünde gelaufen.
23.09.	Aus Swinemünde ausgelaufen und als taktische Nr. 4 an die Baltenflotte angehängt. Marsch in Kiellinie: TIRPITZ [Flaggschiff des Befehlshabers der Baltenflotte (B.d.B.) VAdm. O.Ciliax], ADMIRAL SCHEER, KÖLN, NÜRNBERG. Die U-Bootssicherung wird durch die 8.Z.Flo. „Narvik" mit Z 26 (Führerboot), Z 25 und Z 27 und die 2.T.Flo. mit T 11 (Führerboot), T 2, T 5 und T 8 und zeitweise von vier M-Booten durchgeführt.
24.09.	Marsch zu den finnischen Schären Dort hat NÜRNBERG seinen Ankerplatz im Foegle-fjord. Der Auftrag der Baltenflotte ist das Abfangen und Vernichten sowjetischer Kriegs-schiffe bei deren eventuellen Versuch, aus dem finnischen Meerbusen in die Ostsee auszu-brechen. Es sind zwei Bordflugzeuge Ar 196 an Bord.

25.09.	TIRPITZ und ADMIRAL SCHEER werden nach der Heimat entlassen. Der B.d.B. steigt mit seinem Stab auf NÜRNBERG ein. Weiterhin kommen zwei finnische Verbindungsoffiziere an Bord.
26.09.	Schießübungen mit der Flak. Das Bordflugzeug startet nach Turku.
27.09.	In den Schären Abkommschießen der M.A. auf eine Scheibe. In den Schären bei Nyhamm geankert. Das Bordflugzeug wieder eingesetzt.
28.09.	Besprechung aller Kommandanten und Flottillenchefs beim B.d.B.. In Kiellinie in die nördliche Ostsee ausgelaufen: NÜRNBERG (Flaggschiff des B.d.B. VAdm. O.Ciliax), KÖLN, 8.Z.Flo. mit Z 26 (Führerboot), Z 25 und Z 27. Rückmarsch in die Heimat. Bei NÜRNBERG Salzeinbruch in den Bb.-Kondensator. Das zweite Bordflugzeug fliegt Sicherung.
29.09.	Beide Bordflugzeuge fliegen Sicherung. In Gotenhafen im Becken IV festgemacht. Beide Bordflugzeuge wieder eingesetzt. Proviant- und Brennstoffübernahme.
01.10.	Übernahme von 90 Schuß 15-cm-Übungsgranaten mit 90 Kartuschen. Das erste Bordflugzeug Ar 196 zum Flug nach Wilhelmshaven ausgesetzt und dort der Bordfliegerstaffel 1/196 zur Verfügung gestellt. Aus Gotenhafen ausgelaufen.
02.10.	In Swinemünde am Hohenzollernbollwerk. Das zweite Bordflugzeug Ar 196 wird zur Verfügung der Bordfliegerstaffel 1/196 abgegeben. Der B.d.B. geht mit seinem Stab von Bord. Die Baltenflotte wird aufgelöst.
03.10.	Besatzungsmusterung durch den Flottenchef. Auslaufen Swinemünde zur Durchführung eines Artillerie-Schießabschnittes in der Mecklenburger bzw. in der Pommerschen Bucht.
04.10.	In Swinemünde am Hohenzollernbollwerk.
07.10. – 17.10.	Mehrfach aus Swinemünde aus- und wieder eingelaufen. In der Pommerschen Bucht verschiedene Torpedoschießabschnitte.
20.10.	Ausrüstung und Brennstoffübernahme für die Teilnahme an einer Flottenübung.
21.10.	Aus Swinemünde ausgelaufen. An den Flottenübungen sind beteiligt: TIRPITZ (Flaggschiff des Befehlshabers der Schlachtschiffe VAdm. O.Ciliax), NÜRNBERG und KÖLN, 8.Z.Flo. mit Z 25 (Führerschiff), Z 27, Z 28 und PAUL JACOBI, 2.T.Flo. mit T 4 als Führerschiff und T 12, 3.T.Flo. mit T 13, T 14, T 16 und T 17, Tankschiffe ADRIA, DITHMARSCHEN, SÜDMEER und EUROSEE sowie S- und U-Boote und Flugzeuge der Luftwaffe. Abends vor Bornholm geankert.
22.10. – 25.10.	Flottenübungen in der Ostsee. Danach nach Swinemünde zum Hohenzollernbollwerk.
30.10. – 14.11.	Mehrfach zur Einzel- und Gefechtsausbildung aus Swinemünde aus- und eingelaufen.
15.11. – 16.11.	Flottenübungen in der Pommerschen Bucht, gemeinsam mit ADMIRAL SCHEER, LEIPZIG, 8.Z.Flo. mit BRUNO HEINEMANN, Z 25 (mit dem F.d.Z.), Z 23, Z 27 und Z 28 sowie den Tankschiffen DITHMARSCHEN und EUROSEE. In Swinemünde eingelaufen.
17.11. – 26.11.	Mehrfach aus Swinemünde aus- und eingelaufen In der Pommerschen Bucht Durchführung eines Torpedoschießabschnittes.

noch 1941

Anf. Dezember	Im Depot Kiel Dietrichsdorf Munitionsabgabe. Beginn der planmäßigen WLZ bei DWK mit Grundüberholung des Schiffes, Maschinenüberholung und der Erledigung einiger Änderungen und Umbauten.

1942

12.03.	Britischer Luftangriff auf Kiel. Dabei wird ein zur Reparatur ausgebautes Abdampfrohr einer Turbine schwer beschädigt. Der Abschluß der WLZ wird verschoben.
Mitte August	WLZ beendet. Die Änderungen und Umbauten sind ausführlich aufgeführt im Unterkapitel „Veränderungen 1935 – 1945". Siehe dort bei „1942". Es wurde auch eine neue Form des Tarnanstriches angebracht.
16.08. – 17.08.	Verlegung von Kiel nach Gotenhafen ins Becken IV.
Aug. – Sept.	Von Gotenhafen aus in der Ostsee Gefechtsausbildungen.
21.09.	In Swinemünde am Hohenzollernbollwerk. Es steigen 26 See-O.A. der Crew VI/42 ein.
26.09.	Zur Durchführung von Übungen in der mittleren Ostsee bei Bornholm aus Swinemünde ausgelaufen. Zeitweise ist Z 37 dabei.
27.09. – 30.09.	Bei Bornholm Torpedoschießübungen.
02.10. – 03.10.	Flottenübungen in der mittleren Ostsee, gemeinsam mit SCHARNHORST, LEIPZIG, Z 25, Z 31 und Z 37, T 22, FALKE und KONDOR. Anschließend in Swinemünde an das Hohenzollernbollwerk gegangen.
12.10.	Der See-O.A. Klaus-Peter Eich ist bei Flugzeugabwehrübungen von der 8,8-cm-Flak II (vordere Bb.) in die Ostsee gefallen und bei schwerem Seegang ertrunken.
15.10.	Große Gefechtsbesichtigung durch den Befehlshaber des Ausbildungsverbandes der Flotte (B.d.A.V.F.) KAdm. J.Lietzmann.
24.10.	Der Flottenchef Adm. O.Schniewind kommt an Bord.
27.10.	In der Ostsee wird das getaucht fahrende U 339 gerammt. Es taucht sofort auf, hat aber nur einen leichten Blechschaden am Turm. Bei NÜRNBERG ist ein Heizölbunker leckgeschlagen.
28.10.	In Gotenhafen eingelaufen und bei DWK Abt. Gotenhafen ins Schwimmdock gegangen.
Anf. November	Verlegung nach Swinemünde. Dort erfolgt die Ausrüstung für einen Verlegungsmarsch nach Norwegen. Anschließend Rückverlegung nach Gotenhafen.
11.11.	Von Gotenhafen mit Ziel Nordnorwegen ausgelaufen. U-Bootssicherung durch Z 25 und T 23.
12.11. – 13.11.	Vor Kopenhagen kommen Z 23 und Z 29 hinzu. T 23 wird entlassen. Die Südspitze von Norwegen wird umrundet und der Weitermarsch auf dem Schärenweg durchgeführt.
14.11.	Die Zerstörer werden nach Plan entlassen. Im Grimstadfjord innerhalb des Netzkastens festgemacht.

noch 1942

15.11. – 16.11.   Weiterfahrt. Aus Bergen kommend hängt sich Z 25 an. Marsch auf dem Schärenweg.
Wetterverschlechterung. Im Nordgulen (nördlich von Bergen) zu Anker gegangen.
Gleichfalls ankerte die 8.Z.Flo. mit Z 23 (Führerboot), Z 25 und Z 29.

17.11.   Weiter auf dem Schärenweg. Geankert auf Ålesund Reede.

18.11.   Anker gelichtet. Trondheim Leden, Trondheimfjord. Die 8.Z.Flo. wird entlassen. Im
Faettenfjord im Netzkasten festgemacht.

19.11. – 28.11.   Liegeplatz im Faettenfjord.

29.11.   Seeklar. Trondheim Leden, Schärenweg nach Norden. Begleitschutz durch eine
BV 138. Ankerplatz im Årsetfjord. Bei NÜRNBERG sind Z 29, M 205, M 132 und
M 381 sowie R 58.

30.11.   Seeklar. Den Polarkreis passiert. Vor Silavaagen im Sjonafjord geankert.

01.12.   Die Weiterfahrt erfolgt auf dem Schärenweg. Ankerplatz zwischen den Inseln Fugløya
und Fleina. Die See-O.A. werden zu Seekadetten ernannt.

02.12.   Anker auf zur letzten Etappe nach Narvik. M 381 entlassen. Vestfjord, Ofotfjord und
in der Bogenbucht geankert.

03.12.   Bogenbucht im Ofotfjord. Meldung des Kmdt. beim Admiral Nordmeer auf Aviso
GRILLE in Narvik.

04.12. – 08.12.   Zum netzgeschützten Liegeplatz III verholt.

09.12. – 28.12.   MES-Vermessung, Fahrübungen in der Bogenbucht. Dann wieder Liegeplatz III.

29.12.   Plötzlicher Einfall von orkanartigen Böen aus Nordwest. Das Schiff beginnt vor dem
Anker zu treiben. Die Achterleinen brechen bis auf eine. Zwei Schlepper stoppen die
Abdrift.

29.12. – 01.01.   NÜRNBERG verläßt den Netzkasten und ankert auf der Westseite der Bogenbucht.

1943

02.01. – 10.01.   Wieder netzgeschützter Liegeplatz III.

11.01. – 12.01.   Auslaufen für Fahrübungen und Ausbildung auf See. An der Westseite der Bogenbucht
geankert. 25 Seekadetten werden ausgeschifft zur Eisenbahnfahrt durch Schweden zur
Marinekriegsschule Flensburg-Mürwik.

13.01. – 30.01.   Bogenbucht Liegeplatz III.

31.01.   Auffrischen des Windes. Der Liegeplatz III ist nicht brauchbar.

01.02. – 10.02.   Ausbildung in See. Fahr- und Scheinwerferübungen.

11.02. – 15.02.   Ankerplatz in der Bogenbucht.

16.02. – 23.02.   Ausbildungsfahrten.

noch 1943

24.02.	Der B.d.K. K.Adm. A.Thiele ist zur Besatzungsmusterung an Bord gekommen.

24.02.   Der B.d.K. K.Adm. A.Thiele ist zur Besatzungsmusterung an Bord gekommen.

25.02. – 05.03.   In der Bogenbucht geankert.

05.03. – 14.03.   NÜRNBERG bekommt den netzgeschützten Liegeplatz I, der für TIRPITZ vorgesehen war, aber für TIRPITZ nicht brauchbar war. Bei Sturm treten aber Schwierigkeiten auf. Es wird deshalb später in der Bogenbucht geankert.

15.03.   NÜRNBERG fährt als Zielschiff beim Torpedoschießen des Kreuzers LÜTZOW.

16.03.   Zur Besatzungsmusterung kommt der B.d.K. Adm. O.Kummetz an Bord.

17.03.   Kmdt.-Sitzung mit I.O., I.A.O. und N.O. auf TIRPITZ.

18.03. – 20.03.   Verbandsübungen gemeinsam mit TIRPITZ (B.d.K.), SCHARNHORST, LÜTZOW, 5. und 6.Z.Flo. mit THEODOR RIEDEL, ERICH STEINBRINCK, KARL GALSTER und Z 28, 3.T.Flo. mit T 20 und T 21 und schließlich JAGUAR und GREIF.

21.03. – 22.03.   Der B.d.K.-Verband läuft ohne NÜRNBERG aus. Die T-Boote JAGUAR und GREIF kommen längsseits.

23.03. – 29.03.   In der Bogenbucht geankert.

30.03.   Verlegung mit JAGUAR und GREIF nach Harstad.

31.03. – 27.04.   Auf Harstad Reede geankert. Später in den Netzkasten II verholt.

27.04.   Weitermarsch nach Süden mit Zerstörer RICHARD BEITZEN und den T-Booten JAGUAR und GREIF.

29.04.   Trondheim Reede, MES-Vermessung. Im Åsenfjord geankert. Das Stichwort „Nettelbeck" für die Rückverlegung nach Deutschland trifft ein.

30.04.   Seeklar. NÜRNBERG mit RICHARD BEITZEN, der 5.T.Flo. mit JAGUAR, GREIF und T 24 fahren im Verband. Zwei Jäger geben Schutz. Kristiansund-Nord, Hustadviken. Feindliche Flugzeuge in Sicht. Beim Verband sind etwa neun Jäger Me 109 und Focke Wulf sowie die Bordflugzeuge Ar 196. Ålesund.

01.05.   Stadlandet, Vaagsfjord. Bei Haugesund Austritt aus den Schären. Luftgefahr.

02.05.   Über dem Verband befindet sich Jagdschutz. Beide T-Boote werden nach Kristiansand entlassen. Bei NÜRNBERG befindet sich noch RICHARD BEITZEN und T 24.

03.05.   Großer Belt. In der Strander Bucht geankert.

04.05. – 25.05.   In Kiel und in der mittleren Ostsee. Manchmal auch in Swinemünde.

26.05. – 27.05.   NÜRNBERG wird von Kiel nach Gotenhafen, wegen der bevorstehenden WLZ, verlegt.

28.05. – 28.06.   WLZ: Planmäßige Maschinenüberholung bei DWK Abt. Gotenhafen im Becken IV. Der Tarnanstrich wird unterhalb der Torpedorohre leicht verändert.

06.06. – 07.06.   Kmdt.-Wechsel: Kapt.z.S. Böhmig löst Kapt.z.S. von Studnitz ab. NÜRNBERG wird zur Bordausbildung der O.A. dem Ausbildungsverband der Flotte unterstellt.

30.06.	Am Seebahnhof in Gotenhafen steigen zwei See-O.A.- und eine Ing.-O.A.-Division ein.
01.07.	GroßAdm. Karl Dönitz hält in Gotenhafen eine Ansprache an die Soldaten des Ausbildungsverbandes der Flotte.
02.07.	In Gotenhafen Verlegung vom Seebahnhof nach Becken IV.
11.07.	Vorbereitungen zum Seeklarmachen. Anbordnehmen zusätzlicher Flak. Brennstoff-, Wasser- und Proviantübernahme.
12.07. – 13.07.	Aus Gotenhafen ausgelaufen. MES-Schleifenfahrt und Ausbildung auf See.
14.07. – 17.07.	Mit NÜRNBERG als Führerschiff vor Hela Verbandsfahren. Der B.d.A.V.F. VAdm. A.Thiele leitet an Bord das Flottenmanöver. Die Flotte besteht aus: NÜRNBERG, ADMIRAL SCHEER, EMDEN, SCHLESIEN, Z 29, Z 33, T 26 und T 27. Der Verband evolutioniert und macht Nebelmanöver. Bomben- und Torpedoflugzeuge Ju 88, Ar 196 und Me 109 greifen zur Übung an. Flakschießen. Am Ende Anlegen in Gotenhafen am Seebahnhof.
18.07. – 23.07.	Aus Gotenhafen ausgelaufen. Einzelübungen mit „Fliegeralarm zur Übung" und „Boje über Bord-Manöver". Abends vor Nexö auf Bornholm geankert. Dann Fortsetzung der Ausbildung. Landgänge in Nexö. Vermuren und Entmuren geübt.
23.07.	In Swinemünde eingelaufen und am Hohenzollernbollwerk festgemacht.
26.07. – 27.07.	Verlegung von Swinemünde nach Gotenhafen ins Becken V.
28.07. – 13.08.	Unterricht und Gefechtsausbildung im Hafen. Der Schwimmkran bringt Geräte.
14.08. – 18.08.	Zur Ausrüstung an den Seebahnhof verlegt. Dort befindet sich auch die Abstimm-Mole. Die Geschütze werden abgestimmt.
18.08. – 20.08.	Funkbeschickung auf See. Schleppmanöver mit EMDEN. Gastaufe des Schiffes.
20.08. – 27.08.	Marsch nach Riga. In Riga hinter der Brücke, von außen gesehen rechts an der Düna, angelegt. Empfang durch ein Musikkorps und Abordnungen von der Kriegsmarine und und der in Riga stationierten „Blitzmädel". Besucher an Bord. Landausflüge der Besatzung. Proviantübernahme.
27.08. – 28.08.	Fahrt von Riga nach Libau. Liegeplatz innerhalb des Außenhafens.
28.08. – 30.08.	Rückmarsch nach Gotenhafen ins Becken IV. Beim Anlegen Kollision mit einem Kran.
31.08. – 03.09.	Aus Gotenhafen ausgelaufen. Einen Schießabschnitt gefahren und Torpedoschießen. Als Zielschiff und auch als Angreifer gefahren. Schließlich wieder Gotenhafen Becken IV.
05.09. – 06.09.	Landgänge und Abkomm- und Kalibermunition übernommen.
07.09. – 10.09.	Ausgelaufen. Flakschießen auf Schleppscheibe. Abkommschießen der M.A. Kaliberschießen der 8,8-cm-Flak. Wieder in Gotenhafen eingelaufen.
11.09. – 21.09.	Hafentage in Gotenhafen. Proviantübernahme. Dienst- und Navigationsunterricht. Divisionsdienst, Auf- und Abtakeln des Segelkutters. Rollendienst.

noch 1943

21.09. – 24.09.	Ausgelaufen. Kaliberschießen in der Danziger Bucht. Die M.A. schießt auf Luftziele und auf das Fernlenk-Zielschiff HESSEN. Wieder Gotenhafen eingelaufen. Becken IV.
27.09. – 30.09.	Seeklar zu Verbandsübungen. Der Verband besteht aus: PRINZ EUGEN (Flaggschiff des Flottenchefs GenAdm. O.Schniewind), ADMIRAL SCHEER, NÜRNBERG, EMDEN, LEIPZIG, Z 34, Z 39, T 28. T 15, T 16 und T 18. Der Verband liegt schließlich vor Hela auf Reede.
01.10.	Der Kmdt. übergibt Kriegsauszeichnungen. Es erfolgen Beförderungen. Die O.A. werden zu Kadetten ernannt.
02.10.	Einlaufen in Gotenhafen.
03.10. – 08.10.	Hafentage mit Ausbildung und Waffenreinigen. Kutterpullen und Unterricht.
09.10.	150 feindliche Flugzeuge im Anflug auf Gotenhafen. Vernebelung. Die Flak schießt. Es erfolgen Bombenabwürfe. Das Lazarettschiff STUTTGART hat im Becken IV einen Volltreffer bekommen und brennt. Es wird aus dem Hafen geschleppt und brennt draußen aus. Danach Landgänge.
10.10. – 19.10.	Ausbildung im Hafen. Aufräumungshilfen im Torpedoarsenal. Munitionsübernahme. Stabsoffiziere des Heeres und zwei Luftwaffengenerale besichtigen die Bewaffnung der NÜRNBERG.
20.10. – 21.10.	Seeklar. Bei Hela MES-Fahrten und Funkbeschickung. Anschließend in Gotenhafen eingelaufen und am Seebahnhof festgemacht.
22.10. – 25.10.	In das Becken IV verholt. Generalreinschiff.
26.10. – 28.10.	Aus Gotenhafen ausgelaufen. Schleppmanöver mit Z 35.
28.10. – 31.10.	In Pillau eingelaufen. Landgänge.
01.11. – 03.11.	Aus Pillau ausgelaufen. Als Zielschiff für eine U.Flo. gefahren. Wieder in Gotenhafen eingelaufen und im Becken V festgemacht.
04.11. – 08.11.	Hafentage mit Ausbildung in Gotenhafen.
09.11. – 11.11.	Ausgelaufen. Torpedoschießübungen. Wieder nach Gotenhafen, aber zum Becken IV.
12.11. – 14.11.	Brennstoffübernahme und Großreinschiff. Waffenreinigen. Landgänge.
14.11. – 15.11.	Mit Schlepperhilfe in das Becken II verholt, aber wegen des Seeganges innerhalb der Mole festgemacht.
16.11. – 23.11.	Seeklar und Auslaufen. Es gibt Seekranke. Gefechtsdienst. Beginn einer Ausbildungsreise nach Oslo. Kopenhagen passiert, Skagerrak, Oslofjord, Horten, an der Untergangsstelle von BLÜCHER Flagge Halbstocks gesetzt. In Oslo in Nähe des Silos festgemacht.
23.11. – 29.11.	NÜRNBERG liegt in Oslo. Der Oberbefehlshaber des MOK Norwegen Adm. O.Ciliax kommt an Bord. Landgänge.
29.11. – 30.11.	Aus Oslo ausgelaufen. Fahrt durch Oslofjord und Skagerrak. In Kopenhagen eingelaufen.
30.11. – 02.12.	NÜRNBERG liegt in Kopenhagen. Landgänge.

noch 1943

02.12. – 03.12.	Rückmarsch nach Gotenhafen und dort im Becken V festgemacht.
04.12. – 06.12.	In Gotenhafen Munitionsübernahme.
07.12. – 08.12.	Aus Gotenhafen zum Kaliberschießen ausgelaufen.
09.12. – 13.12.	In Gotenhafen im Becken V festgemacht.
14.12. – 16.12.	Ausgelaufen zum Torpedoschießen mit Z 39 als Zielschiff. Schließlich wieder in Goten-hafen eingelaufen.
17.12. – 18.12.	Reinschiff. Neuanstrich der Außenhaut und der Aufbauten.
19.12.	Seeklar. Ausgelaufen und auf Reede geankert.
20.12.	Gefechtsbesichtigung durch den B.d.A.V.F. VAdm. A.Thiele, der mit dem Tender GAZELLE kam. Musterungen von 09 bis 17 Uhr. Anschließend wieder eingelaufen und im Becken V festgemacht.
21.12. – 23.12.	Die Kadetten bereiten sich auf ihre Prüfungen vor.
24.12.	Kriegsweihnacht 1943.
28.12. – 30.12.	Schriftliche und mündliche Prüfungen der Kadetten.

1944

01.01.	Großes Kutterrace der beiden Seekadetten-Divisionen im Hafen.
02.01. – 12.01.	Weitere Ausbildungen und Vorbereitungen zur Abschlußbesichtigung der Kadetten.
13.01.	Abschlußbesichtigung der drei Kadetten-Divisionen. In Begleitung des B.d.A.V.F. VAdm. A.Thiele sind der Chef der Bildungsinspektion KAdm. R.Rogge und der Chef des Personalamtes. Nach der Musterung erfolgen Besichtigungen und die Schlußbespre-chung. Die Kadetten der Crew IV/43 haben damit die Bordausbildung beendet. Es folgen die Abkommandierungen zu den Marinekriegsschulen.
30.01. – 31.01.	NÜRNBERG liegt in Gotenhafen im Becken V, in dem auch die GNEISENAU ohne Vorschiff unter einem Tarnnetz liegt. Es steigen auf NÜRNBERG 110 Ing.-O.A. und 140 See.-O.A. der Crew X/43 ein.
02.02. – 03.02.	Der Schwimmkran legt an der Stb.-Seite an und nimmt die 8,8-cm Flak I und IV von Bord. Es erfolgt Munitionsabgabe.
04.02. – 07.02.	Großreinschiff, einschließlich Farbe waschen, auf Gotenhafen Reede.
07.02. – 14.02.	NÜRNBERG geht in das Schwimmdock der DWK Abt. Gotenhafen. Der Rumpf erhält einen neuen Anstrich. Die Korrosionsschutz-Barren in der Nähe des Ruders und der Schrauben werden erneuert. Ein neues Unterwasserhorchgerät wird eingebaut.
17.02. – 18.02.	Ausgelaufen, um die neu eingebauten Geräte zu prüfen.
19.02.	Der Schwimmkran kommt längsseits und bringt die 8,8-cm Flak I und IV zurück. Die Segelschulschiffe HORST WESSEL und ALBERT LEO SCHLAGETER liegen auch im Hafen.

21.02. – 23.02.   Wieder auf Reede, um neu eingebautes Gerät auszuprobieren.

24.02. – 27.02.   Gotenhafen.

28.02. – 01.03.   Seeklar. Flakschießen auf eine von einem Flugzeug geschleppte Scheibe. MES-Fahrten.
Dann wieder nach Gotenhafen und im Becken V festgemacht.

03.03.   Es wird ein Landungskorps aufgestellt.

06.03. – 08.03.   Munitionsübernahme.

11.03. – 13.03.   Ausgelaufen. Die SAS schießt mit den drei 15-cm-Türmen den ganzen Tag mit Abkomm-
Munition. Scheibenschießen der 3,7-cm- und 8,8-cm-Flak. Die Entfernung beträgt 15
bis 17 km. Scheinwerferübungen.

14.03.   In Gotenhafen eingelaufen und am Seebahnhof festgemacht. Geschützreinigen.

16.03. – 20.03.   Ausgelaufen zum Gefechtsdienst und zu Schießübungen. Schließlich wieder in Gotenhafen
am Seebahnhof festgemacht.

23.03.   Vom Seebahnhof in das Becken IV verholt. Anlegen an Stb.-Seite. Dort liegt fast die
ganze Flotte.

26.03. – 31.03.   Seeklar. Auf Reede liegen die drei Schweren Kreuzer LÜTZOW, ADMIRAL SCHEER
und PRINZ EUGEN. Ferner kommt die EMDEN hinzu. Der B.d.A.V.F. VAdm. A.
Thiele und der Flottenchef GenAdm. O. Schniewind sind auf LÜTZOW eingeschifft.
NÜRNBERG macht Schleppmanöver mit der EMDEN. Fahrübungen in Dwarslinie und
Staffel. Durchspielen eines Gefechtes. Nach Beendigung der Übungen steigt der Flotten-
chef auf NÜRNBERG ein. Schließlich Einlaufen in Gotenhafen und dort ins Becken IV.

01.04. – 02.04.   Proviantübernahme und Reinschiff.

03.04. – 04.04.   Auf Gotenhafen Reede.

05.04. – 06.04.   Fahrt nach Swinemünde. Anlegen in Osternothafen.

07.04. – 13.04.   In Swinemünde.

13.04. – 14.04.   Fahrt nach Libau und dort im Vorhafen geankert.

15.04. – 16.04.   In Libau Landgang und Werftbesichtigung.

16.04. – 18.04.   Von Libau nach Gotenhafen gelaufen. Während der Fahrt Flakschießübungen.
In Gotenhafen im Becken IV festgemacht.

20.04.   Der Kmdt. verleiht Kriegsverdienstkreuze und die O.A. werden zu Kadetten ernannt.

21.04. – 22.04.   Gefechtsdienst und Schiff grau gepönt. Ende der Tarnanstriche.

25.04. – 28.04.   Seeklar. Zielschießen der M.A. und Flak. Schließlich Einlaufen in Gotenhafen und dort
im Becken V festgemacht.

29.04. – 01.05.   Flakübungen und Proviantübernahme.

02.05. – 04.05.   Seeklar. Gefechtsbilderfahren. In Pillau angelegt.

noch 1944

05.05. – 16.05.	In Pillau. Waffenreinigen, Landgänge und Zwischenprüfung der Kadetten. In Pillau liegen: ROBERT LEY, PRETORIA, UBENA, T-Boote und Torpedofangboote (300 bis 400 t) sowie die 1.U-Boot-Lehrdivision (1.ULD).
10.05. – 12.05.	Aus Pillau ausgelaufen. U-Bootsangriffe zur Übung. Wieder in Pillau angelegt.
15.05. – 18.05.	Aus Pillau ausgelaufen. Gefechtsbilderfahren, „Boje über Bord-Manöver", MES-Fahrten und Vermuren. Schließlich wieder nach Gotenhafen ins Becken V.
19.05.	Vor dem Hafen Kuttersegeln. Mittags gibt der Kmdt. die Vollstreckung eines Todesurteils an einem Maschinenobergefreiten wegen Fahnenflucht bekannt. Besichtigungen auf der MONTE OLIVIA.
20.05.	Gegenüber von NÜRNBERG liegt zur Wiederindienststellung ADMIRAL HIPPER.
21.05.	Landurlaube.
22.05.	Während eines Gefechtsbildes steigt VAdm. A.Thiele zu einem kurzen Besuch ein.
23.05. – 30.05.	Gefechtsdienst, Waffenreinigen. Ein Waldstück in Gotenhafen wird zur Übung durchkämmt. Anschließend erfolgt ein Vorbeimarsch an VAdm. A.Thiele. Ein Teil der Kadetten macht bis Neufahrwasser eine Navigationsbelehrungsfahrt auf NADIR und RIEGEL. Landurlaube.
31.05. – 02.06.	Auslaufen nach Kopenhagen. Im Ostbecken in Kopenhagen festgemacht. Landgänge.
02.06. – 06.06.	NÜRNBERG liegt in Kopenhagen. Wegen der Invasion in Frankreich fällt die Weiterfahrt nach Oslo und Bergen aus.
07.06. – 09.06.	Rückfahrt nach Gotenhafen und dort im Becken V festgemacht. Geschützreinigen.
12.06.	Feuer im Schiff. Ein Umformer in Abt. III brennt. Es werden Kabelbahnen der Artillerie beschädigt. Das Auslaufen verzögert sich um Tage.
13.06. – 14.06.	Gefechtsdienst im Hafen.
15.06. – 17.06.	Ausgelaufen zum Flakschießen und M.A.-Landzielschießen. Wieder eingelaufen.
20.06.	Munitionsergänzung. Seeklar. Die Flak beschießt Seeziele. Nachtschießen.
21.06. – 27.06.	Nachtschießen der M.A. und Flak. Geschützreinigen. Schießbesprechung durch den Kmdt.. Reinschiff.
28.06.	In Blau auf der Schanz angetreten. Der Flottenchef GenAdm. O.Schniewind kommt und schreitet die Front ab. Dann geht es auf die Gefechtsstationen. Gefechtsbildfahren. Der Flottenchef ist sehr zufrieden.
29.06.	Während des Einlaufens erfolgen die schriftlichen Prüfungen der Kadetten. Nachmittags erfolgen weitere Prüfungen.
30.06. – 07.07.	Divisionsdienst und Signalprüfung der Kadetten.

noch 1944

08.07. – 11.07.	Auslaufen zur Abschlußbesichtigung. Der B.d.A.V.F. A.Thiele schreitet die Front ab. Dann erfolgen Einzelbesichtigungen. Besichtigung des D.O.-Unterrichts und des Bootsdienstes. Abschlußbesprechung auf der Schanz. Der Admiral war zufrieden. Der Befehlshaber geht von Bord und NÜRNBERG läuft in Gotenhafen ein.
22.07.	Ausgelaufen und Gefechtsbildfahren. Wieder eingelaufen.
26.07.	Der militärische Gruß wird durch den „Deutschen Gruß" abgelöst. Die Besatzung übt nun diesen neuen Gruß.
27.07. – 29.07.	Zu Verbandsübungen und zur Flottenparade ausgelaufen. Auf NÜRNBERG befindet sich der scheidende Flottenchef GenAdm. O.Schniewind und der neue Flottenchef VAdm. W.Meendsen-Bohlken. Die Besatzung ist in Paradestellung an der Stb.-Seite angetreten. In geringer Entfernung fahren PRINZ EUGEN, ADMIRAL SCHEER, LÜTZOW (mit dem F.d.Z. KAdm. L.Kreisch), KÖLN und EMDEN vorbei. Anschließend Einlaufen in Gotenhafen und im Becken IV festgemacht.
30.07.	Die Kadetten steigen aus. Der Bordlehrgang der Crew X/43 ist zu Ende.
01.08.	Etwa 250 zur Bordausbildung auf NÜRNBERG kommandierte See- und Ing.-O.A. der Crew IV/44 steigen in Gotenhafen ein.
04.08.	Musterung durch den Kmdt.. Anschließend Abgabe der 8,8-cm- und 15-cm-Munition, da das Schiff für mehrere Wochen in die Werft DWK Abt. Gotenhafen geht.
05.08. – 08.08.	Für die O.A. findet Unterricht und Rollendienst statt.
09.08. – 05.09.	Mit Schlepperhilfe nach Becken VI verholt. Der Schwimmkran GUSTAV hilft bei der Vonbordgabe verschiedener Geschütze und zahlreicher Ausrüstungsgegenstände. Für die O.A. geht die Ausbildung mit Unterricht, Kutterpullen, Wachdienst, Reinschiff usw. weiter. WLZ und Maschinenüberholung.
06.09. – 14.09.	NÜRNBERG wird in das Schwimmdock eingedockt. Abkratzen des Schiffsbodenbewuchses und Neuanstrich des Unterwasserschiffs.
14.09.	NÜRNBERG wird wieder ausgedockt und an die Werftpier geschleppt, um dort die WLZ fortzusetzen.
20.09. – 29.09.	Die Flakarmierung wird geändert. Siehe die ausführliche Beschreibung im Unterkapitel „Veränderungen 1935 – 1945". Montage von Minenschienen. Munitionsübernahme.
30.09.	NÜRNBERG erhält Besuch vom Flottenchef VAdm. W.Meendsen-Bohlken, vom Chef des Stabes KAdm. R.Rothe-Roth und vom B.d.A.V.F. VAdm. A.Thiele. Es findet eine Besatzungsmusterung und eine Ansprache des Flottenchefs statt.
01.10.	Die See- und Ing.-O.A. werden zu Kadetten ernannt.
03.10. – 04.10.	Die WLZ ist beendet. NÜRNBERG wird mit Schlepperhilfe in das Becken II geschleppt. Standprobe der Maschine.
07.10.	Kmdt.-Wechsel: Kapt.z.S. Gießler löst Kapt.z.S. Böhmig ab.
09.10.	Seeklarbesichtigung durch den Kmdt.. Zur Übung „Fliegeralarm" und „Feuer im Schiff".

noch 1944

10.10. – 11.10.	Zu Einzelübungen und zur Ausbildung in der mittleren Ostsee. MES-Fahrten. Gefechtsdienst in See. Schließlich wieder in Gotenhafen im Becken IV festgemacht.
12.10. – 15.10.	Neuanstrich des über dem Wasser gelegenen Teils des Schiffsrumpfes und der Aufbauten. An Bord große Ratten- und Kakerlakenplage.
18.10. – 21.10.	Zu Einzelübungen und zur Ausbildung auf See aus Gotenhafen ausgelaufen. Gefechtsdienst mit Schießübungen auf Flugzeuge, S- und U-Boote. Funkbeschickung. Schießübungen der leichten Flak auf einen von einem Flugzeug geschleppten Luftzielsack. Schließlich wieder in Gotenhafen eingelaufen und im Becken IV festgemacht.
28.10. – 02.11.	Gotenhafen ausgelaufen zur Teilnahme an Verbandsübungen in der Ostsee etwa 30 sm nördlich von Hela. Zum Verband gehören: ADMIRAL SCHEER, LÜTZOW, ADMIRAL HIPPER, NÜRNBERG, 6.Z.Flo. mit Z 36 (Führerboot des F.d.Z. KAdm. L.Kreisch), Z 25 und Z 43 und die 5.T.Flo. mit T 34 und T 35. Sturm mit Stärke 8 und Seegang 7. Der größte Teil der Besatzung ist seekrank. Schließlich wieder in Gotenhafen eingelaufen und im Becken V festgemacht.
04.11. – 14.11.	Aus Gotenhafen ausgelaufen zu Übungen und zur Ausbildung auf See in der östlichen Ostsee. Die Zwischenprüfung der Kadetten findet auf See statt. Gefechtsbilder gefahren. Die leichte Flak schießt auf einen Luftsack.
15.11.	Das Einlaufen in Gotenhafen bei Sturm ist schwierig. Es wird mehrmals geankert. Am Abend wird beim Anlegen an die Pier mit dem Bug der dort liegende Zerstörer PAUL JACOBI an dessen Stb.-Seite gerammt und beschädigt. NÜRNBERG macht dann hinter dem Lazarettschiff BERLIN fest.
17.11.	Vormittags Ansprache des Ob.d.M. GroßAdm. Karl Dönitz an Offiziere und einen Teil der Schiffsbesatzungen in Gotenhafen. Nachmittags ausgelaufen.
18.11. – 19.11.	Fahren eines Gefechtsbildes in See und in der Nacht Scheinwerferübungen. Bei Sturm bis zur Stärke 8 wieder in Gotenhafen eingelaufen und im Becken IV festgemacht.
21.11.	Exekution eines vom Kreuzer desertierten Lothringers.
23.11. – 26.11.	Ausgelaufen, um in der Danziger Bucht Gefechtsbilder zu fahren. Dann wieder in Gotenhafen im Becken IV festgemacht.
01.12. – 05.12.	Aus Gotenhafen ausgelaufen, zwecks Ausbildung auf See, einschließlich Gefechtsbildfahren. Dann wieder eingelaufen und im Becken IV festgemacht.
06.12.	Im Hafen wird eine Sabotageabwehrübung durchgeführt. An Bord werden von „Agenten", unbemerkt von der Besatzung, „Haftladungen" an mehreren Stellen angebracht.
07.12. – 10.12.	Zur Behebung verschiedener Mängel in das Schwimmdock der DWK. Abt. Gotenhafen eingedockt. Nach Beendigung der Arbeiten wird im Becken V festgemacht.
11.12. – 17.12.	Übernahme von 15-cm-Kartuschen. Tages- und Nachtgefechtsübungen an der Pier. Ausbildung und Unterricht für die Kadetten.
18.12. – 19.12.	Marsch mit dem Hilfskreuzer HANSA und einem Minengeleit nach Swinemünde. Am Hohenzollernbollwerk festgemacht. Übernahme von Übungstorpedos.
20.12. – 24.12.	Auslaufen in das Seegebiet von Bornholm. Kaliberschießen der M.A. und Nachttorpedoschießen. Zurück zum Hohenzollernbollwerk. Die Besatzung feiert Weihnachten.

noch 1944

26.12. – 28.12. Ausrüstung für einen Mineneinsatz im Oslofjord.

29.12. Der Flottenchef VAdm. W.Meendsen-Bohlken kommt an Bord. Es findet eine Gefechts-
besichtigung auf den Einzelgefechtsstationen statt. Danach wird NÜRNBERG kriegsbereit gemeldet. Der Mineneinsatz wird vor der Besatzung noch geheim gehalten.

1945

02.01. Der Kmdt. gibt den Einsatz des Kreuzers in norwegischen Gewässern bekannt. Zum Sperrzeugamt verholt und Übernahme von 130 Minen des Typs EMC. Mit einem Kran wird die
FuMO 25-Antenne gegen eine FuMO 33-Antenne ausgetauscht und über das FuMB 31
mit FuMB-Ant.6 » Palau « noch ein FuMB 24 » Cuba Ia/Fliege « montiert. Auf den
achteren Mast kam ein FuMO 63 » Hohentwiel K «.

03.01. Aus Swinemünde ausgelaufen. Beginn des Kriegsmarsches. Am Tag hinter dem Sperrbrecher 104 und dem Minengeleit von M 453 und R 255 durch den Großen Belt. Das
Minenschiff LINZ schließt sich an.

04.01. Nachdem auch M 403 eingetroffen ist, wird der Marsch nach Norden auf dem Weg 28
angetreten. Auf dem Ankerplatz „C" trifft das Minenschiff ELSASS ein.

05.01. Marsch auf dem Weg 28 fortgesetzt. Die taktische Reihenfolge ist: NÜRNBERG,
LINZ, ELSASS und als Geleitboote M 403 und M 470. ELSASS fährt auf eine
Mine und sinkt innerhalb von fünf Minuten. M 403 und LINZ laufen zur Unglücks-
stelle. 118 Überlebende und 41 Tote werden geborgen.

07.01. – 08.01. Fortsetzung des Marsches hinter dem Sperrbrecher 172. Später übernimmt das Geleit
bis zum Oslofjord die 3.T.Flo. mit T 19, F 4 und F 10 und die 8.R.Flo. Dort in der
Leira-Bucht geankert. Diese Bucht liegt etwa 8 km südwestlich von Frederikstad.
(Norwegisch wird diese Bucht Lera-Bucht genannt). Der F.d.Z. VAdm. L.Kreisch
kommt mit vier Offizieren seines Stabes an Bord. Der Minentransporter LAUTING
kommt zur Abgabe von 50 Minen des Typs EMC längsseits. Fahren im Verband, der
für das geplante Minenunternehmen aus NÜRNBERG, LINZ, den Zerstörern
THEODOR RIEDEL und FRIEDRICH IHN und den T-Booten T 13 und T 19
bestehen wird.

09.01. – 10.01. Heizölübernahme aus dem Tankdampfer THALATTA. Weitere Fahrübungen.

11.01. In der Leira-Bucht geankert. Bekämpfung eines Bilgenbrandes im Kesselraum 3, bei
dem jedoch keine Schäden auftraten.

13.01. In der Leira-Bucht Eingang des Stichwortbefehls „Titus" zum Werfen der Minensperre
in der folgenden Nacht. Die an Bord befindlichen 180 Minen des Typs EMC werden
scharfgemacht. T 19 und T 20 kommen zur Ölergänzung längsseits. Beim Anlegen
reißt T 19 oberhalb der Stb.-Backspier ein etwa 100 cm x 40 cm großes Loch in die
Bordwand des Kreuzers, das aber mit Bordmitteln sofort wieder dichtgeschweißt wird.
NÜRNBERG übernimmt 116 m³ Heizöl vom Tanker UTVAER. Gegen 16 Uhr
„seeklar" und Anker auf zur Minenunternehmung. Der Sammelplatz des Verbandes ist
2 sm ostwärts von Fulehuk. Der Marsch zum Sammelpunkt mit der 8.R.Flo. (R 96,
R 98, R 100, R 118, R 130, R 147 und R 148) wird mit 14 kn fortgesetzt.
Verbandsformation: NÜRNBERG und LINZ in Kiellinie, FRIEDRICH IHN und
THEODOR RIEDEL, T 19 und T 20 bilden die Fla-Sicherung. Die Zerstörer fahren
vorn und die T-Boote hinten. Es ist eine sehr helle Nacht mit mittlerer bis guter Sicht.
Vormarsch durch das Skagerrak mit SW-Kurs. Luftwarnmeldungen gehen ein. Mit dem
FuMB werden Anstrahlungen von britischen Flugzeug-Radargeräten (Rotterdamgeräten)

noch 13.01.	gemessen. Leuchtbomben werden gesichtet. Leuchtschirme treiben über das Schiff, das dadurch hell erleuchtet wird. Es beginnen Ausweichmanöver nach der Bb.-Seite. Etwa vier Bomben schlagen Bb. voraus ins Wasser. Im Schiff treten Erschütterungen auf. Mit allen Fla-Waffen wird Sperrfeuer geschossen und zwar nach Bb. in Richtung 210° bis 270°. Munitionsverbrauch: 38 – 8,8-cm, 35 – 4 cm, 32 – 3,7-cm und 146 – 2-cm. Der Marsch wird auf dem Weg 42 fortgesetzt. Gegen 23 Uhr wird die 8.R.Flo. mit den sieben R-Booten gesichtet. Der Verband formiert sich zur Kiellinie. Die R-Boote setzen sich mit ausgebrachten Geräten zur Minensicherung vor den Verband. Gegen Mitternacht wird auf Wurfkurs von 148° gegangen.
14.01.	Mitternacht Einnahme der Wurfformation: An der Spitze NÜRNBERG mit dem F.d.Z., an Bb. achteraus THEODOR RIEDEL, FRIEDRICH IHN und T 19 und an Stb. achteraus LINZ und T 20. 00.16 Uhr wird von NÜRNBERG die erste Mine geworfen. Zeitversetzt beginnen auch die anderen Einheiten des Verbandes. Ein britischer Aufklärer meldet die Sichtung von vier Zerstörern. NÜRNBERG bleibt unentdeckt. 01.12 Uhr wirft NÜRNBERG die letzte Mine. Die Minensperre liegt vom Kristiansandfjord aus gerechnet in südöstlicher Richtung in das Skagerrak hinein. Bei einer Wurffahrt von 12 kn sind dies 11,2 sm (18,5 km). Der Rückmarsch beginnt. 02.46 Uhr werden die R-Boote wegen des recht kräftigen Seeganges entlassen. 09.55 Uhr wird in der Leira-Bucht im Oslofjord geankert. Abends wird wegen der Luftgefahr im Oslofjord auf- und abgestanden.
15.01. – 16.01.	Morgens in der Leira-Bucht geankert und abends Auf- und Abstehen im Oslofjord. Es gibt einen schweren Schneesturm.
17.01.	Vormittags wieder in der Leira-Bucht geankert. Gefechtsdienst für die Kadetten. Mit Hilfe des V-Bootes wird Proviant übernommen. Mit dem K-Boot werden 30 O.A. der Crew X/44 (unter ihnen der Verfasser) an Bord gebracht. Abends wieder Auf- und Abstehen im Fjord.
18.01.	Bei strengem Frost wird im Fjord ein Gefechtsbild gefahren. Der F.d.Z. ist noch an Bord. Der Stand der Gefechtsausbildung ist voll zufriedenstellend. Der Tankdampfer BROMBERG trifft im Fjord ein.
19.01. – 21.01.	In Vorbereitung des Minenunternehmens „Augustus" werden mit dem Verband, zu dem noch das Minenschiff LOTHRINGEN gehört, Fahrübungen im Fjord durchgeführt. Der Minentransporter LAUTING ist bereits da. Der Minentransporter IRBEN wird noch erwartet. Das Minenunternehmen „Augustus" wird verschoben.
22.01.	Befehl vom Admiral Skagerrak: NÜRNBERG und die beiden Minenschiffe sollen nach Kopenhagen verlegen. Der F.d.Z. steigt auf den Zerstörer KARL GALSTER über, der bei NÜRNBERG längsseits gekommen ist, um Munition und Öl zu übernehmen. Gleichfalls kommt ein T-Boot längsseits.
24.01.	Mittags seeklar und Anker auf. Der Verband sammelt sich bei Fulehuk zum Marsch durch das Skagerrak nach Süden. Es gehören dazu: NÜRNBERG, LINZ, LOTHRINGEN, KARL GALSTER (mit dem F.d.Z.), T 19 und T 20.
25.01.	Gegen 16.30 Uhr wird in Kopenhagen eingelaufen und ohne Schlepperhilfe im Freihafen im Ostbecken am Ostkai festgemacht. Im Hafen liegt der Hilfskreuzer HANSA.
26.01. – 28.01.	Hafentage mit Landgängen.
29.01.	Der Kadettenlehrgang der Crew IV/44 wird zu den Marinekriegsschulen abkommandiert und steigt von NÜRNBERG aus.

noch 1945

30.01.	115 See-O.A. und ca. 100 Ing.-O.A. der Crew X/44 kommen an Bord. 30 See-O.A. waren ja schon am 17.01.1945 eingestiegen.
31.01. – 14.02.	Landgänge und Ausbildungsbetrieb. Beim Gefechtsdienst: Geschützausbildung, Waffenkunde, Waffenreinigen, Flugzeugerkennungsdienst und Feuerleitübungen. Beim Divisionsdienst: Schiffskunde, Bootsdienst, Seemannschaft, Navigation, Unterricht, Signaldienst und Musterungen. Beim Rollendienst: Feuer- und Verschlußrolle, Klarschiffrolle sowie Boots- und Bergerolle. Ferner Reinschiff und Hafenwache. Dazwischen ist öfter Fliegeralarm.
15.02.	19.52 Uhr während eines Gefechtsbildfahrens fliegt die Pier auf einer Länge von 50 m, durch Sabotage hervorgerufen, in die Luft. Zwei Kräne stürzen in der Nähe der Kreuzerback um. Ein Abfallprahm wird unter Wasser gedrückt. Bei NÜRNBERG treten keine Schäden auf.
16.02.	Mit Schlepperhilfe an die Redmole zur Ölübernahme verholt. Abends wieder zum Ostbecken, jetzt aber an den Westkai, da der Ostkai beschädigt ist.
17.02. – 22.02.	Fortsetzung der Ausbildung im Hafen. 25 Ing.-O.A. werden, auf Anforderung, an das Heer abgegeben.
23.02. – 24.02.	Am Nachmittag ausgelaufen und auf der Reede MES-Schleifen gefahren. Nachts auf Reede geankert. Mittags wieder eingelaufen und im Ostbecken am Westkai festgemacht.
25.02. – 26.02.	Fortsetzung der Ausbildung.
27.02.	Der Chef des Generalstabes des Wehrmachtsbefehlshabers Dänemark, Generalmajor Reinhardt, kommt mit dem Seekommandanten und dem Wehrmachtsortskommandanten zur Schiffsbesichtigung an Bord.
28.02. – 07.03.	Fortsetzung des Ausbildungsprogramms.
08.03.	Nach Helsingör ausgelaufen und dort geankert.
09.03.	Kriegsmarschübungen. Abends wieder eingelaufen.
10.03. – 20.03.	Fortsetzung der Ausbildung. Verschiedene Lazarettschiffe und Dampfer laufen mit Flüchtlingen aus dem Osten ein. Teile der Besatzung helfen beim Ausladen von verwundeten Soldaten.
21.03. – 23.03.	Ausgelaufen zum Abkomm- und Scharfschießen der Flak und M.A.. Danach eingelaufen, zuerst an die Ölpier und dann an den alten Liegeplatz.
26.03.	Vormittags ausgelaufen zum Kaliberschießen der M.A. mit den 15-cm-Türmen.
27.03.	Ausbildungsdienst auf der Reede von Kopenhagen.
28.03.	Aus einem Tankdampfer Heizölübernahme.
29.03. – 30.03.	Seeklar. 05.00 Uhr Anker auf zum Marsch durch den Sund nach Süden. Vormittags wird in der westlichen Ostsee bei nebligem Wetter hinter dem Sperrbrecher 22 und im Geleit der Flottenbegleiter F 4 und F 7 eine Kriegsmarschübung durchgeführt. Danach wieder in Kopenhagen eingelaufen und am Südkai des Nordbeckens festgemacht.
01.04.	Der größte Teil der O.A. wird zu Kadetten ernannt.

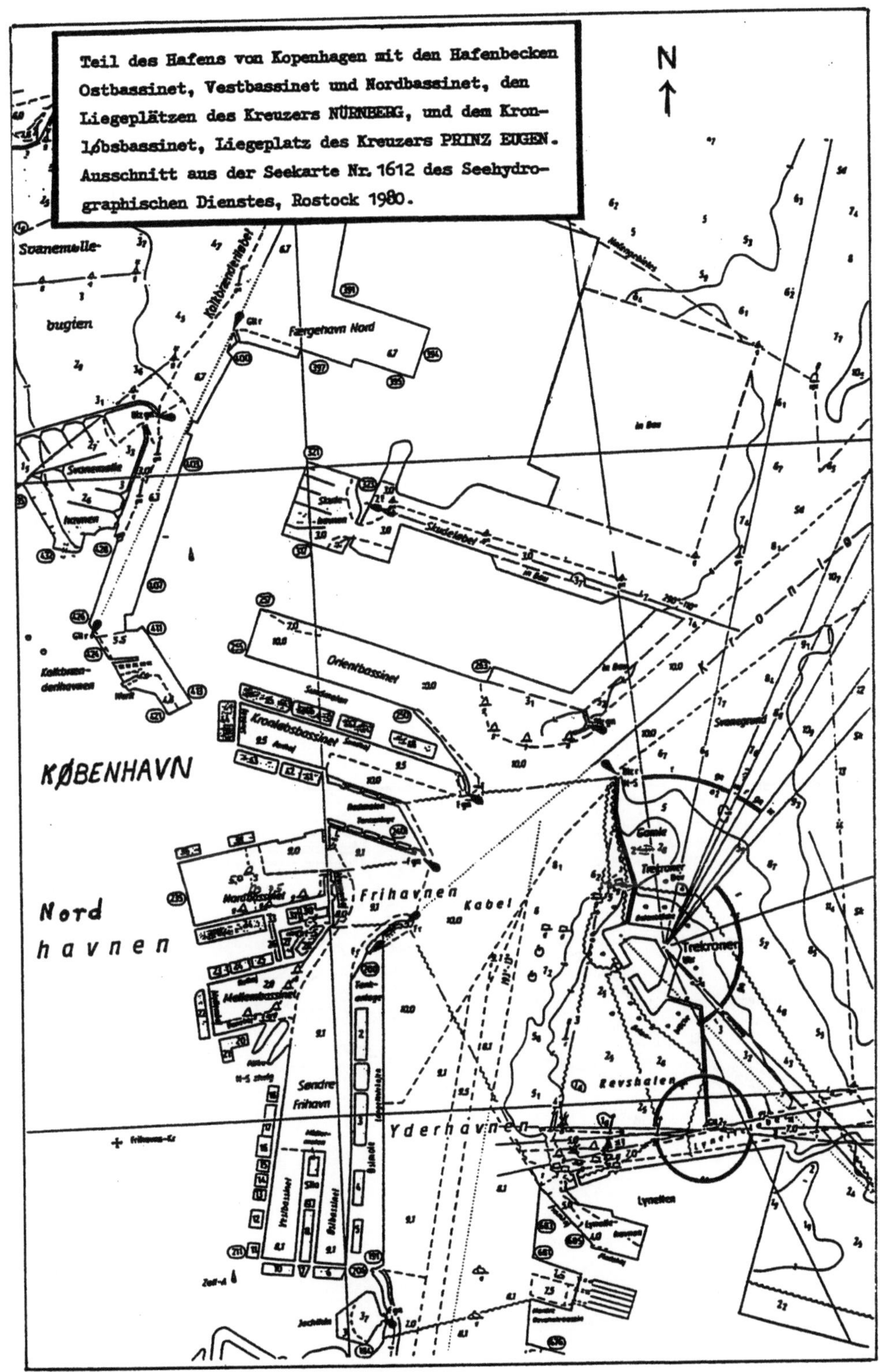

Teil des Hafens von Kopenhagen mit den Hafenbecken
Ostbassinet, Vestbassinet und Nordbassinet, den
Liegeplätzen des Kreuzers NÜRNBERG, und dem Kron-
løbsbassinet, Liegeplatz des Kreuzers PRINZ EUGEN.
Ausschnitt aus der Seekarte Nr. 1612 des Seehydro-
graphischen Dienstes, Rostock 1980.

N

KØBENHAVN
Nord
havnen
Svanemølle-
bugten
Færgehavn Nord
Frihavnen
Kabel
Yderhavnen
Trekroner
Revshalen
Lynetten

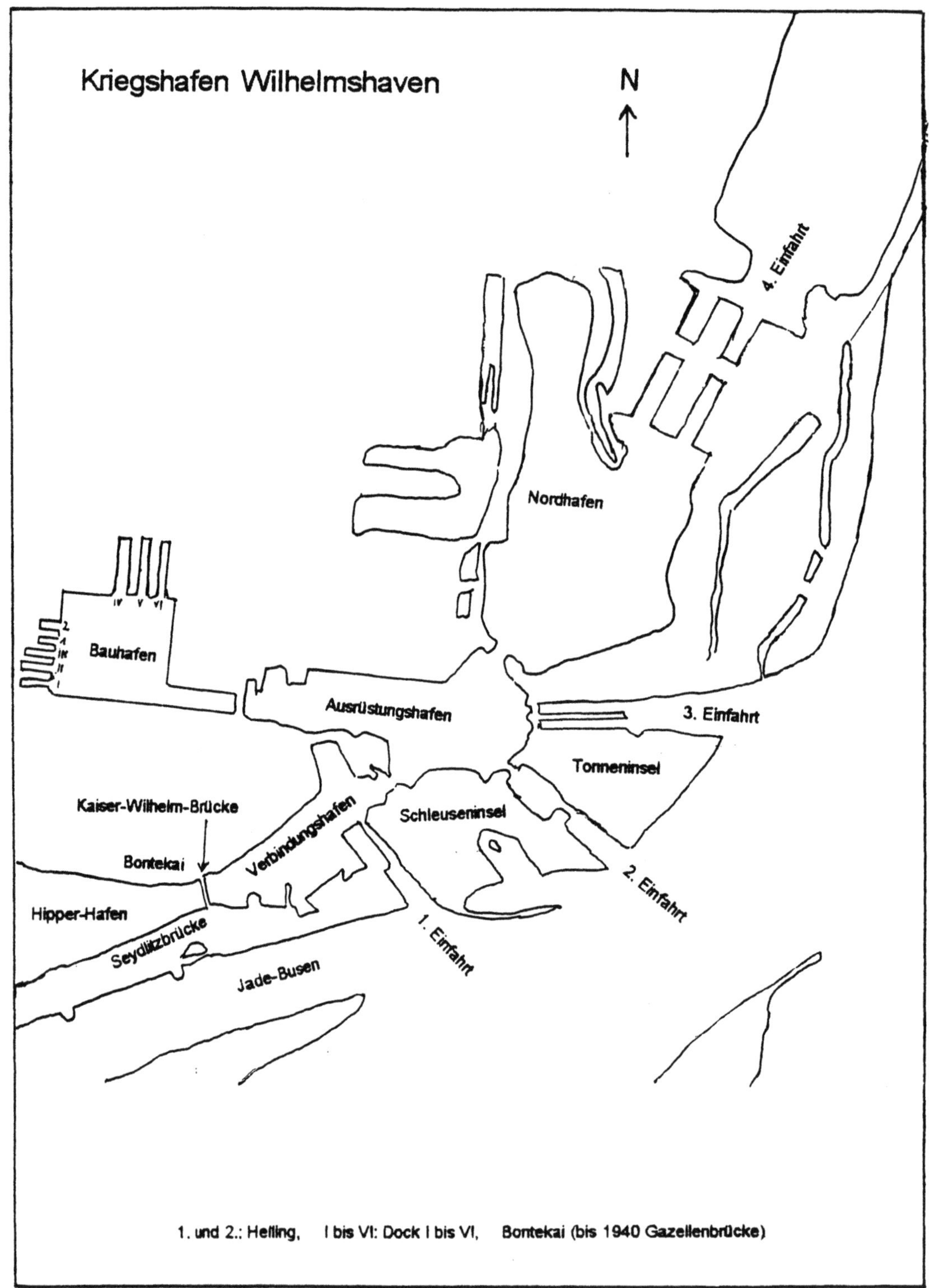

Kriegshafen Wilhelmshaven
N
4. Einfahrt
Nordhafen
Bauhafen
Ausrüstungshafen
3. Einfahrt
Tonneninsel
Kaiser-Wilhelm-Brücke
Verbindungshafen
Schleuseninsel
Bontekai
2. Einfahrt
Hipper-Hafen
Seydlitzbrücke
1. Einfahrt
Jade-Busen
1. und 2.: Helling,   I bis VI: Dock I bis VI,   Bontekai (bis 1940 Gazellenbrücke)

noch 1945

02.04. – 04.04.	Im Hafen werden Gefechtsbilder gefahren. Jeden Tag kommen neue Verwundete und Flüchtlinge aus dem Osten an. Arbeitskommandos auf ANTONIO DELFINO, ROBERT BORMANN und Lazarettschiff MONTE ROSA.
05.04.	An die Ölpier (Redmole) verholt und anschließend auf Reede gegangen und dort geankert.
07.04.	Wieder eingelaufen und am Südkai des Nordbeckens festgemacht.
08.04. – 19.04.	Ausbildungsfortsetzung und Landgänge. Kuttersegeln. Die Brennstoffvorräte werden knapp. Das MOK Ost beschließt folgende Einheiten in Kopenhagen stillzulegen: PRINZ EUGEN, NÜRNBERG, KARL GALSTER, Z 25, T 23 und T 35.
20.04.	PRINZ EUGEN läuft aus dem Osten kommend mit dem Befehlshaber der 2. Kampfgruppe VAdm. A.Thiele an Bord in Kopenhagen ein und macht am Nordkai des Kronlöbsbecken fest. Gleichzeitig sind vier Zerstörer, darunter Z 23 eingelaufen. NÜRNBERG wird dieser Kampfgruppe zugeteilt.
21.04. – 30.04.	Ausbildungsdienst und Kuttersegeln.
01.05.	Es erfolgen weitere Kadettenernennungen von O.A. Adolf Hitlers Tod wird bekannt gegeben.
02.05.	Vereidigung auf GroßAdm. Karl Dönitz. Der alte militärische Gruß wird sofort wieder eingeführt und auf der Pier geübt. Das Schiff wird zur Sprengung vorbereitet und es wird auf das Durchführungs-Stichwort „Regenbogen" gewartet.
05.05.	Ab 00.00 Uhr herrscht Waffenruhe zwischen Deutschland und den Westalliierten Großbritannien und USA. Gegen 07.30 Uhr hissen die Dänen auf ihren Schiffen National-flaggen über die Toppen. Gleichzeitig beginnen dänische Widerstandskämpfer den Kreuzer heftig mit leichten Waffen zu beschießen. An der I. 4-cm Flak fällt ein Seekadett. Mittags beginnt ein dänischer Angriff mit dem Ziel, den Kreuzer im Handstreich zu besetzen. Daraufhin geht ein deutsches Landungskorps, unterstützt durch die leichte Flak des Schiffes zur Abwehr des Angriffes an Land. Die 8,8-cm Flak eröffnet das Feuer. Es wird auch ein Schuß des Kalibers 15-cm abgegeben. Abends wird von dänischer Seite eine Waffenruhe gefordert. Der Hafen bleibt in deutscher Hand. NÜRNBERG hat vier Tote zu beklagen. Die dänischen Kämpfer erlitten auch erhebliche Verluste. Das Stichwort „Regenbogen" wird nicht gegeben. Die Versenkung oder Beschädigung von Schiffen wird laut den Kapitulationsverhandlungen streng untersagt. Während des Tages sind aus Kopenhagen ausgelaufen: KARL GALSTER, HANS LODY, THEODOR RIEDEL, FRIEDRICH IHN, Z 25, T 19, T 23, T 35, Hilfskreuzer HANSA, Minenschiff LINZ und die Dampfer CEUTA und POMPEJI.
07.05.	Deutschland hat bedingungslos kapituliert. Um 16.00 Uhr holen alle deutschen Schiffe und Boote in Kopenhagen die Reichskriegs- und die Dienstflaggen sowie die Kommando-stander nieder. NÜRNBERG wird damit offiziell außer Dienst gestellt. Die Besatzung bleibt aber unter deutschem Kommando an Bord.
09.05.	Um 01.00 Uhr tritt an allen Fronten und gegenüber allen früheren Gegnern Deutschlands Waffenruhe ein. Es setzt ein ruhiger Dienstbetrieb ein. Britische Seestreitkräfte laufen in Kopenhagen ein. Es sind dies der Leichte Kreuzer BIRMINGHAM und der Flakkreuzer DIDO sowie die vier Zerstörer der R-Klasse: R 02 ZEST, R 19 ZEPHYR, R 39 ZEALOUS und R 54 ZODIAC. Alle machen an der Langen Linie fest.
16.05.	Abgabe der 15-cm- und 8,8-cm-Munition. Die mittlere und leichte Flak bleibt zunächst zum Minenabschießen einsatzbereit.

noch 1945

18.05.	Der britische Leichte Kreuzer BIRMINGHAM läuft aus und der Schwere Kreuzer DEVONSHIRE ein.
20.05.	Von NÜRNBERG wird alle Munition an Land gegeben.
22.05.	15.00 Uhr geht der Kommandeur der anwesenden britischen Einheiten Rear Admiral Holt an Bord von PRINZ EUGEN, um das Schiff für die Royal Navy zu übernehmen. Auch NÜRNBERG wird von der Royal Navy übernommen.
23.05.	Alle Hoheitsadler auf dem Schiff und an den Marineuniformen müssen entfernt werden.
24.05.	Seeklar 11.00 Uhr für NÜRNBERG und PRINZ EUGEN. 450 Marinesoldaten aus Kopenhagen werden von NÜRNBERG an Bord genommen. Auslaufen aus Kopenhagen, um durch das Kattegatt, Skagerrak und durch die Nordsee nach Wilhelmshaven zu laufen. In Kiellinie fahren der britische Schwere Kreuzer DEVONSHIRE, der deutsche Schwere Kreuzer PRINZ EUGEN, der deutsche Leichte Kreuzer NÜRNBERG und der britische Flakkreuzer DIDO. An beiden Seiten des Verbandes läuft je ein Zerstörer, der britische SAVAGE (G 20) und der kanadische IROQUOIS (G 89). 24.00 Uhr kommt Göteborg querab in Sicht. Etwa zu dieser Zeit wird infolge falscher Signale des eingeschifften englischen Signalpersonals (ein OLt.z.S. und ein Signalgast) PRINZ EUGEN beinahe von NÜRNBERG gerammt. NÜRNBERG kam etwa 100 m vom Heck des Kreuzers PRINZ EUGEN klar.
25.05.	02.00 Uhr wird im östlichen Skagerrak auf westlichen Kurs gegangen. 14.25 Uhr wird Lister an der Südspitze Norwegens erreicht. Der Verband geht dann auf Südkurs.
26.05.	08.00 Uhr steht der Verband östlich von Helgoland. DEVONSHIRE und DIDO verlassen den Verband mit einem Blinkspruch von DIDO „Auf Wiedersehen in besseren Zeiten". Es stoßen britische M-Boote zum Verband. Um 16.30 Uhr macht NÜRNBERG in der Tirpitzschleuse (3.Einfahrt) von Wilhelmshaven fest. Der Seekommandant von Ostfriesland KAdm. K.Weyher hält vor der auf der Schanz angetretenen Besatzung eine Begrüßungsansprache. PRINZ EUGEN geht durch die Raederschleuse (4.Einfahrt) direkt in das Schwimmdock der KMW.
27.05.	07.00 Uhr macht NÜRNBERG längsseits am ausgebrannten Wohnschiff MONTE PASCOAL an der Seydlitzbrücke fest. Abends werden die mitgenommenen Marinesoldaten (OSTMARK, 8. Sicherung, NORDMARK und Hafenkapitän) ausgeschifft.
28.05.	Abschlußmusterung durch den Kmdt..
29.05.	09.30 Uhr steigen zwei Drittel der Besatzung aus. Soldaten des englischen Heeres nehmen den größten Teil der Uniform- und Wäschestücke und auch Teile der persönlichen Habe weg. Anschließend erfolgt ein 10 km langer Marsch zum Internierungslager Fedderwardergroden.
Mitte 1945	Entlassung der von NÜRNBERG ausgestiegenen Besatzungsangehörigen aus der Kriegsmarine.
31.05.	NÜRNBERG wird in Wilhelmshaven mit einer Restbesatzung von 250 Mann an den Bontekai verholt. Der Kreuzer wird durch die Engländer bewacht.
September	NÜRNBERG wird innerhalb des Hafens an einen anderen Liegeplatz verholt.

19.11.	Der Oberbefehlshaber der Seestreitkräfte der UdSSR erläßt den Befehl Nr. 53/539 über die Eingliederung des Kreuzers NÜRNBERG in das Geschwader der Nordbaltischen (8.) Flotte, nachdem der Kreuzer der UdSSR zugesprochen wurde. NÜRNBERG soll für Anfang 1946 klargemacht sein, um eine Überführung nach Tallinn vornehmen zu können.
28.11.	FKapt. Sergeij S.Workow wird zum ersten Kmdt. ernannt. NÜRNBERG liegt im Bauhafen der KMW. Es werden Überholungsarbeiten durchgeführt. In Kronstadt werden 309 Mann, darunter 21 Offiziere, als sowjetisches Überführungskommando zusammengestellt.
01.12.	Mit Schlepperhilfe wird NÜRNBERG in das Trockendock V verholt und eingedockt. Es erfolgt die Reinigung und Überprüfung des Schiffsbodens und der Schrauben sowie ein Neuanstrich des Unterwasserschiffes.
16.12.	Das ganze Werftgelände wird von englischen Truppen abgeriegelt. NÜRNBERG wird im Trockendock von britischen Soldaten besetzt. Die deutsche Besatzung wird unter scharfer Bewachung in ein Kasernengelände der Stadt gebracht. NÜRNBERG wird auf Sprengladungen und Sabotageakte untersucht.
18.12.	Die deutsche Besatzung von 250 Mann wird unter strenger englischer Bewachung an Bord zurückgebracht. Der deutsche Kmdt. Kapt.z.S. H.Gießler erhält ein Schreiben von der englischen Marineführung, in dem die Auslieferung und die Überführung des Kreuzers nach Libau befohlen wird. Die Rückkehr der deutschen Besatzung unter englischer Obhut wird zugesagt. Kapt.z.S. H.Gießler wird von den Engländern dem sowjetischen Kmdt. vorgestellt. Die Engländer gehen von Bord. Inzwischen sind auf NÜRNBERG 12 sowjetische Offiziere und 110 Unteroffiziere eingestiegen.
19.12.	NÜRNBERG liegt noch im Trockendock und wird nun von sowjetischen Marineangehörigen bewacht.
Ende Dezember	Ausdockung. Vorbereitungen für die Überführungsfahrt. Brennstoffübernahme, Entmagnetisierung der MES-Schleife, Funkbeschickung und Kompensieren. NÜRNBERG geht wieder an den Bontekai. Der mit der Überführung beauftragte sowjetische VAdm. I. Rall steigt mit einem kleinen Stab auf NÜRNBERG ein.

1946

01.01.	Nachmittags Ablegen und mit Schlepperhilfe vom Bontekai in die Schleuse der 3.Einfahrt verholt. Dazu kommen der Sperrbrecher EIDER und das Fernlenkzielschiff HESSEN.
02.01.	17.00 Uhr Auslaufen zur Jade. Es wird die Seekriegsflagge der UdSSR gehißt. 18.00 Uhr Beginn des Überführungsmarsches von der Jade durch die deutsche Bucht, den K.W.-Kanal, die Kieler Bucht nach Osten zum sowjetischen Marinestützpunkt Libau. Zum Überführungsverband gehören: ERICH STEINBRINCK, NÜRNBERG, HESSEN, T 33, T 107, Fernlenkboot BLITZ, U-Boot-Begleitschiff OTTO WÜNSCHE und englische Zerstörer zum Geleit.
03.01. – 05.01.	Die Überfahrt wird bei Sturm und grober See durchgeführt.
05.01.	15.25 Uhr erreicht der Verband die Reede von Libau.
08.01.	NÜRNBERG läuft ohne Schlepperhilfe in Libau ein und macht im Kriegshafen fest.

09.01. Unterzeichnung des Übergabeprotokolls durch die beiden Kommandanten. Die heimkehrwilligen deutschen Besatzungsangehörigen steigen auf OTTO WÜNSCHE ein.

12.01. OTTO WÜNSCHE erreicht Wilhelmshaven und geht durch die 3.Einfahrt an den Bontekai. Die Überführungsbesatzung der NÜRNBERG geht von Bord. und wird später von der Kriegsmarine entlassen.

Tagesbefehle zur Auslieferung des Kreuzers

Der ehemalige Lt.(MN) Armin Bornkessel berichtete:
Am 18.Dezember 1945 wurde die Restbesatzung des Kreuzers NÜRNBERG aus der Kaserne, in der
sie zeitweilig untergebracht war, wieder an Bord des Kreuzers zurückgebracht, der im Trockendock V
lag. Gegen Mittag wurden auf der Schanz die beiden folgenden Tagesbefehle des englischen
Befehlshabers Captain der Royal Navy E.R.Condor und des Leiters des sowjetischen
Übernahmekommandos VAdm. I.Rall verlesen.

Tagesbefehl des englischen Befehlshabers Wilhelmshaven

Sie, Offiziere und Mannschaften dieses Schiffes, haben hauptsächlich hier in der deutschen Flotte
unter dem Kommando von KAdm. Weyher und unter meiner Leitung sechs Monate lang gedient.

Sie haben Ihre Befehle loyal ausgeführt und Ihr Benehmen war Ihrem Sinne von Disziplin und Gefühl
für Ihr Land entsprechend würdig, beide basieren auf einem gesunden Menschenverstand.

Während einer ganzen Zeit waren viele Gerüchte im Umlauf, manche durch Zeitung und Radio
verursacht, manche durch verständliche Spekulationen, die Sie über Ihre Zukunft miteinander hatten.

Wenn Sie dies lesen, ist Ihnen bekannt, daß Ihr Schiff Ihnen nicht mehr gehört, noch deutsch ist,
sondern eine Marineeinheit der Union der Sozialistischen Sowjetrepubliken bildet.

Sie stehen nicht mehr unter meinem Befehl, sondern werden in Zukunft Ihre Befehle vom russischen
Kommandanten Ihres Schiffes erhalten.

Ich möchte Sie daher jetzt an das erinnern, was – wie ich glaube – Ihr Admiral Ihnen gesagt hat. Diese
Schiffe stellen einen enormen Betrag deutschen Reparationskapitals dar und dieses in gutem Zustand
zu übergeben, kann hauptsächlich in dieser Zeit für Deutschland sehr wertvoll sein. Das muß jeder
Mann einsehen. Aber ich möchte Sie in Ihrem kollektiven und eigenen Interesse noch einmal daran
erinnern.

Nun, was Sie selbst anbetrifft. Sie werden die Reparaturen und Ausrüstungen Ihres Schiffes
vervollständigen müssen und es dann nach einem Hafen der Union der SSR fahren.

Ich weiß, Sie befürchten, daß Sie niemals wieder zurückkehren werden und daß diese Furcht Sie
veranlassen könnte unsinnig zu handeln, aber ich sage Ihnen hier, daß sie sich täuschen, denn VAdm.
Levschenko (UdSSR) hat meinem Oberbefehlshaber das Ehrenwort gegeben, daß alle, welche sich
nicht freiwillig melden, auf den Schiffen weiter zu dienen, sicher nach Wilhelmshaven zurückgesandt
werden.

Wenn Sie dann nach Wilhelmshaven zurückkommen, werden Sie in Kasernen verbleiben bis es
feststeht, daß sie keine Sabotage begangen haben und dann werden Sie einen vierzehntägigen Urlaub
erhalten. Nachher, sofern Sie nicht mehr zu weiteren Diensten benötigt werden, werden Sie entlassen.

Admiral Weyher wird mir die Namen der Besatzung geben, ehe Sie abfahren.

Sie kennen jetzt Ihre volle Pflicht. Wenn Sie zurückkommen, werde ich Ihnen Ihre nächsten Befehle
erteilen. Bis dahin dienen Sie getreu und erfüllen Sie Ihre Pflicht.

E.R. Condor
Captain, Royal Navy

Tagesbefehl des Leiters des sowjetischen Übernahmekommandos

Deutsche Offiziere und Matrosen!

Das Schiff, auf dem Sie dienen und in dem Sie sich an Bord befinden, ist auf Grund der Berliner Konferenz der drei alliierten Mächte an die Sowjetunion übergeführt worden.

Die sowjetische Regierung verlangt von Ihnen, deutsche Offiziere und Matrosen, die Übergabe Ihres Schiffes ehrlich durchzuführen, d.h. also, daß alle Reparaturen ausgeführt werden sollen, Maschinenanlagen und an Bord befindliche Vorräte nachgeprüft und schließlich das Schiff in einen sowjetischen Hafen geliefert wird.

Die Sowjetregierung hofft, daß jeder deutsche Offizier und Matrose versteht, daß bei einer zuverlässigen Durchführung dieser Übergabebedingungen das Vertrauen der Alliierten zum deutschen Volke und die Wiederherstellung eines normalen Lebens schneller erfolgen werden. Jedoch werden irgendwelche Sabotageversuche oder Ungehorsamkeit sowjetischen Befehlen gegenüber zu einer Minderung des Vertrauens zum deutschen Volk, ganz abgesehen von der Verantwortlichkeit jedes Offiziers und Matrosen, führen.

Ich verlange, daß Sie die Reparaturen und Maschinenerprobungen zusammen mit russischen Offizieren und Soldaten durchführen. Als Schiffsführer setze ich den zuständigen deutschen Kommandanten, Kapt.z.S. Gießler, mit seinen Offizieren, unter Aufsicht des sowjetischen Kommandanten Kapt. II.Ranges Workow ein.

Ich verlange eine gute Behandlung seitens der sowjetischen Mannschaften, gute Lebensmittel und eine gute Heimkehr aller deutschen Offiziere und Matrosen vom sowjetischen Hafen nach der britischen Zone.

Diejenigen Offiziere, die in der sowjetischen Flotte als Lehrer bleiben wollen, wollen sich an den sowjetischen Kommandanten wenden, der mit jedem ein besonderes Abkommen machen wird.

Befehlshaber

gez. I. Rall
Vizeadmiral

Sowjetischer Kreuzer ADMIRAL MAKAROW
(ex NÜRNBERG)

Gösch   Seekriegsflagge der UdSSR

13.02. 1946 bis 13.03.1959

1946

13.02. Gemäß dem Befehl Nr. 049 vom 13.02.1946 des Volkskommissars für Verteidigung der Seestreitkräfte der UdSSR VAdm. Nikolai G.Kusnezow wird der Kreuzer NÜRNBERG umbenannt in ADMIRAL MAKAROW.

März – Mai Erprobungen und Einfahren der Besatzung.

Juli Überfahrt von Libau (Liepäja) nach Reval (Tallinn). Feierliche Übergabe des Kreuzers und dessen Eingliederung in den Verband der Nordbaltischen (8.) Flotte.

September Überfahrt von Reval nach Kronstadt und Übergabe des Schiffes zur Instandsetzung in der Kronstädter Werft.

1947

Januar Ein neuer Stellenplan sieht für ADMIRAL MAKAROW 53 Offiziere, 191 Unteroffiziere und 687 Mannschaftsdienstgrade vor.

05.09. Probefahrten und Artillerieschießen der M.A..

22.09. Zum Kmdt. des Kreuzers wird Kapt.z.S. Wladimir P. Wasilijew ernannt.

05.11. Überfahrt nach Leningrad, wo der Kreuzer zur Teilnahme an einer Flottenparade vor Anker geht.

1948

29.05. Der Oberkommandierende der Seestreitkräfte der UdSSR Adm. Jumanschew besucht den Kreuzer.

15.06. Die Generalreparatur ist zu Ende. ADMIRAL MAKAROW beginnt die Gefechtsausbildung.

noch 1948

05.08.   Fahrt im Verband der Nordbaltischen (8.) Flotte nach Reval.

22.08.   Teilnahme an den zweiten „Taktischen Übungen" der Flotte.

05.11.   Überfahrt nach Leningrad. Der Kreuzer geht zur Teilnahme an der Flottenparade auf der
                  Newa zu Anker.

14.11. – 19.11.   Herbstfahrenszeit in der Ostsee.

1949

13.01.   FKapt. Iwan J. Gorschenin wird zum Kmdt. des Schiffes ernannt.

Januar – Mai   Reparatur des Hauptgetriebeaggregates. Danach konnte der Kreuzer 24 kn laufen.

24.10.   Fahrt von Kronstadt nach Libau zur Begleitung des neuen Kreuzers TSCHAPAJEW, der
                  Probefahrten machte.

05.11.   Fahrt nach Leningrad, wo der Kreuzer zur Teilnahme an der Flottenparade auf der Newa
                  vor Anker geht.

17.11.   Fahrt von Leningrad nach Libau zur Begleitung des neuen Kreuzers SCHELESNIAKOW.

22.11.   Von Libau nach Kronstadt zurückgefahren.

24.11.   ADMIRAL MAKAROW macht in der Kronstädter Werft fest.

01.12.   Am Schiff werden die planmäßigen Reparaturen durchgeführt.

1950

10.07.   Beginn der Fahrenszeit. Marsch von Kronstadt nach Reval und zurück.

02.09.   ADMIRAL MAKAROW gehört zum Kampfkern der Nordbaltischen (8.) Flotte.

08.09.   Aufnahme in den Verband der 32. Division der 8. Flotte. Der Stützpunkt wird Reval.

31.10.   Am Kai des Werkes Nr. 890 des Russisch-Baltischen Kriegshafens von Reval wird die
                  planmäßige Winterinstandsetzung der Maschinen und der Bewaffnung vorgenommen.

1951

04.05.   ADMIRAL MAKAROW befindet sich nach der planmäßigen Instandsetzung auf der
                  Reede von Reval.

08.05.   Kapt.z.S. Alexander M. Lochowin wird zum neuen Kmdt. ernannt.

05.06.   Der Kreuzer beginnt die Sommerfahrenszeit.

14.07.   Fahrt von Reval nach Kronstadt, um an den Flottenübungen teilzunehmen.

23.09. – 24.09.   Teilnahme an den Aufnahmen des Spielfilmes „Das unvergessene Jahr 1919", in der Rolle
                  des englischen Kreuzers DIOMID.

noch 1951

15.10.	ADMIRAL MAKAROW verlegt nach Kronstadt und wird während der Reparatur zeitweilig in die 28. Division der Schulschiffe der Kronstädter Seekriegsfestung eingegliedert.
15.11.	In Kronstadt beginnt die planmäßige Instandsetzung des Kreuzers.
27.11.	Fahrt von Kronstadt nach Reval.

1952

Januar – Mai	Planmäßige Instandsetzung des Schiffes. Repariert werden: Die Beleuchtungseinrichtung, die Feuerleiteinrichtungen, die 15-cm-Geschütztürme, die 8,8-cm-Flak und die elektro-mechanischen Gefechtsausrüstungen. Zusätzlich werden eine Anzahl 3,7-cm-Zwillings-flak vom Typ W 11 montiert.
17.06. – 20.06.	ADMIRAL MAKAROW nimmt an den Übungen der 32. Division der Nordbaltischen (8.) Flotte teil.
06.09. – 08.09.	Teilnahme an den Flottenmanövern zur Verteidigung des Moonsund-Archipels (Inseln Dagö und Ösel). Marsch von Reval nach Riga.

1953

16.05.	Inspektion des Kreuzers durch den Hauptstab der Seestreitkräfte der UdSSR unter der Leitung von VAdm. Wladimirow, Leiter der Verwaltung Gefechtsausbildung.
07.07.	Der Kreuzer beginnt nach Übergabe aller Übungsaufgaben die Sommerfahrenszeit.
22.07.	FKapt. Gawril G. Borisow wird auf Befehl des Verteidigungsministers der UdSSR vom 22.07.1953 zum Kmdt. des Kreuzers ernannt.
18.08.	Flottenadmiral Nikolai G. Kusnezow, Oberbefehlshaber der Seestreitkräfte der UdSSR, besucht ADMIRAL MAKAROW. Unter seiner Flagge nimmt das Schiff an den Übungen der 32. Division der Nordbaltischen (8.) Flotte teil.
13.10.	Gemäß des Befehls des Kommandanten der Kronstädter Seekriegsfestung, auf der Grund-lage der Direktive des Hauptstabes der Seestreitkräfte der UdSSR vom 16.07.1953, wird der Kreuzer in den Verband der 28. Division der Schulschiffe der Kronstädter Seekriegs-festung, mit Stützpunkt in Kronstadt, eingegliedert.

1954

15.05.	Die planmäßige Instandhaltungszeit wird abgeschlossen. Es wurden Maschinenreparaturen durchgeführt und die Funkanlage wurde ausgetauscht. Ferner wurde eine Generalreparatur des Artillerie-Entfernungsmessers und der Elektroanlage des zweiten 15-cm-Turmes durch-geführt.
20.05.	Beginn der Sommerfahrenszeit. Es wurde ein neuer Stellenplan des Schiffes bestätigt: 57 Offiziere, 162 Unteroffiziere und 675 Mannschaftsdienstgrade.
31.07.	Nach streng geheimen Erlaß Nr. 1559 – 699 des Ministerrats der UdSSR wird der Kreuzer aus dem Gefechtsverband (Kampfkern) der Seestreitkräfte ausgegliedert.

noch 1954

02.08. – 10.08.   Übungsfahrt im Verband der 28. Division der Schulschiffe auf der Route Kronstadt –
Pillau (Baltijsk) – Libau – Kronstadt zur nautischen Ausbildung der Seekadetten unter
der Flagge von VAdm. I. Bailow, Kommandeur der Kronstädter Seekriegsfestung.

15.10.   Herausnahme des Kreuzers aus der Sommerfahrenszeit und Übergabe zur planmäßigen
Instandhaltung in Kronstadt.

1955

Januar – April   Bei der planmäßigen Instandsetzung wird die Turbine 1 geöffnet und eine Reparatur an
den Dieselgeneratoren 2 und 4, dem Hilfsdiesel 1 und den Rohrleitungen der Maschinen-
und Kesselabteilung sowie eine Durchsicht der Haupt- und Hilfsdampfleitung vorgenommen.

03.05. – 25.05.   Eindockung des Schiffes zum Zwecke der Reparatur der Außenbordöffnungen, der Dicht-
heits- und der Druckprobe der Treibstofftanks, der Herausnahme und Überprüfung aller
Schiffsschrauben und der Ersetzung eines Flügels der linken Schraube.
Installation eines neuen Echolotes NEL-4.
Nach Beendigung der Eindockung beginnt für ADMIRAL MAKAROW die Sommer-
fahrenszeit.

16.11.   Der Kreuzer wird aus der Sommerfahrenszeit herausgenommen und zur planmäßigen
Instandhaltung nach Kronstadt gebracht.

1956

27.05.   Die planmäßige Instandsetzung in Kronstadt ist beendet. Es wurden alle Maschinen und
elektromechanischen Gefechtsausrüstungen überholt.

28.05. – 11.06.   Durchführung von Probefahrten.   Es wird ein neuer Stellenplan, unter Kürzung des
Personalbestandes der Artillerielaufbahn, bestätigt: 35 Offiziere, 133 Unteroffiziere und
475 Mannschaftsdienstgrade.

23.08.   ADMIRAL MAKAROW wird aus der Sommerfahrenszeit herausgenommen und zur
Instandhaltung und Umrüstung zum Schulschiff für das Steuermannspraktikum der
Offiziersschüler und Hörer der Marineakademie sowie für Lehrgänge übergeben.

25.10.   Eindockung im Mitrofanow-Dock in Kronstadt.

02.12.   Im Dock wird ein Krängungsversuch durchgeführt. Die Stevenrohrbuchsen und der
Ruderschaft sind ersetzt worden.

04.12.   Der Kreuzer wird ausgedockt.

1957

10.01.   Der I.O. des Schiffes, FKapt. Nikolai G. Scharaschkin wird zum Kmdt. ernannt.

21.02.   ADMIRAL MAKAROW wird zum Schulschiff umklassifiziert. Es wird ein neuer
Stellenplan bestätigt: 41 Offiziere, 135 Unteroffiziere und 501 Mannschaftsdienstgrade.

noch 1957

31.05. Die planmäßige Instandhaltung in der Kronstädter Werft ist beendet. Es wurde die Reparatur der Hilfsmaschinen der Kesselabteilungen, die Durchsicht der Haupt- und Hilfsrohrleitungen und der Austausch von 50 Segmenten der Hilfsdampfleitung und der Ersatz von 312 Wasserheizrohren des Hauptkessels 5 vorgenommen. Ein neuer Maschinentelegraf und weitere diverse Vorrichtungen wurden installiert. Ferner sind zwei Steuermannsklassen für die Praktika der Kadetten-Lehrgänge eingerichtet worden.

14.05. – 30.06. Übungsfahrt auf der Route Kronstadt – Libau – Pillau – Kieler Bucht – Reval – Kronstadt mit O.A. des Steuermannspraktikums. Dabei wird eine Strecke von 2610 sm zurückgelegt.

13.07. – 28.07. Übungsfahrt auf der Route Kronstadt – Pillau – Nordsee bis zur geographischen Breite von Bergen – Pillau – Libau – Insel Gotland – Pillau – Kronstadt mit 147 Kadetten des Steuermannspraktikums.

15.11. Übergabe zur planmäßigen Instandsetzung in Kronstadt.

1958

09.04. ADMIRAL MAKAROW wird von der letzten ausländischen Delegation unter der Leitung des Ministers für Staatssicherheit der VR China besucht.

21.05. – 10.06. Eindockung im Kronstädter Dock zur Reparatur und zum Neuanstrich.

03.07. Der Kreuzer beginnt die Sommerfahrenszeit.

14.07. – 24.07. Ausbildungsfahrt in der Ostsee mit Anlaufen der Häfen von Reval, Libau, Riga und Pillau. Die Strecke betrug 2100 sm. Alle Aufgaben der Gefechtsausbildung werden abgegeben. Es werden Vorbereitungen zur Verlegung in die Nordflotte vorgenommen.

15.08. Während eines feierlichen Mittagsessens, anläßlich der Überführung des Schiffes in die Nordflotte, kommt eine Mitteilung aus Moskau, daß die Überführung vorläufig verschoben wird. Später geht die Meldung über die endgültige Streichung der geplanten Verlegung ein.

01.11. ADMIRAL MAKAROW wird aus der Fahrenszeit herausgenommen und macht im Kriegshafen von Kronstadt am Ust-Rogatka-Kai fest.
Von 1946 bis 1958 wurden 60139 sm zurückgelegt.

1959

22.02. Direktive des Oberkommandos der Seestreitkräfte der UdSSR über die Herausnahme des Kreuzers ADMIRAL MAKAROW aus dem Verband der Kampfeinheiten der Flotte und dessen Abwrackung in Übereinstimmung mit dem Beschluß des Ministerrates der UdSSR.

13.03. Die Schiffsbesatzung wird aufgelöst. Es beginnt die Demontage der Ausrüstungen, der Aggregate und Maschinen.

06.07. Rundschreiben des Stabschefs der Seestreitkräfte der UdSSR Nr. 068 über die Abwrackung des Schiffes. Der Kreuzer wird an die Abteilung Grundmittel übergeben.

August Zerlegung und Verschrottung des Kreuzers in den Kirow-(Putilow)-Werken in Leningrad.

**Die Erinnerungen eines der letzten Offiziere
des Kreuzers "Nürnberg" - "Admiral Makarow"**

Einer der letzten Offiziere des Kreuzers "Admiral Makarow" war der Kommandeur der
Artillerie-Gefechtsstation B4-2, Gelij Walentinowitsch Uschmarow, gegenwärtig
Fregattenkapitän a. D., der bei Sankt Petersburg in der Siedlung Nowo-Dewjatkino lebt.

Er ist Veteran des zweiten Weltkrieges, während dessen er in der Nordflotte diente. Bei
Kriegsende war er Kommandeur des Großkaliber-Turms des Schlachtschiffes "Archangelsk",
d. h. der englischen "Royal Sovereign". Nach deren Rückkehr nach Großbritannien im Jahre
1949 wurde er Kommandeur des Großkaliber-Turms des Linienschiffes "Novorossijsk" (der
ehemaligen italienischen "Giulio Cesare").

Gelij Uschmorow diente jedoch bereits ab 1954 auf dem Leningrader Marinestützpunkt als
Kommandeur der Großkaliber-Abteilung des Artillerie-Gefechtsstandes des im Bau
befindlichen Kreuzers "Schtscherbakow", Bauprojekt Nr. 68 SIF.
Im September 1955 wurde auf ein und demselben Schiff der junge Leutnant Boris A.
Karschawin nach Beendigung der Marine-Hochschule auf dieser Gefechtsstation zum Batterie-
Kommandeur der 57mm-Vierlingsflaks - mit automatischer Zielsuchlenkung vermittels einer
Funkmeßstation - ernannt.
Im Jahre 1956 wurde Gelij Uschmorow in Kronstadt Kommandeur des Turmes B4-2 des
Kreuzers "Admiral Makarow".

Nach 50 Jahren erzählte er seinem ehemaligen Leutnant seine Erinnerungen an den Dienst auf
der "Admiral Makarow":
" Der Kreuzer diente in den letzten Jahren als Schulschiff für Steuermannspraktika der
Kadetten und Offiziere der Akademie und der Offizierslehrgänge. Vor allem fuhr er auf der
Ostsee. Einmal begab er sich bis auf den Atlantik hinaus.
Die Fahrtgeschwindigkeit des Schiffes betrug in jener Zeit nicht mehr als 14 Knoten.
Artillerieschießen mit dem Großkaliber wurde nicht durchgeführt, da auf dem Schiff keine
150mm-Granaten mehr vorrätig waren, und unsere eigene Industrie hat diese nicht hergestellt.
Wir hatten das Kaliber 130, 152 und 180 mm. Mit dem mittleren Kaliber (88 mm) sowie der
37mm-Flak wurde viel geschossen.
Das letzte Artillerieschießen führte das Schiff aus mittlerem Kaliber mit nicht scharfen
Übungsgranaten im Sommer 1958 beim Salutschießen zu Ehren des Präsidenten der
Arabischen Republik Ägypten, Gamal Abdel Nasser, durch, als dieser nach Kronstadt
gekommen war.
In jenem Jahr bereiteten wir uns auf die Verlegung zur Nordflotte vor, am 15. 08. kam jedoch
die Mitteilung, daß die Aktion verschoben wird. Anfang 1959 wurde der Beschluß über die
Demontage und Abwrackung des Kreuzers, sowie auch anderer, sogar im Bau befindlicher,
Schiffe gefaßt.
Ich war bis zuallerletzt auf der "Admiral Makarow", bis zum Bugsieren in den Hafen der
Kirow-Werke zur Verschrottung. Ich half dem Personal des Werkes. Als eines der ersten
Dinge zertrennten sie mit dem Schneidbrenner die großkalibrigen Geschütze, danach entfernten
sie die Türme. Der Stahl war ausgezeichnet, aber es tat weh, der Demontage des Kreuzers
zuzuschauen. Ich habe von ihm im August 1959 Abschied genommen.

Außerdienststellung und Abwrackung der ADMIRAL MAKAROW

Außerdienststellung   20. bzw. 22. 02. 1959

Dieses Datum wird in allen russischen Veröffentlichungen angegeben, so z.B. bei
Lemachko (1992), Tituschkin (1996), Bereshnoi (1994) und Karschawin (1995) und in den
folgenden deutschen Veröffentlichungen: Breyer (1994), Whitley (1988) und Gröner und Jung
(2001) [9.Auflage]. In der englischen Literatur geben Blundell (1972), Jackson (2002) und
Williamson (2003) das Abwrackungsjahr mit 1959 an. Auch der russische Augenzeuge
Uschmarow gibt 1959 als Demontagejahr an.
Dieses Datum kann damit als gesichert angesehen werden.

Außerdienststellung   15.02.1961 ?

Gröner, Jung und Maass (1976) [8.Auflage, eine Korrektion erfolgte in der 9.Auflage] und (1982)
und Hildebrand, Röhr und Steinmetz (1988) gaben dieses Datum an.
Dieses Datum, das von 1976 bis 1988 in der deutschen Literatur verwendet wurde, konnte in der
russischen Literatur nicht gefunden werden und kann als nicht richtig angesehen werden.

Ortsangabe der Abwrackung

Neben dem Datum der Außerdienststellung gibt es Abweichungen in der Ortsangabe der Abwrackung.
Nur Lemachko (1992) und Breyer (1994) geben, in Zusammenarbeit miteinander, die Abwrackung
für 1967/68 in Kaliningrad (früher Königsberg) an. Dort befand sich der Kreuzer aber gar nicht.
Nach den anderen Quellen, z.B. Whitley (1982) war die Abwrackung schon bis Anfang 1960
beendet.
Alle anderen Veröffentlichungen geben Leningrad (jetzt St.Petersburg) an, so z.B. Tituschkin (1996),
Karschawin (1995), Uschmarow als Augenzeuge, Mielke und Greve (1998) und Whitley (1982)
und (1988).
Da auch ein Augenzeugenbericht vorliegt, ist der Abwrackungsort auf jeden Fall **Leningrad**
gewesen.

Bilddokumentation

Kleiner Kreuzer S.M.S. NÜRNBERG I

S.M.S. NÜRNBERG I.

S.M.S. NÜRNBERG I an der Pier.

Kleiner Kreuzer S.M.S. NÜRNBERG II

S.M.S. NÜRNBERG II.

Besatzungsmitglieder von S.M.S. NÜRNBERG II auf Landgang.

Besatzung des Kreuzers NÜRNBERG I von der Back aus aufgenommen (1908 – 1914).

Besatzung des Kreuzers NÜRNBERG III etwa 1936 von der Back aus aufgenommen.

Leichter Kreuzer NÜRNBERG III

Schiffsansichten 1936 bis Mai 1938

Indienststellung am 2. November 1935.

Kreuzers NÜRNBERG im Spanien-Einsatz. Kennungen an den Türmen.

NÜRNBERG etwa 1937 ankernd.

NÜRNBERG um 1936/37 von Bord der LEIPZIG aufgenommen.

NÜRNBERG mit He 60 in Swinemünde um 1936/37.

Vorn NÜRNBERG und hinten LEIPZIG im Arsenalhafen in Kiel.
(Noch mit Laurinplattform).

In den Kästen mit den drei Bändern waren von 1937 bis 1939 die Marks-Rettungsinseln
untergebracht. Aufnahme vor achterem Mast und E-Meßstand.
Die Marks-Rettungsinseln waren quadratische Schlauchboote, die sich im Wasser mit
Hilfe einer Chemikalie innerhalb von zehn Minuten selbst aufgeblasen haben.
In der Rettungsinsel war ein Überlebenspaket enthalten.

NÜRNBERG mit He 60 nach Mai 1938.
(Keine Laurinplattform mehr direkt hinter und unter dem Vormars).

NÜRNBERG von „Horthy"-Parade am 22. August 1938 mit Marschmotoren auf Heimfahrt.

An der Scharnhorstbrücke in Kiel, links NÜRNBERG, rechts ADMIRAL GRAF SPEE.
Weihnachten 1938.

NÜRNBERG am 2. Juli 1939 in Bremen.

Luftbild von Kreuzer NÜRNBERG mit Admiralsboot.

NÜRNBERG 1942/43 im Netzkasten in der Nähe von Narvik (Norwegen).

WLZ 1936 bei DWK im Trockendock VI.

Die Bb.-Schraube. Im Schwimmdock mit dem letzten Tarnanstrich
in Gotenhafen vom 7. bis 14. Februar 1944.

Im Schwimmdock mit dem letzten Tarnanstrich in Gotenhafen vom 7. bis 14. Februar 1944.

NÜRNBERG 1936/37 bei DWK im Trockendock.

Schiffsglocke

Die Schiffsglocke 1936.

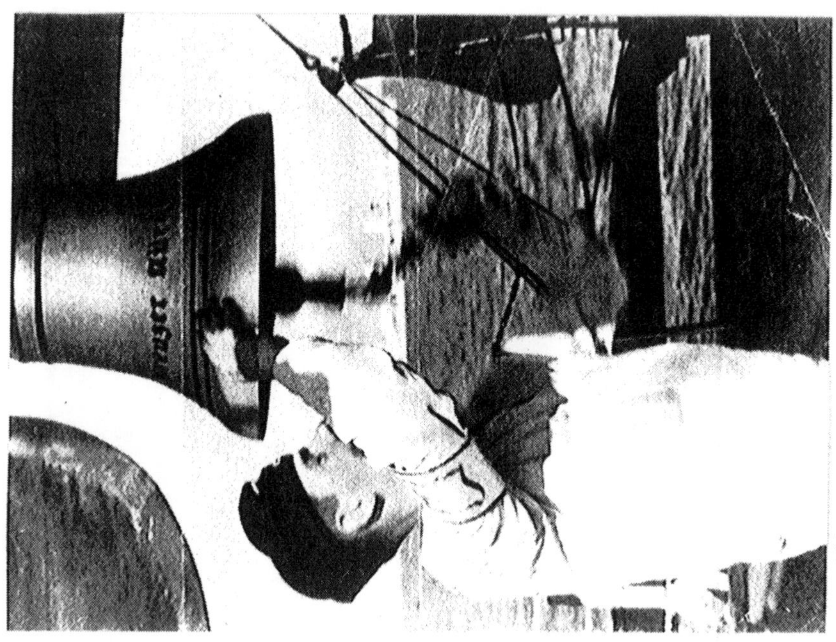

Die Schiffsglocke wird geschlagen.

15-cm-Turm „A" um 1936/37.

15-cm-Türme „B" und „C". Kriegsmarsch in der Ostsee im Frühjahr 1945.

8,8-cm-Flack I (Stb. vorn) in Doppellafette.

8,8-cm-Flak IV (Bb. achtern) in Doppellafette.

Die I. 4 cm-Flak 28 (Bofors), aufgenommen im I. Quartal 1945 im Kopenhagener Freihafen.
✗ Verfasser

Die I. 4 cm-Flak 28 (Bofors), aufgenommen im I. Quartal 1945 im Kopenhagener Freihafen.

Vorn rechts die 3,7-cm-Flak in Doppellafette ohne Schutzschild und der Turm „B".

3,7-cm-Flak in Doppellafette mit Schutzschild 1945.

2-cm-Vierlingsflak auf Landlafette 1942/43.

Die Bedienungsmannschaften der leichten und mittleren Flak
vor Turm „B" im Frühjahr 1945 in Kopenhagen.

✗ Verfasser

NÜRNBERG 1945 in der Ostsee. Vor dem Turm „A" sind zwei 2-cm-DL mit
Schutzschild, vor der Brücke eine 2-cm-EL und darüber die I. 4-cm-Flak zu sehen.

NÜRNBERG in der 3. Einfahrt in Wilhelmshaven am 2. Januar 1946.
7 mm hinter dem Heck von HESSEN ist eine 2-cm-DL mit Schutzschild
auf dem Bb.-Seitendeck zu sehen.

Torpedoköpfe.

Vorderer Bb.-Torpedodrillingssatz und Bb.-Kutter. Beide sind ausgeschwungen.

Abschuß eines Torpedos um 1936/37.

Abschuß eines Torpedozweierfächers (10. bis 12. Mai 1944).

NÜRNBERG mit He 60 (vor Mai 1938).

Im Spanieneinsatz. Mittelschiff mit He 60, rechts ein Tanker.

NÜRNBERG mit He 60 vor Anker 1939.

Start einer He 60 vom Katapult der NÜRNBERG.

Am 7. Januar 1944 bei der Wasserung zu Bruch gegangene Ar 196.

Am 7. Januar 1944 bei der Wasserung zu Bruch gegangene Ar 196.

Fliegererkennungszeichen

„Fliegererkennungszeichen" auf der Schanz hinter dem Turm „C". B.d.A.-Manöver im Herbst 1939. Dahinter KÖLN und EMDEN.

„Fliegererkennungszeichen" auf der Back vor dem Turm „A" in Norwegen 1942/43.

In Kiel im Dock nach dem Torpedotreffer am 13. Dezember 1939.

In Kiel im Dock nach dem Torpedotreffer am 13. Dezember 1939.

Oberhalb vom Turm „B" sitzt an der Achtermastspitze
die Antenne des FuMO 63 – Hohentwiel-K.

Hinter dem Turm „A" der Gefechtsmast mit der
Antenne des FuMO 25 (1943/44).

Am Gefechtsmast die Antenne des FuMO 25 im ersten Halbjahr 1944.
Auf dem Brückenhausdach eine 2-cm-Vierlingsflak. Beim Signaldienst.

Am Gefechtsmast die Antenne des FuMO 33 im Jahr 1945.
Brücke mit der I. 4-cm-EL und rechts der 2-cm-EL.

NÜRNBERG unter der Levensauer Hochbrücke 1936 im K.W.-Kanal.
Das A-Boot und das K-Boot hat noch einen Schornstein.

Die Motorpinasse an der Backspier. Auf der Reede von Zoppot am 21. und 22. Juli 1944.

V-Boot am Bb.-Kran und ausgeschwungener Bb.-Kutter.

Der Stb.-Kutter wird gefiert oder geheißt (17. Februar 1944).

Der Bb.-Kutter ist im Davit ausgeschwenkt (17. Februar 1944).

Der Stb.-Kutter wird ausgesetzt. Links ist die Emden zu sehen (17. Februar 1944).

Beim Kutterpullen. Der Kutter hat die Boje aufgenommen (17. Februar 1944).

Gebirgsjäger des Generals Dietl bei der Ausschiffung in Narvik am 17. Juni 1940.
Vorn links das V-Boot, rechts ein Kutter und dahinter die Motorpinasse.

NÜRNBERG im Ofotfjord im Juni/Juli 1940 beim
Unternehmen „Nora" mit dem ersten Tarnanstrich.

NÜRNBERG im Ofotfjord im Juni/Juli 1940 beim
Unternehmen „Nora" mit dem ersten Tarnanstrich.

NÜRNBERG 1941 in Swinemünde mit dem Parallelstreifen-Tarnanstrich.
Über der Brücke ist die Antenne des FuMO 21 zu sehen.

NÜRNBERG 1941 mit dem Parallelstreifen-Tarnanstrich.
Über der Brücke ist die Antenne des FuMO 21 zu sehen.

NÜRNBERG mit dem dritten Tarnanstrich 1942 /43 in Nordnorwegen.

NÜRNBERG in der Bogenbucht (Nordnorwegen) im Frühjahr 1943
im Netzkasten vor Anker mit dem dritten Tarnanstrich.

NÜRNBERG 1944 mit geändertem dritten Tarnanstrich.
Unterhalb des Bootsdecks jetzt schwarz gepönt.

NÜRNBERG mit der Antenne des FuMO 25 und geändertem dritten
Tarnanstrich in Swinemünde-Osternothafen vom 7. bis 12. April 1944.

Maschinenraum

Im Maschinenraum.

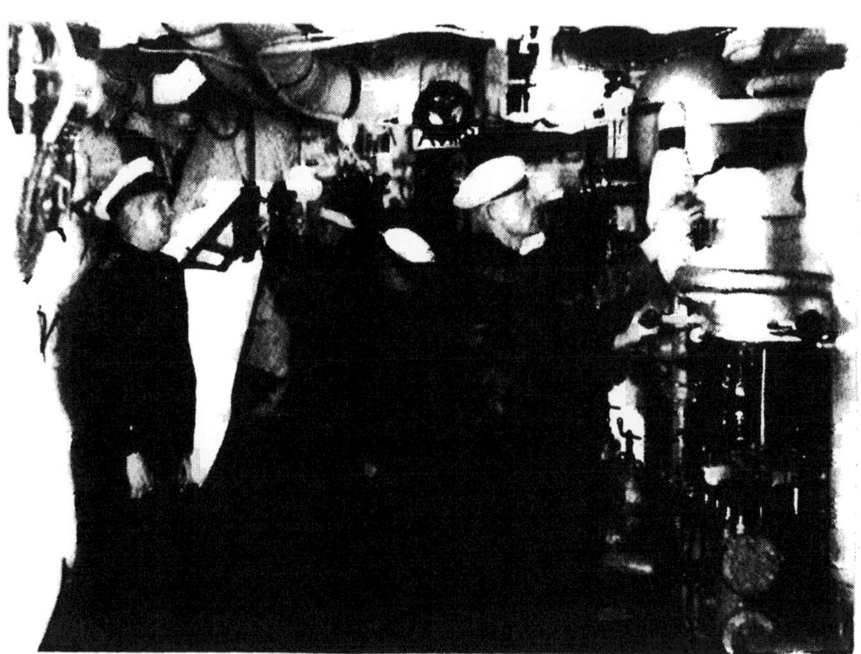

Im Maschinenraum.

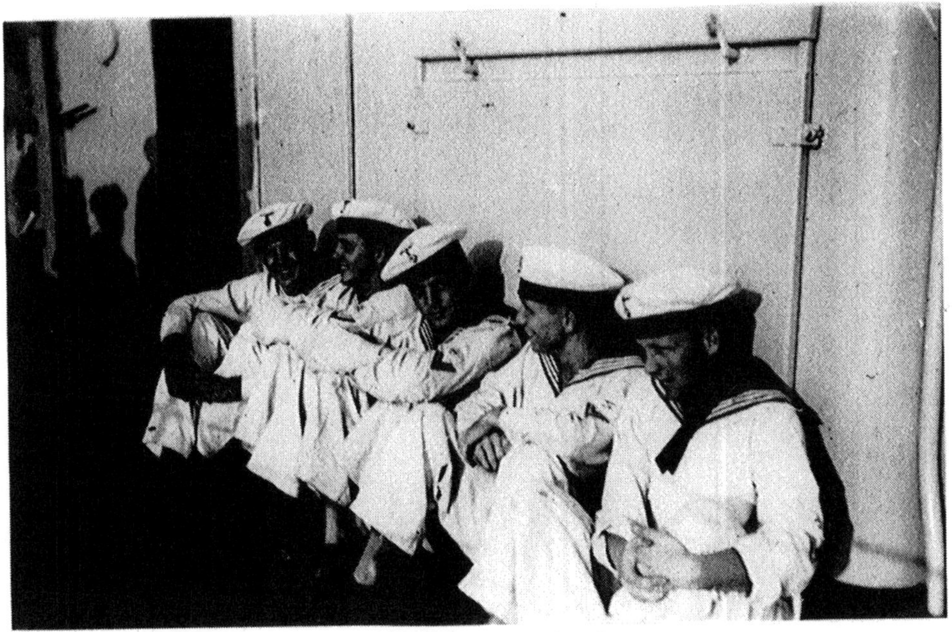

Fünf Funker auf Freiwache.

Kadetten-Ernennungen am 20. April 1944 auf der Schanz von NÜRNBERG
in Gotenhafen, Becken IV. Im Hintergrund der Kreuzer LEIPZIG.

Mittagsmusterung der Kadetten in Gotenhafen im ersten Halbjahr 1944.

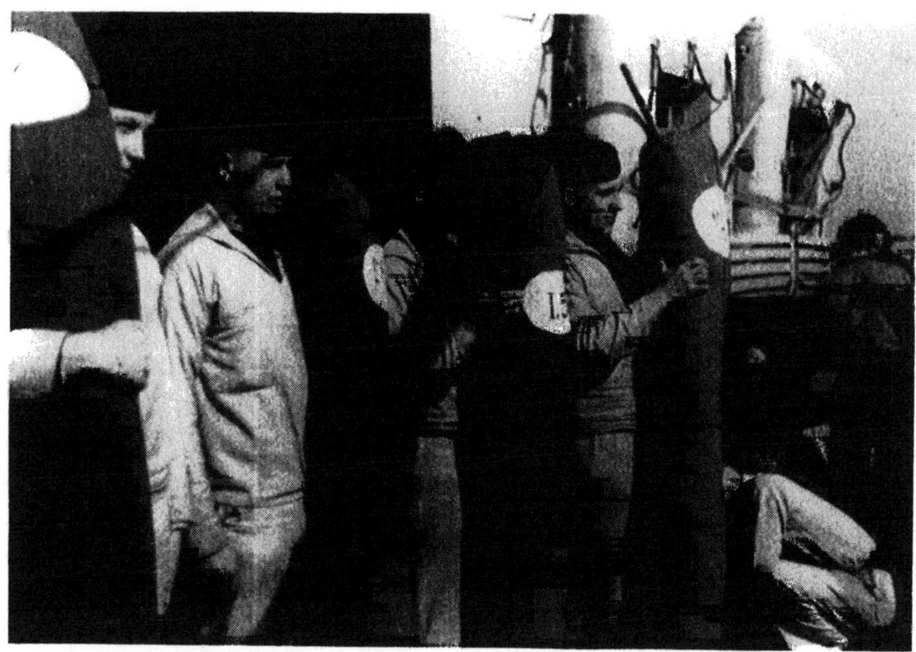

Hängematten-Musterung der Kadetten in Gotenhafen im ersten Halbjahr 1944.

Kmdt. Kapt.z.S. E. von Studnitz (rechts).
(28. März 1941 bis 6. Juni 1943).

Kmdt. Kapt.z.S. G. Böhmig mit Nachrichtenhelferinnen
vom Heer (Blitzmädel) in Riga (22. bis 26. August 1943).

(Kmdt. vom 7. Juni 1943 bis 7. Oktober 1944).

Besuch von Nachrichtenhelferinnen vom Heer (Blitzmädel)
in Riga (22. bis 26. August 1943).

Besuch von Nachrichtenhelferinnen vom Heer (Blitzmädel) auf
der Schanz von NÜRNBERG in Riga (22. bis 26. August 1943).

Auf der Schanz zur Musterung angetretene Besatzung (1943/44).

Musterung durch den Kmdt. Kapt.z.S. G. Böhmig auf der
Schanz von NÜRNBERG in Gotenhafen im Juni 1943.

Musterung auf der Schanz durch VAdm. A. Thiele Mitte Juni 1943.
NÜRNBERG liegt am Seebahnhof in Gotenhafen.
Vorn der I.O. KKapt. R. Bürklen.

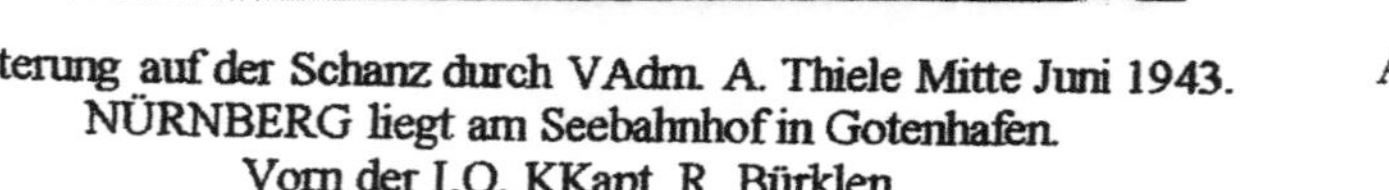

Ansprache von VAdm. A. Thiele auf der Schanz auf der Palaverkiste stehend.
NÜRNBERG liegt Mitte Juni 1943 am Seebahnhof in Gotenhafen.

Der Flottenchef GenAdm. O. Schniewind am 21. März 1944 an Bord von NÜRNBERG im Gespräch mit Offizieren des Stabes.

Der Kmdt. Kapt.z.S. H. Gießler (7. Oktober 1944 bis 6. Januar 1946).

NÜRNBERG 1945 in Kopenhagen

NÜRNBERG an der am 15. Februar 1945 gesprengten Pier im Osthafen in Kopenhagen.

NÜRNBERG an der am 15. Februar 1945 gesprengten Pier im Osthafen in Kopenhagen.

NÜRNBERG im Mai 1945 im Nordhafen von Kopenhagen.

Munitionsabgabe im Mai 1945 im Nordhafen von Kopenhagen.

NÜRNBERG während der Überführungsfahrt am 26. Mai 1945 von Kopenhagen nach
Wilhelmshaven in der Nordsee, aufgenommen von einem britischen Flugzeug.

PRINZ EUGEN und der britische Schwere Kreuzer DEVONSHIRE am 26. Mai 1945
während der Überführungsfahrt von Kopenhagen nach Wilhelmshaven.

NÜRNBERG am Bontekai in Wilhelmshaven im Sommer/Herbst 1945.
Dahinter liegt der Zerstörer THEODOR RIEDEL.

NÜRNBERG am Bontekai in Wilhelmshaven im Herbst 1945.
Längsseits liegt der Zerstörer THEODOR RIEDEL.

NÜRNBERG am 2. Januar 1946 in der 3. Einfahrt von Wilhelmshaven. Links HESSEN.

NÜRNBERG am 2. Januar 1946 auslaufend Wilhelmshaven nach Libau.
Minenschienen sind montiert.

NÜRNBERG am 2. Januar 1946 auslaufend Wilhelmshaven nach Libau.

NÜRNBERG am 2. Januar 1946 im Jadefahrwasser auf der Fahrt nach Libau.

Admirale und ein Teil der Kommandanten (letzter Dienstgrad)

Großadmiral
Dr. h. c. Erich Raeder

Großadmiral
Karl Dönitz

Generaladmiral
Rolf Carls

Generaladmiral
Hermann Boehm

Generaladmiral
Otto Schniewind

Generaladmiral
Oskar Kummetz

Admiral
Otto Ciliax

Admiral
Hermann Densch

Admiral
Günther Lütjens

Vizeadmiral
Joachim Lietzmann

Vizeadmiral
Wilhelm Meendsen-Bohlken

Vizeadmiral
August Thiele

Vizeadmiral
Bernhard Rogge

Konteradmiral
Kurt Weyher

Kapt.z.S. Karl von Schönberg

Admiral
Hubert Schmundt

Konteradmiral
Otto Klüber

Vizeadmiral
Leo Kreisch

Sowjetischer Kreuzer ADMIRAL MAKAROW
(ex NÜRNBERG)

ADMIRAL MAKAROW (ex NÜRNBERG) mit der Nr. 46.
(30. April 1954 bis 30. April 1955).

ADMIRAL MAKAROW (ex NÜRNBERG) in Leningrad mit der Nr. 36.
(30. April 1955 bis 30. April 1956).

ADMIRAL MAKAROW (ex NÜRNBERG) mit der Nr.47.
(30. April 1957 bis 30. April 1958).

ADMIRAL MAKAROW (ex NÜRNBERG) mit der Nr.96.
(30. April 1958 bis 30. April 1959).

ADMIRAL MAKAROW (ex NÜRNBERG). Oben am
Gefechtsmast sind sowjetische Funkmeßgeräte montiert.

Mittelschiff von ADMIRAL MAKAROW (ex NÜRNBERG).

Modelle vom Kreuzer NÜRNBERG
[Erbauer]

Werksmodell vom O.K.M. Archivraum in München 1:50.

Werksmodell vom O.K.M. Archivraum in München 1:50.

Werksmodell vom O.K.M. Archivraum in München 1:50.

Werksmodell vom O.K.M. Archivraum in München 1:50.

Modell im Technik-Museum Speyer [Schmidt] 1:100.

Modell im Technik-Museum Speyer [Schmidt] 1:100.

Modell im Garnisonmuseum Nürnberg   1:100.

Modell im Wiss. Inst. für Schiffahrts- und Marinegeschichte Hamburg   [Ott]   1:100.

Modell im Museum in Swakopmund (Namibia).   [Konny Zander]   1:100. In 7 Monaten im Internierungslager Andalusia aus Blechbüchsen und Zahnpastatuben als Lot hergestellt.

HP-Modell   [Sonntag]   1:400.

HP-Modell [Sonntag] 1:400.

Oben HP-Modell [Sonntag] 1:400, Mitte HP-Modell [Sonntag] 1:700,
Unten Delphin-Modell 1:1250.

Anhang

A-Boot   Admiralsboot
Abt.   Abteilung
a.D.   außer Dienst
Adj.   Adjutant
Adm.   Admiral
A.G.   Aufklärungsgruppe
Anf.   Anfang
Ant.   Antenne
A.O.   Artillerieoffizier
Ar   Arado
A.T.O.   Artillerietechnischer Offizier
atü   Atmosphärenüberdruck
AVK   Artillerie-Versuchskommando

BA/MA   Bundesarchiv / Militärarchiv
Bb.   Backbord
B.d.A.   Befehlshaber der Aufklärungsstreitkräfte
B.d.A.d.O.   Befehlshaber der Aufklärungsschiffe der Ostsee
B.d.A.V.F.   Befehlshaber des Ausbildungsverbandes der Flotte
B.d.B.   Befehlshaber der Baltenflotte
B.d.K.   Befehlshaber der Kreuzer
B.d.P.   Befehlshaber der Panzerschiffe
B.d.Sp.   Befehlshaber der Spanienseestreitkräfte
Bez.   Bezeichnung
BG   Basisgerät (Entfernungsmeßgerät)
BMW   Bayerische Motoren Werke
B.N.O.   Bordnachrichtenoffizier
Bord-Met.   Bordmeteorologe
BRT   Bruttoregistertonne
BÜ.O.   Befehlsübermittleroffizier
BV   Blohm & Voß

C/...   Konstruktionsjahr mit Jahreszahl ...

DeTe   anfängliche Tarnbezeichnung für FuMO (Dezimeter-Telegraphie)
DL   Doppellafette
D.O.   Divisionsoffizier
d.Res.   der Reserve
DWK   Deutsche Werke, Kiel A.G.

E.I.   Elektroingenieur
EKK   Erprobungskommando für Kriegsschiffneubauten
EL   Einzellafette
Em 2   anfängliche Abkürzung für FuMO (Entfernungsmeßgerät 2)
EMC   Einheitsmine Typ C
E-Meß O.   Entfernungsmeßoffizier
E.S.   Erkennungssignal
E-Werk   Elektrizitätswerk (Generator)
ex   ex ... = vorhergehender Name ...

F ...   Flottenbegleiter ...
F.d.M.   Führer der Minensuchboote
F.d.T.   Führer der Torpedoboote
F.d.Z.   Führer der Zerstörer

FKapt.	Fregattenkapitän
Flak	Fliegerabwehrkanone (auch Flugabwehrkanone genannt)
Flak A.O.	Flakartillerieoffizier
Flak M.W.O.	Flak-Maschinenwaffen-Offizier
Fla.M.K.	Flak-Maschinenkanone
Fla-Waffen	Flakwaffen
Flglt.	Flaggleutnant
Ft	Funktechnisch
Ft.O.	Funktechnischer Offizier
FuMB	Funkmeß-Beobachtungsgerät
FuMO	Funkmeß-Ortungsgerät
G 7a	Torpedotyp (Gas-Dampf-Torpedo mit einer Länge von 7 m)
Geb.Div.	Gebirgsjäger Division
GenAdm.	Generaladmiral
GHG	Gruppenhorchgerät (für unter Wasser)
GJR.	Gebirgsjäger Regiment
GroßAdm.	Großadmiral
He	Heinkel
Ho.O.	Horchoffizier
Hptm.	Hauptmann
(Ing.)	Ingenieur-Laufbahn
Ing.-O.A.	Ingenieur-Offiziersanwärter
i.V.	in Vertretung
Ju	Junkers
KAdm.	Konteradmiral
Kapt.z.S.	Kapitän zur See
K-Boot	Kommandantenboot
KdF-Schiff	Kraft durch Freude – Schiff
K.I.	Kesselingenieur
KKapt.	Korvettenkapitän
Kl.	Klasse
Kmdt.	Kommandant
KMW	Kriegsmarinewerft Wilhelmshaven
kn	Knoten = Seemeile / Stunde
Konstr.	Konstruktion
KptLt.	Kapitänleutnant
Kr.O.	Kriegsoffizier
K.T.B.	Kriegstagebuch
kW	Kilowatt
K.W.-Kanal	Kaiser-Wilhelm-Kanal
KWL	Konstruktionswasserlinie
L/...	Kaliberlänge
LC/...	Drehscheibenlafette. Konstruktionsjahr mit Jahreszahl ...
L.I.	Leitender Ingenieur
Lt.	Leutnant
Lt.z.S.	Leutnant zur See
LüA	Länge über alles
M ...	Minensuchboot ...
(MA)	Marineartillerie-Laufbahn
M.A.	Mittelartillerie (15 cm)
Maureb	Marineausrüstungs- und Reparaturbetrieb
M-Boot	Minensuchboot
M.Dv.	Marinedienstvorschrift

Me	Messerschmidt
MES	Mineneigenschutz (gegen Magnetminen)
MG	Maschinengewehr
M.Flo.	Minensuchboot-Flottille
M.Geschw.A.	Marinegeschwaderarzt
M.I.	Motoreningenieur
M.Ing.	Marineingenieur
M.Kr.Ger.Insp.	Marine-Kriegsgerichtsinspektor
M.Kr.Ger.Rat	Marine-Kriegsgerichtsrat
M.Kr.Richter	Marine-Kriegsrichter
(MN)	Marinenachrichten-Laufbahn
M.Ob.Ass.A.	Marine-Oberassistenzarzt
M.Ob.St.A.	Marine-Oberstabsarzt
M.Ob.ZM.	Marine-Oberzahlmeister
MOK	Marineoberkommando
M.Pfarrer	Marine-Pfarrer
MPL	Mittelpivotlafette
M.St.A.	Marine-Stabsarzt
M.St.Ing.	Marine-Stabsingenieur
M.Studienrat	Marine-Studienrat
M.S.Fl.	Minensuch-Flottille
M.S.S.	Marinesignalstelle
mt	Meter mal Tonne
M.U.A.	Marine-Unterarzt
m.W.d.G.b.	mit der Wahrnehmung der (Dienst) Geschäfte beauftragt

NFA	Nachtfahranzeiger
NG	Kurzzeichen für Kreuzer NÜRNBERG
N.O.	Navigationsoffizier
NRT	Nettoregistertonne
(NT)	Nachrichtentechnische-Laufbahn

O.	Offizier (I.O. = erster Offizier)
O.A.	Offiziersanwärter
Ob.d.M.	Oberbefehlshaber der Kriegsmarine
O.K.M.	Oberkommando der Kriegsmarine
OLt.	Oberleutnant
OLt.z.S.	Oberleutnant zur See

PS	Pferdestärke (Leistung)
PSe	effektive Pferdestärke (an der Kupplung gemessen) Maßeinheit für Motoren
PSi	indizierte Pferdestärke (am Zylinder gemessen) (PSi-Werte sind etwa 25 % größer als die PSe- und PSw-Werte) Maßeinheit für Expansions (Kolben)- Dampfmaschinen
PSw	Wellen-PS (an der Schraubenwelle gemessen) Maßeinheit für Turbinen

R ...	Räumboot ...
R-Boot	Räumboot
Reg.Rat	Regierungsrat
Reg.Tonne	Register-Tonne (bei BRT)
R.Flo.	Räumboot-Flottille
R.O.	Rollenoffizier

S.A.	Schiffsarzt
SAS	Schiffsartillerieschule
SB II	Schiffsbuch II
S-Boot	Schnellboot

See-O.A.	Seeoffiziersanwärter
seetakt.	seetaktisch
Sekr.	Sekretär
S.Flo.	Schnellboot-Flottille
SK, S.K.	Schnell-Ladekanone
SKL.	Seekriegsleitung
sm	Seemeile (1852 m)
S.M.S.	Seiner Majestät Schiff
S.O.	Sicherheitsoffizier
Sp.	Spant
Sperr.O.	Sperroffizier
Stb.	Steuerbord
SVK	Sperrwaffen-Versuchskommando
T ...	Torpedoboot ...
t	metrische Tonne 1 t = 1000 kg
T-Boot	Torpedoboot
T.Flo.	Torpedoboot-Flottille
TNT	Trinitrotuluol (Sprengstoff)
T.O.	Torpedooffizier
TR	Torpedorohr
ts	tons, 1 ts = 1016,0469 kg (englische Gewichtsangabe)
TVA	Torpedoversuchsanstalt
U ...	U-Boot ...
U-Boot	Unterseeboot
U.Flo.	U-Boot-Flottille
ULD	Unterseebootslehrdivision
U/min	Umdrehungen/Minute
UO	Unteroffizier
V	Volt
(V)	Verwaltungs-Laufbahn
VAdm.	Vizeadmiral
V-Boot	Verkehrsboot
Verb.	Verbands...
VL	Vierling
V.O.	Verwaltungsoffizier
W	Watt
(W)	Waffen-Laufbahn
WAST	Wehrmachtsauskunftsstelle
W.I.	Wachingenieur
WLZ	Werftliegezeit
W.O.	Wachoffizier
WPS	Wellenpferdestärke (an der Schraubenwelle gemessen) Maßeinheit für Turbinen
Z ...	Zerstörer ...
Z.Div.	Zerstörer-Division
Z.Flo.	Zerstörer-Flottille
Z.O.	Zugoffizier
z.S.	zur See
Zyl.	Zylinder

Skizzennachweis

Skizzen aus Harnack, W. und Sonntag, D.: KREUZER NÜRNBERG, Hamburg 1998
übernommen:

Wappen
Kleiner Kreuzer NÜRNBERG I und II
Tarnanstriche zu verschiedenen Zeiten (verändert)
Die Anordnung der Panzerung der NÜRNBERG
Anordnung der Antriebsanlage in schematischer Darstellung
Marschdieselmotoren- und Turbinenanlage
Längsschnitt und obere Ansicht 1935
NÜRNBERG 1945 (Seiten- und Deckriß) (verändert)
ADMIRAL MAKAROW (ex NÜRNBERG) (verändert)
Kieler Hafen (verändert)
Hafen von Kopenhagen (verändert)

Neue Skizzen:

Kreuzer NÜRNBERG – Aussehen zu verschiedenen Zeiten: Gröner, Erich / Jung, Dieter / Maass, Martin
                      (1982), Koop, Gerhard / Schmolke, Klaus-Peter (1994 a, b). (Alle verändert)
Abteilungs- und Spantenpläne: König, Willi
Deckspläne: Ungänz, Rainer
Beiboote: Gröner, Erich / Jung, Dieter / Maass, Martin (1993)
He 60 C: Lang, Gerhard
Ar 196: Dabrowski, Hans-Peter / Koos, Viktor (1990)
Torpedo: Harnack, Wolfgang
Ankertaumine EMC: Hadeler, Wilhelm (1968)
Grundberührung: Seekartenausschnitt aus „Den Norske Kyst" Karte 43
Kriegshafen Gotenhafen: Nieß, Walter / Fischer, Herbert (1999)
Kriegshafen Kiel: Harnack, Wolfgang / Sonntag, Dietrich
Kriegshafen Wilhelmshaven: Sonntag, Dietrich

Bildnachweis

Einzelnachweis:

Feniß, Hans (2), Klein, A. (1), Klein, Fritz (7), Krautwurst, Wolfgang (4), PK. (4), Kreitz, Willy (1).

Sammlungen:

BA / MA (3), Buß, Robert (1), Conradi, Kurt (1), Deutscher Marinebund (Archiv) (10),
Dommach, Georg (15), Galle, Kurt (1), Harnack, Wolfgang (8), Herker, Joachim (6),
Herzog, Paul (2), Holzer, Joachim (1), Jaenisch, Heinz (1), Machnow, Manfred (1),
Maier, Alfred (1), Olbert, Willi (2), Pletscher, Falk (1), Rebel, Karl-Heinz (1), Sonntag, Werner (2),
Tamm, Peter (1), Ungänz, Rainer (15).

Aus der Literatur:

Breyer, Siegfried [1998] (1)
Dohm, Arno [-] (1)
Koop, Gerhard / Schmolke, Klaus-Peter [1994 a, b] (4)
Lohmann, Wilhelm / Hildebrand, Hans H. [1956 – 1965] (17)
Whitley, Mike J. [1988] (1)

Quellenverzeichnis

1. Amtliche und dienstliche Dokumente, Akten und Unterlagen der Reichs- und Kriegsmarine:

Bundesarchiv – Militärarchiv Freiburg / Breisgau   (Stand 1999)

RM 7 / 1203   1.SKL. III a 3 – 6 Handakte Okt. 1938 – März 1941
RM 7 / 1219   1.SKL. Schiffstypen: Umbauten / Auslandsreisen
RM 7 / 1206   1.SKL. III a 4 – 4 Personalfragen Aug. 1937 – Nov. 1941

RM 20 / 1596   Marinekommandoamt Entwicklungsgeschichte NÜRNBERG,
                      Kreuzerneubauten Klasse A   26.04. / 05.09.1938

RM 50 / 186   Kriegstagebuch der 2. Kampfgruppe Bd.1   28.07. – 18.09.1944
RM 50 / 187   Kriegstagebuch der 2. Kampfgruppe Bd.2   18.09. – 15.10.1944
RM 50 / 188   Kriegstagebuch der 2. Kampfgruppe Bd.3   01.11.1944 – 31.01.1945
RM 50 / 189   Kriegstagebuch der 2. Kampfgruppe Bd.4   16.01. – 15.02.1945
RM 50 / 190   Kriegstagebuch des Ausbildungsverbandes der Flotte VAdm. Thiele /
                      KAdm. Rogge   11.04 – 30.06.1942 / 06. – 28.06.1944 /
                      18.01. – 28.02.1945
RM 92 / 5261   Kriegstagebuch Kreuzer NÜRNBERG   Bd.1 25.08. – 31.12.1939
RM 92 / 5262   Kriegstagebuch Kreuzer NÜRNBERG   Bd.2 01.01. – 31.12.1940
RM 92 / 5263   Kriegstagebuch Kreuzer NÜRNBERG   Bd.3 01.01. – 15.02.1941
                                                               23.09. – 02.10.1941
                                                               11.11.1942 – 03.05.1943
                                                               25.12.1944 – 15.01.1945
                                                               01.02. – 28.02.1945
RM 92 / 5292   Schiffsbuch II Kreuzer NÜRNBERG

Von Rußland zurückgegeben:

W – 04 / 21188   Konstruktionspläne   1933 – 1940
W – 04 / 16403   Konstruktionspläne   1933 – 1942
W – 04 / 16402   Konstruktionspläne   1933 – 1942
W – 04 / 17241   Konstruktionspläne   1933 – 1943
W – 04 / 17242   Konstruktionspläne   1933 – 1943
W – 04 / 14270   Konstruktionspläne   1934 – 1942
W – 04 / 03059   Konstruktionspläne   1934 – 1942
W – 04 / 03745   Konstruktionspläne   1934 – 1939
W – 04 / 05718   Konstruktionspläne   1935 – 1937
W – 04 / 10675   Leichte Kreuzer Hauptangaben 1938

2. Amtliche und dienstliche Veröffentlichungen der Wehrmacht, Ministerien und Kriegsmarine:

M.Dv. Nr. 62   Nachdruck 1937 von 1930, Marineleitung.   Vorschrift für den Bootsdienst in der Kriegsmarine (Bootsvorschrift) (Bts.V.)   112 S.

M.Dv. Nr. 293   Rangliste der Deutschen Kriegsmarine.   Nach dem Stande vom 1.Sept.1944. Personalamt des O.K.M.

3. Literatur:

Blundell, W.D.G.: German Navy Warships 1939 – 1945. London 1972 p.24.

Bereshnoi, S. S.: Trofei i reparazii WMF SSSR. Jakutsk 1994, 9 – 11.

Bredt, Alexander: Weyers Taschenbuch der Kriegsflotten, Jahrgänge 1941/42 und 1943/44. München 1941 und 1943.

Bredt, Alexander: Weyers Flottentaschenbuch Bd. 39, 1956/57.

Breyer, Siegfried: Die Schlachtschiffe der KAISER-Klasse. Marine-Arsenal Heft 25. Friedberg (Dorheim) 1993.

Breyer, Siegfried: Die Kreuzer LEIPZIG und NÜRNBERG. Marine-Arsenal Heft 28. Wölfersheim-Berstadt 1994.

Breyer, Siegfried: Kriegsmarine-Alltag 1933 – 1945. MarineArsenal Special Band 9. Wölfersheim-Berstadt 1998.

Busch, Fritz Otto: Die Kriegsmarine 1919 – 1939. Berlin 1940 / Nordseeübungen der Flotte S.164 – 179.

Dabrowski, Hans-Peter / Koos, Volker: See-Mehrzweckflugzeug Arado Ar 196. Waffen-Arsenal Bd. 126. Friedberg 3, 1990.

Dohm, Arno: Geschwader Spee. Gütersloh 5. Aufl.

Elfrath, Ulrich: Die Deutsche Kriegsmarine 1935 – 1945. Bd. 1 Augsburg 1994. (Bild auf S. 175 ist seitenverkehrt).

Gießler, Helmuth: Der Marinenachrichten- und Ortungsdienst. Wehrwissentschaftliche Berichte Bd. 10. Münschen 1971.

Gröner, Erich / Jung, Dieter / Maass, Martin: Die Deutschen Kriegsschiffe 1815 – 1945. Bd. 1. Münschen 1982.

Gröner, Erich / Jung, Dieter / Maass, Martin: Die deutschen Kriegsschiffe 1815 – 1945. Bd. 8/2, Bonn 1993, Anhang S.560 – 569 und Bd. 1, 3. Auflage (in Vorbereitung).

Gröner, Erich: Die Schiffe der deutschen Kriegsmarine und Luftwaffe 1939 – 1945 und ihr Verbleib. 1. Auflage, München 1954.
Gröner, Erich / Jung, Dieter / Maass, Martin: 8. erweiterte Auflage, München 1976.
Gröner, Erich / Jung, Dieter: 9. erweiterte Auflage, Bonn 2001.

Hadeler, Wilhelm: Kriegschiffbau. Bd. 1 und 2. Darmstadt 1968.

Harnack, Wolfgang: Zerstörer unter deutscher Flagge 1934 bis 1945. 3. Aufl. Hamburg 1997.

Harnack, Wolfgang / Sonntag, Dietrich: Kreuzer NÜRNBERG – Chronik 1933 bis 1946 und sein Schicksal als sowjetischer Kreuzer ADMIRAL MAKAROW von 1946 bis 1959. Hamburg 1998, 169 S.

Hildebrand, Hans H. / Röhr, Albert / Steinmetz, Otto: Die deutschen Kriegsschiffe – Biographien. Bd. 5, 2. Aufl. Herford 188.

Hümmelchen, Gerhard: Die deutschen Seeflieger 1935 – 1945. Wehrwissenschaftliche Berichte Nr.9. München 1976, S.25 – 29 und 95 – 94.

Jackson, Robert: Deutsche Kriegsmarine 1939 – 1945. Wien 2002, 176 p.

Jones, Geoffrey P.: Under Three Flags. (NORDMARK), London 1973, 256 p.

Jung, Dieter / Abendroth, Arno / Keling, Norbert: Anstriche und Tarnanstriche der deutschen Kriegsmarine. München 1977 und 1997.

Koop, Gerhard / Schmolke, Klaus-Peter: Die Leichten Kreuzer der KÖNIGSBERG-Klasse, LEIPZIG und NÜRNBERG. Bonn 1994 (a).

Koop, Gerhard / Schmolke, Klaus-Peter: Die Leichten Kreuzer der KÖNIGSBERG-Klasse, LEIPZIG und NÜRNBERG. Vom Original zum Modell. Bonn 1994 (b).

Koop, Gerhard / Schmolke, Klaus-Peter: Die Leichten Kreuzer der KÖNIGSBERG-Klasse, LEIPZIG und NÜRNBERG. Planrolle (Din A 1), Maßstab 1:200. Bonn 1994 (c).

Koop, Gerhard / Schmolke, Klaus-Peter: Kleine Kreuzer 1903 – 1918. BREMEN bis KÖLN-Klasse. Bonn 2004.

Lang, Gerhard: Heinkel He 60. Flugzeugprofile Heft 3. Flugzeug Publikations G.m.b.H., Illertissen.

Lede, Dieter: Die Seemine – Eine bedeutende Waffe im Seekrieg. Schiffahrtsgeschichtliche Gesellschaft OSTSEE e.V. Heft 22. Rostock 2002.

Lemachko, Boris V. / Breyer, Siegfried: Deutsche Schiffe unter dem Roten Stern. Marine-Arsenal Sonderheft Bd.4. Dorheim 1992.

Lohmann, Wilhelm / Hildebrand, Hans H.: Die deutsche Kriegsmarine 1939 – 1945. Gliederung, Organisation, Stellenbesetzung usw. Bände I bis III. Bad Nauheim 1956 – 1965.

Mielke, Otto: Leichter Kreuzer » Nürnberg « Deutscher Kreuzer unter Sowjet-Flagge. Schicksale Deutscher Schiffe SOS, Nr.117, 35 S. München.

Mielke, Otto / Greve, Uwe: Leichter Kreuzer „Nürnberg“. Schiffe, Menschen, Schicksale SMS Nr.57, Hamburg 1998, 46 S.

Nieß, Walter / Fischer, Herbert: Crew X/43. Gifhorn 1999.

Pochhammer, Hans: Graf Spees letzte Fahrt. Leipzig 14. Aufl. ca. 1940.

Reng, A.: Loofs Schiffsmodell-Baubrief A 8. Leichter Kreuzer NÜRNBERG. (Maßstab 1:500). Robert Loef Verlag. Burg / Magdeburg ca. 1941.

Rohwer, Jürgen / Hümmelchen, Gerhard: Chronik des Seekrieges 1939 – 1945. Oldenburg und Hamburg 1968.

Rössler, Eberhard: Die Torpedos der deutschen U-Boote. Herford 1984.

Rössler, Eberhard: Geschichte des deutschen U-Bootbaues. Bd.1, S.271. Bonn 2.Auflage 1996.

Schiffner, Manfred / Dohmen, Karl-Heinz / Friedrich, Ronald: Torpedobewaffnung. Berlin 1987.

Schmalenbach, Paul: Kreuzer PRINZ EUGEN unter drei Flaggen. Hamburg 1978.

Sieche, Erwin: German Naval Radar to 1945. Warship 1982, No.21, 2 – 10 und No.22, 146 – 157.
(Für Kreuzer NÜRNBERG nicht exakt).

Sieche, Erwin: German Naval Radar Detectors. Warship 1983, No.27, 195 – 197.

Trenkle, Fritz: Die deutschen Funkstörverfahren bis 1945. AEG-Telefunken AG. Ulm 1982.

Trenkle, Fritz: Die deutschen Funkmeßverfahren bis 1945. Dr. Alfred Hüthig Verlag. Heidelberg 1986.

Walden, Hans (sen.): Der Marinewetterdienst 1933 – 1945. Einzelveröffentlichung Nr. 117 des Deutschen Wetterdienstes. Seewetteramt. Hamburg 1990.

Whitley, Mike J.: The Light Cruiser Nürnberg. Warship 1982, No.23, 234 – 238 und No.24, 250 – 255.

Whitley, Mike J.: Deutsche Kreuzer im 2. Weltkrieg. Stuttgart 1988.

Williamson, Gordon: German Light Cruisers 1939 – 1945. Oxford 2003, 48 p.

‒   Kreuzer » NÜRNBERG « 1936. 33 S. Geliefert durch Kieler Zeitung, Kiel.

‒   Kreuzer Nürnberg 1936/37. 25 S. Geliefert durch KZ-Druckerei, Kiel.

‒   Kriegsschiffe – Daten – Fakten – Technik. Moewig-Verlag.

4. Tagespresse, Marinejournale und Fachzeitschriften:

Bruelheide, Ernst: Wertvolles Erinnerungsstück für das MEM-Laboe. Leinen los Nr.2, 2002, 23.
(Die Außerdienststellung war zwei Jahre früher als in diesem Artikel angegeben).

Fock, Harald: Der Leichte Kreuzer Nürnberg der deutschen Kriegsmarine. Marineforum 1/2, 1987, 46 – 49.

Gießler, Helmuth: Ich übergab Kreuzer NÜRNBERG den Sowjets. Die Deutsche Soldatenzeitung 3. Jahrgang, Hefte Nr. 43, 44, 45 und 46, jeweils ab Seite 6. 1953. (In Fortstzungen).

Kotow, M.: Remont i modernisazija bywich germanskich i italjanskich korablej sowjetskom WMF (1945 – 1955). Taifun No.2, 2002, 2 – 9.
Deutsche Übersetzung von Günther Pöschel: Reparatur und Modernisierung der ehemaligen deutschen und italienischen Kriegsschiffe in der sowjetischen Seekriegsflotte (1945 – 1955).

Schaffer, Reinhold: Die Siegel und Wappen der Reichsstadt Nürnberg. Zeitschrift für bayerische Landesgeschichte 10, 1937, 157 – 203.

Tituschkin, S.I.: Legki kreiser ADMIRAL MAKAROW. Sudostroenie Nr. 8 / 9, 69 – 73. 1996.

Tituschkin, S.I.: Legki kreiser ADMIRAL MAKAROW. Taifun No.1, 1997.

Thomer, Egbert: Kreuzer NÜRNBERG endete unter sowjetischer Flagge. Leinen los Nr.3, 2001, 20/21. (Sehr fehlerhafte Daten).

5. Tagebuch- und Logbuchaufzeichnungen ehemaliger Angehöriger der Kreuzerbesatzungen der Kriegsmarine und der Seekriegsflotte der UdSSR, kurze schriftliche und mündliche Berichte, Mitteilungen, Telefonate, Korrespondenzen:

Becker, Walter: Verlegung deutscher Marineeinheiten nach Nordnorwegen. Worpswede 2004.

Herzog, Paul: Leichter Kreuzer NÜRNBERG (III), Einsatz 2.11.1935 – 31.8.1939, Kriegs-chronik vom 1.9.1939 – 5.1.1946. Rheinbrohl.

Karschawin, Boris Alexandrowitsch: Chronik des Kreuzers „Nürnberg"- „Admiral Makarow". Übersetzt von Gunter Fuhrmann, Jena. St.Petersburg, Juni 1995.

Karschawin, Boris Alexandrowitsch: Leichter Kreuzer „Admiral Makarov" (ehemalige deutsche Nürnberg). Übersetzt von Gunter Fuhrmann, Jena.

Uschmarow, Gelij Walentinowitsch / Bericht von Karschawin, Boris Alexandrowitsch: Die Erinnerungen eines der letzten Offiziere des Kreuzers „Nürnberg" - „Admiral Makarow". Übersetzt von Gunter Fuhrmann, Jena.

Logbücher der ehemaligen Seekadetten über ihre Bordausbildung auf NÜRNBERG:

Hellmut Humpert (Crew VI/42) vom 21.09.1942 bis 15.03.1943.

Heinz Böhlke (Crew IV/43) vom 30.06.1943 bis 12.01.1944.

Manfred Machnow (Crew IV/43) vom 30.06.1943 bis 12.01.1944.

Joachim Herker (Crew X/43) vom 31.01.1944 bis 31.07.1944.

Karl-Heinz Wolfgang (Crew X/43) vom 31.01.1944 bis 31.07.1944.

Alfons Honnen (Crew IV/44) 01.08.1944 bis 29.01.1945.

Dietrich Sonntag (Crew X/44) 17.01.1945 bis 29.05.1945.

Anlage

(Ergänzungen und Korrekturen zu „Kreuzer NÜRNBERG", Hamburg 1998)

Bildnachweis „Kreuzer NÜRNBERG", Hamburg 1998

Die Ziffern bedeuten Seitenzahlen

Einzelnachweis:

Dumke, Wilhelmshaven: 37
Fenüs, Hans, Müllheim/Baden: 79, 81, 84, 86, 88, 89 oben links, 89 oben rechts, 89 unten,
    91 unten, 92, 95 unten, 97, 98, 103 rechts oben
Graumann, W., Hamburg: 20
Hartz, Hans : Schutzumschlag
Hindersin, Georg : 19
Dr. Hahn, Franz Ferdinand, Aachen: 76
Klein, A.: 28
Klein, Fritz, Wilhelmshaven: 119, 120, 121
Krautwurst, Wolfgang, Wilhelmshaven: 49 oben, 91 oben, 96, 101 und Vorsatz, 102, 103
    unten, 112, 114
Maerker, K, Wilhelmshaven: 43 oben
PK-Kriegsmarine: 73, 78
Weller, Varel: 18 unten

Repros

Galle, Kurt, Marinearsenal Wilhelmshaven: 115

Sammlungen

Dommach, Georg, Burg-Magdeburg (vermittelt durch Otto Navara, Wien): 18 oben, 22 unten,
    35 oben, 43 unten, 85, 93, 95 oben, 100
Harnack, Wolfgang, Wilhelmshaven: 25, 27, 34 unten, 39, 67, 124,
Hoheisel, Großhausdorf: 75
Institut für Meereskunde (Abt. Reichsmarinesammlung), Berlin: 13
Israel, Ulrich, Potsdam: 32, 33, 35 unten, 40, 44, 48, 55, 57, 59, 65, 83, 94
Meinhardt, Helmut, Norderstedt: 41 unten
Prof.Dr.Sonntag, Dietrich, Berlin: 22 oben, 52, 99, 104, 107 oben, 107 unten, 109, 111
Tamm, Peter, Hamburg: 21, 23, 34 oben
Widmann, Elmar, Apfeltrach: 38, 69, 156

Korrekturen   „Kreuzer NÜRNBERG"   1. Auflage 1998

r. = rechte,   l. = linke,   Sp. = Spalte,   Z. = Zeile,   m. = mittlere,   v.u = von unten

Seite

9   r.Sp.   Z.28:   10000 ts   statt   t

10   l.Sp.   Z.13:   8000 ts   statt   t
     l.Sp.   Z.19   15000 ts   statt   t
     l.Sp.   Z.24:   6000 ts   statt   t
     l.Sp.   Z.28:   7000 ts   statt   t
     l.Sp.   Z.29   9000 ts   statt   t

12   l.Sp.   Z.7:   schweizer   statt   Schweizer

15   r.Sp.   Z.5:   Maass   statt   Maas

17   Skizze Kieler Hafen: w statt v

18   r.Sp. Z.14:   Donnerstag   statt   Donnerwtag

21   r.Sp. Z.4 v.u.:   November   statt   August

23   Bildunterschrift: Graf von Spee   statt   Graf Spee

26   m.Sp. Z.8 v.u.:   Spanienseestreitkräfte   statt   Spanienstreitkräfte

31   m.Sp. Z.14:   30   statt   23

32   Bildunterschrift: 12. März   statt   3. August

38   Bildunterschrift: am 12. Mai 1939 vor Merok (Norwegen)   statt   1939 im norwegischen
                                                                                                             Balholm

51   Zu Unterschrift Skizze: (Federzeichnung Walter Zehden ✞)

60   In Skizze K. statt Krz.

62   r.Sp. Z.22:   Torpedoschulflottille   statt   Torpedoschulflotte

64   Skizzenunterschrift links unten: 196   statt   176   (in der Mitte der Seite steht noch die richtige
                                                                                                      Unterschrift)
      Skizzenunterschrift unten und neben Skizze oben links: A   statt   A-3

67   r.Sp. Z.3:   April statt Juni
      Bildunterschrift: „noch ohne FuMO,   streichen

70   Skizzen-Unterschrift: Mai bis Dezember 1941   statt   1941 – 1942

73   r.Sp. Z.5 v.u.:   zweier   statt   weiterer

74   Neue Skizze: (Je zwei Flak Back und Schanz weg, Panzer weg und Flöße geändert)

78   Neue Skizze: (Flak und Flöße geändert)   neue Unterschrift: Kreuzer NÜRNBERG, Tarnanstriche
      des Kreuzers. Oben August 1942 bis Mai 1943, unten Mai 1943 bis 22. April 1944.

84   l.Sp. Z.4:   Strander   statt   Stander

96   l.Sp. Z.2 v.u.:   Schiffssicherungsdienst   statt   Schiffsicherungsdienst

115   l.Sp. Z.6:   BIRMINGHAM   statt   SHROPSHIRE

116   l.Sp. Z.7 v.u.:   einige statt etwa
        l.Sp. Z.6:   Leichter Kreuzer BIRMINGHAM   statt   Schwerer Kreuzer SHROPSHIRE

117   KptLt.(MA) Tiedje, Arnold   statt   KptLt.d.Res. Tiedje, Wilhelm

        OLt.z.S.d.Res. Heufers, Hermann   statt   OLt.z.S. Heufers, Franz

        Kuhnen, Karl   statt Vornamen   Carl

        Isensee, Klaus-Dietrich   statt Vornamen   Klaus

120   Bildunterschrift fehlt: NÜRNBERG auslaufend Wilhelmshaven nach Libau (UdSSR)
        noch in der Schleuse am 2. Januar 1946. Die montierten Minenschienen sind
        gut erkennbar, ebenfalls die 2-cm-Doppellafetten LM 44 - Flak-MK.

130   Z.2:   Maass statt Maas

132   r.Sp. Zeile nach 2 Backspieren einfügen: 1 Heckspier
                                                           3 Spieren an den Fallreeps

133   Siehe neuen Text: „ Veränderungen 1935 - 1945 "

134   r.Sp. Zeile nach 2 Backspieren einfügen: 1 Heckspier
                                                           3 Spieren an den Fallreeps
136   Legende zur Skizze nicht vollständig.   Es fehlen linke Spalte und 8 Zeilen oben
        (Siehe neues Blatt)

148   Bei 4 cm: m.Sp. Z.20 v.u.:   Patronengewicht 2,21 kg

151   l.Sp. Z.3 v.u.:   MPL statt M.P.L.

152   In Skizze: „ M 1 : 25 „ weg

153   Skizze oben rechts: unten links fehlt ein G

154   Tabelle Funkmeß-Ortungsgeräte (FuMO):   In der letzten Zeile   : An Bord von NÜRNBERG
        1940/42 statt 1941/42 ,   1942/45 statt 1942/44 , 1945 statt 1944/45 und
        1945 statt Ende 1944/45. In Spalte „33" : MDSp statt MDSP. Siehe auch neue Tabelle.

155   Siehe neue FuMB – Tabelle oder Daten von FuMB 24 einfügen und m.Sp.: in 135° und
        225° statt   in 90° und 270°

156   Im Wappen: Ösel statt Falkland, Falkland statt Ösel und Coronel statt Spee.
        In Unterschrift Skizze Wappen nach „ A „ ändern in: Ösel (des K.Adm. Ludwig von Reuter),
        » B « Falkland (des Kapt.z.S. Karl von Schönberg), » C « Coronel (des V.Adm. Maximilian
        Graf von Spee). Siehe. neue Skizze.

157   r.Sp. Z.1:   12 statt 13

161   m.Sp.:   GroßAdm.   statt   Gr.Adm.

164   l.Sp. Z.6 v.u.:   Maass statt Mass

165   l.Sp. Kein Abstand zwischen Tituschkin, S.I. und Legkikreiser ADMIRAL MAKAROW

        r.Sp. Z.15 v.u.:   mm statt m

166   Bei Friedrich   fehlt Seitenangabe: 160
        Bei Güntherschulze   fehlt Seitenangabe: 159
        Bei Machens   fehlt Seitenangabe   159

        Heufers, Hermann, OLt.z.S.d.Res.   117 statt Heufers, Franz, OLt.z.S.   117

166   Isensee, Klaus-Dietrich, OLt.(W)   117   statt   Isensee, Klaus, OLt.(W)   117

Kuhnen, Karl, Lt.z.S.   117   statt   Kuhnen, Carl, Lt.z.S.   117

Tiedje, Arnold, KptLt. (MA)   117   statt   Tiedje, Wilhelm, KptLt.d.Res.   117

l.Sp.:   Ciliax, Otto, VAdm.. / Adm.   69, 71, 158   statt
Ciliax, Otto, VAdm.   69, 71, 158

l.Sp.:   Bei Carls: Gen.Adm.   statt   GenAdm.

r.Sp.:   Bei Schniewind: Gen.Adm.   statt   GenAdm.

167   l.Sp. vor Zeile 23 v.u.:   BIRMINGHAM, brit. Leichter Kreuzer (1936)   115, 116

168   m.Sp. Z.1 und 2 v.u.   streichen

24	l.Sp.	Sonntag	28.Februar 1937	statt	-
24	l.Sp.	Sonntag	18.April 1937	statt	Montag
27	r.Sp.	Freitag	10.September 1937	statt	Donnerstag
30	l.Sp.	Dienstag	4.Januar 1938	statt	Mittwoch
30	l.Sp.	Sonnabend	8.Januar 1938	statt	Sonntag
34	r.Sp.	Freitag	2.September 1938	statt	Sonntag
37	m.Sp.	Montag	13.Februar 1939	statt	Dienstag
51	m.Sp.	Donnerstag, 14.Dezember 1939		statt	Donnerstag, 12.Dezember 1939
54	m.Sp.	Sonnabend	8.Juni 1940	statt	Dienstag
63	l.Sp.	Mittwoch	6.November 1940	statt	Dienstag
65	r.Sp.	Montag	30.Dezember 1940	statt	Mittwoch
67	l.Sp.	Freitag	7.Februar 1941	statt	Donnerstag
67	r.Sp.	Montag	14.April 1941	statt	Dienstag
67	r.Sp.	Dienstag	15.April 1941	statt	Mittwoch
72	r.Sp.	Montag	24.November 1941	statt	-
72	r.Sp.	Dienstag	25.November 1941	statt	-
78	l.Sp.	Sonnabend	12.Dezember 1942	statt	Sonntag
80	m.Sp.	Donnerstag	18.Februar 1943	statt	Sonntag
82	m.Sp.	Dienstag	27.April 1943	statt	Dienstag, 29.April 1943
87	r.Sp.	Dienstag	14.Dezember 1943	statt	-
87	r.Sp.	Mittwoch	15.Dezember 1943	statt	-
88	r.Sp.	Freitag	10.März 1944	statt	-
98	m.Sp.	Dienstag	1.August 1944	statt	Montag

Legende zu Site 136:

1 - Nebelkammer mit Nebelkannen
2 - Offizierslast
3 - Wohnräume
4 - Ruderraum
5 - Rudermaschinenraum
6 - 15-cm-Turm C ("Cäsar)
7 - Beladeräume für Türme A bis C
8 - 15-cm-Munitionskammer
9 - achtere Artillerieschaltstelle
10 - Kreiselkompaß-/Umformerraum
11 - Oberfeldwebel-Toiletten
12 - Offizierstoiletten
13 - Offizierswohnräume
14 - 15-cm-Turm B ("Bruno")
15 - Wohn- und Büroräume
16 - Offiziersmesse
17 - Mannschaftswohndeck
18 - Dieselmotorenraum
19 - achterer Turbinenraum
20 - Kochsmessedeck
21 - Admirals- und Kommandantenwohnräume
22 - Getrieberaum
23 - vorderer Turbinenraum
24 - Offizierskombüse
25 - Hilfskesselraum
26 - Mannschaftsduschräume
27 - 8,8-cm-Munitionskammer
28 - Kesselraum 1
29 - Kesselraum 2
30 - Kesselraum 3
31 - Wäscherei (hinter dem V-Boot)
32 - Mannschaftskombüse
33 - Funkraum
34 - Pumpenraum
35 - Schlingerraum
36 - vorderer Generatorraum (E-Werk)
37 - Kommandozentrale
38 - Kartenhaus
39 - Kommandoturm
40 - 15-cm-Turm A ("Anton")
41 - Kantine
42 - seemännisches Unteroffizierswohndeck
43 - Kammer für Torpedogefechtsköpfe
44 - Drehstrom-Schaltraum
45 - Artillerie-Hauptschaltstelle
46 - Torpedoschalt- und Rechenstelle
47 - Kühlraum
48 - Kühlmaschinenraum
49 - Bugspillraum
50 - Bierlast
51 - Heizölbunker
52 - Maschinenwerkstatt
53 - Kleiderlast
54 - Bootsmannshellegat
55 - Gasschutzhellegat
56 - Steuermannslast